Grant Thornton 致同

致同研究之美国公认会计

客户合同收入
——ASC 606 和 ASC 340-40 实务指引

Revenue from Contracts with Customers

Navigating the guidance in ASC 606 and ASC 340-40

致同会计师事务所（特殊普通合伙） 编译

中国财经出版传媒集团
经济科学出版社
Economic Science Press

图书在版编目(CIP) 数据

客户合同收入：ASC 606 和 ASC 340-40 实务指引/致同会计师事务所（特殊普通合伙）编译．—北京：经济科学出版社，2019.12

（致同研究之美国公认会计原则实务指引系列）

ISBN 978－7－5218－1074－5

Ⅰ.①客… Ⅱ.①致… Ⅲ.①会计准则－研究－美国 Ⅳ.①F233.712

中国版本图书馆 CIP 数据核字（2019）第 270477 号

责任编辑：周国强
责任校对：齐　杰
责任印制：邱　天

客户合同收入
——ASC 606 和 ASC 340-40 实务指引

致同会计师事务所（特殊普通合伙）　编译
经济科学出版社出版、发行　新华书店经销
社址：北京市海淀区阜成路甲 28 号　邮编：100142
总编部电话：010－88191217　发行部电话：010－88191522
网址：www.esp.com.cn
电子邮件：esp@esp.com.cn
天猫网店：经济科学出版社旗舰店
网址：http://jjkxcbs.tmall.com
固安华明印业有限公司印装
787×1092　16 开　20.5 印张　420000 字
2020 年 3 月第 1 版　2020 年 3 月第 1 次印刷
ISBN 978－7－5218－1074－5　定价：78.00 元
（图书出现印装问题，本社负责调换。电话：010－88191510）
（版权所有　侵权必究　打击盗版　举报热线：010－88191661
QQ：2242791300　营销中心电话：010－88191537
电子邮箱：dbts@esp.com.cn）

Grant Thornton 致同

www.grantthornton.cn

"Grant Thornton（致同）"是指 Grant Thornton 成员所在提供审计、税务和咨询服务时所使用的品牌，并按语境的要求可指一家或多家成员所。

致同会计师事务所（特殊普通合伙）是 Grant Thornton International Ltd（GTIL，致同国际）的成员所。GTIL（致同国际）与各成员所并非全球合伙关系。GTIL（致同国际）和各成员所是独立的法律实体。服务由各成员所提供。GTIL（致同国际）不向客户提供服务。GTIL（致同国际）与各成员所并非彼此的代理，彼此间不存在任何义务，也不为彼此的行为或疏漏承担任何责任。

本出版物所含信息仅作参考之用。致同（Grant Thornton）不对任何依据本出版物内容所采取或不采取行动而导致的直接、间接或意外损失承担责任。

中文版前言

美国公认会计原则（U.S. GAAP）和国际财务报告准则（IFRS）是目前国际上两套最具影响力的会计准则，二者能否彼此协调、整合为一套共同遵循的全球统一的高质量会计准则，关系到会计国际化的进一步发展以及全球资本市场的效率。美国财务会计准则委员会（FASB）与国际会计准则理事会（IASB）于2002年10月开始了双方准则趋同的步伐，并为制定一套高质量的全球会计准则而努力。然而在某些方面，FASB和IASB的具体规定仍然存在一些差异。

英文版的《美国公认会计原则实务指引》是对U.S. GAAP的一份全面性实务指引，对如何按照U.S. GAAP进行会计处理和编制财务报表提供了简明扼要的阐述，并附有丰富的实务示例。该指引是基于Grant Thornton International Ltd（致同国际）全球成员机构网络丰富的经验归纳整理而成。

2005年11月，中国会计准则委员会（CASC）与IASB签署了"中国会计准则委员会秘书长—国际会计准则理事会主席联合声明"。双方认为，中国制定的企业会计准则体系，实现了与国际财务报告准则的实质性趋同。2010年4月，中国财政部发布了《中国企业会计准则与国际财务报告准则持续趋同路线图》，明确中国企业会计准则将保持与国际财务报告准则的持续趋同。

2015年11月18日，财政部与国际财务报告准则基金会联合发布声明，对中国会计准则委员会与国际会计准则理事会于2005年11月在北京发布的联合声明给予了充分肯定，双方认为该联合声明已经实现了其目标。特别是，中国企业会计准则实现了与国际财务报告准则的实质性趋同，并且中国企业会计准则的实施显著提升了中国企业财务报告的质量及其透明度。

在中国企业应用与IFRS持续趋同的中国企业会计准则体系的过程中，了解和熟悉规则导向的U.S. GAAP可以成为应用原则导向的IFRS和中国企业会计准则体系的有益补充。我们希望这套"美国公认会计原则实务指引"能够提供简明实用的见解，为会计、审计从业人员，分析人士及其他财务报表使用者提供应用和理解会计原则与其具体应用的实务指引。

徐　华

首席合伙人

致同会计师事务所（特殊普通合伙）

中文版概述

收入是评价公司经营成果和运营能力的关键指标,作为财务报表中收益构成的一项重要因素,其确认问题广受关注,且观点纷呈。如何恰当地确认收入,一直都是会计准则中最难理解及应用的领域之一。

国际会计准则理事会(IASB)于2014年5月发布了《国际财务报告准则第15号——客户合同收入》(以下简称 IFRS 15),该准则已于2018年1月1日起生效。与此同时,美国财务会计准则委员会(FASB)也将《主题606——客户合同收入》(以下简称 ASC 606)引入其会计准则汇编;会计准则汇编中还增加一个子主题《会计准则汇编340——其他资产和递延成本:与客户之间的合同》(以下简称 ASC 340-40),以解决取得或履行与客户之间的合同所发生的成本的会计处理。

IFRS 15 和 ASC 606 是 IASB 和 FASB 联合项目的成果,该联合项目旨在改进国际财务报告准则(IFRS)和美国公认会计原则(U.S. GAAP)下对收入的财务报告。IFRS 15 和 ASC 606 通过提供一个适用于较广范围交易和行业的单一的、原则导向的收入确认模型,消除了原收入准则应用中的不一致及不足之处,为处理收入确认问题提供一个更健全的框架,提高了不同主体、行业、司法管辖区和资本市场之间收入确认实务的可比性,同时要求提供更完善的披露以协助财务报表使用者更好地了解已确认收入的性质、金额、时间和不确定性。

IFRS 15 和 ASC 606 对收入相关会计处理实质上趋同,但仍存在细微的差异。例如,关于可收回性的门槛、非现金对价、减值损失的转回等方面存在区别。

我国财政部于2017年发布了《企业会计准则第14号——收入》(以下简称新收入准则),在国内外同时上市的企业以及在境外上市的企业已于2018年1月1日起执行新收入准则,境内的上市公司于2020年1月1日起执行新收入准则。广大财务工作者处于对新收入准则的不断学习、领会和应用的阶段。

上述三项收入准则的核心原则是相同的,基于企业与客户订立的合同,以商品或服务控制权的转移作为履约义务的履行标志来确认收入。确认源自合同的收入均要求遵循以下关键步骤:识别与客户签订的合同、识别合同中单独的履约义务(即交付商品和/或服务的义务)、确定交易价格、将交易价格分摊至单独的履约义务、在履行义务时确认收入。对美国 ASC 606 的学习和研究有助于从不同的角度理解和应用 IFRS 15 和新收入准则。

本书是《客户合同收入——ASC 606 和 ASC340-40 实务指引》中文翻译版。对收入确认的五步法、特定交易事项、合同成本中的重点和难点等诸多内容提供了指引,可以为实务工作提供指导,降低实务工作的多样化带来的困扰。本书也是一本应用美国会计准则和国际财务报告准则的工具书。对我们从多角度理解产生收入的活动的会计实质、收入确认的时点和金额、实务操作等方面都具有广泛的参考和借鉴意义。

童登书
风险管理主管合伙人
致同会计师事务所(特殊普通合伙)

目录

1 概览 ·· 1
   1.1   收入确认联合过渡资源小组 ····································· 3
   1.2   美国注册会计师协会（AICPA）收入确认特别工作组 ········ 4
   1.3   私营公司委员会 ··· 4
   1.4   实施最佳实务操作 ·· 4

2 范围 ·· 6
   2.1   非金融资产的出售 ·· 7
   2.2   与其他指引的联系 ·· 8
        2.2.1   合作安排 ·· 9
        2.2.2   收到的捐赠 ··· 9

3 识别客户合同 ··· 10
   3.1   确认合同的标准 ··· 10
        3.1.1   合同各方已批准合同并承诺履行各自义务 ············ 13
        3.1.2   主体能够识别各方的权利 ································· 14
        3.1.3   主体能够识别商品或服务的支付条款 ·················· 15
        3.1.4   合同具有商业实质 ·· 15
        3.1.5   主体很可能收回几乎全部对价 ··························· 15
   3.2   合同不能"通过"第一步 ·· 22
        3.2.1   重新评估第一步的标准 ···································· 23
   3.3   合同期间 ·· 26
        3.3.1   终止条款 ·· 26
   3.4   对组合的实务简便操作方法 ··································· 29
   3.5   合同合并 ·· 31

4 识别合同中的履约义务 33

4.1 识别承诺 33
4.1.1 不重大的承诺 35
4.1.2 运输和装卸 38
4.1.3 生产前活动 39
4.1.4 随时准备的承诺 39

4.2 识别履约义务 40
4.2.1 本身是可明确区分的 42
4.2.2 基于相关合同考虑可明确区分 42

4.3 一系列可明确区分的商品或服务 49
4.4 额外商品或服务的客户选择权 52
4.4.1 重大权利的行使 62
4.5 不可返还的预付费用 63
4.6 质保 66

5 确定交易价格 70

5.1 可变对价 71
5.1.1 对可变对价估计的限制 76
5.1.2 数量折扣 79
5.1.3 退货权 84
5.1.4 区分可变对价和额外购买商品或服务的选择权 88
5.1.5 最低购买承诺 89
5.1.6 可变对价的重估 91

5.2 重大融资成分 92
5.2.1 就重大融资成分作出的调整 97
5.2.2 列报 99

5.3 非现金对价 99
5.3.1 非现金对价的后续计量 101

5.4 应付客户对价 103
5.5 交易价格的变动 107
5.6 销售税金及其他类似税金 108

6 将交易价格分摊至履约义务 110

6.1 确定单独售价 111

	6.1.1 市场调整法	114
	6.1.2 成本加成法	114
	6.1.3 余值法	114
	6.1.4 采用多种综合方法	115
6.2	将交易价格分摊至履约义务	116
	6.2.1 基于估计的单独售价的区间分摊交易价格	117
6.3	估计选择权的单独售价	118
	6.3.1 估计选择权单独售价的实务替代方法	120
6.4	分摊合同折扣	122
6.5	分摊可变对价	126
	6.5.1 分摊可变对价至一系列可明确区分的商品或服务	129
6.6	分摊合同折扣和分摊可变对价的关系	132
6.7	交易价格的后续变动	133
6.8	分摊重大融资成分	135

7 履行履约义务时（或履约过程中）确认收入 137

7.1	某一时段内转移控制权	139
	7.1.1 在某一时段内确认收入的条件	139
	7.1.2 计量履约进度的方法	158
	7.1.3 有权开具发票的实务简便方法	162
	7.1.4 选择一种计量履约进度的方法	167
	7.1.5 合理计量履约进度的能力	168
	7.1.6 更新履约进度	169
	7.1.7 合同初始活动	169
	7.1.8 随时准备提供的履约义务	170
7.2	在某一时点转移控制权	171
	7.2.1 客户接受条款	174
7.3	试用期	176
7.4	售后回购协议	176
	7.4.1 远期合同或看涨期权	177
	7.4.2 看跌期权	179
7.5	"开出账单但代管商品"的安排	181
7.6	委托代销安排	184
7.7	客户未行使的权利	185

8 知识产权许可 ... 187
8.1 范围 ... 187
8.2 将第二步应用于许可安排 ... 189
8.3 确定主体授予许可的承诺的性质 ... 194
8.3.1 功能性知识产权 ... 194
8.3.2 象征性知识产权 ... 198
8.4 转让对许可的控制 ... 203
8.4.1 续期 ... 204
8.5 基于实际销售或使用情况收取的特许权使用费 ... 205
8.5.1 例外的范围 ... 207
8.5.2 存在最低特许权使用费担保的合同 ... 209

9 主要责任人与代理人 ... 212
9.1 识别向客户承诺的特定商品或服务 ... 214
9.2 控制的评估 ... 216
9.3 控制的迹象 ... 219
9.4 主要责任人与代理人评估的示例 ... 222
9.5 付现费用的补偿 ... 226

10 合同的变更 ... 228
10.1 识别合同变更 ... 228
10.1.1 未定价的订单和要求权更改 ... 229
10.2 合同变更的会计处理 ... 231
10.2.1 变更构成单独的合同 ... 232
10.2.2 变更不构成单独的合同 ... 234

11 合同成本 ... 241
11.1 取得合同成本 ... 242
11.1.1 佣金 ... 245
11.2 履行合同的成本 ... 248
11.3 生产准备成本 ... 252
11.3.1 生产准备成本 ... 253
11.3.2 确定生产前准备活动的性质 ... 253

	11.3.3 生产前安排	254
11.4	合同成本的摊销	255
11.5	合同成本的减值	259
	11.5.1 亏损合同	261

12 列报 ... 262

12.1	合同资产和应收款项	263
12.2	合同负债	265
12.3	计量单元	267
12.4	抵销	268
12.5	ASC 606 与 SEC 规则 S-X，规定 5-03（b）之间的关系	269

13 披露 ... 270

13.1	公众经营主体	271
	13.1.1 收入的分解	272
	13.1.2 合同余额	276
	13.1.3 履约义务	277
	13.1.4 重大判断	282
	13.1.5 就取得或履行合同的成本所确认的资产	283
	13.1.6 根据 ASC 606 和 ASC 340-40 计量的便于实务操作的方法	284
	13.1.7 中期披露要求	284
13.2	非公众主体披露	285
	13.2.1 收入的分解	285
	13.2.2 合同余额	287
	13.2.3 履约义务	288
	13.2.4 重大判断	289

14 生效日期和衔接规定 ... 290

14.1	生效日期	290
14.2	衔接规定	293
	14.2.1 完全的追溯调整法	294
	14.2.2 修正的追溯调整法	296

15 U. S. GAAP 与 IFRS 比较 ……………………………………………………… 298

附录 1 《国际财务报告准则第 15 号》与《主题 606》之间的比较 …………… 302
附录 2 缩略语及词汇对照 ………………………………………………………… 306
后记 ……………………………………………………………………………………… 308

1 概　　览

2014年5月，美国财务会计准则委员会（FASB）和国际会计准则理事会（IASB）发布了一套实质上趋同的收入确认准则。FASB发布了《会计准则更新2014-09——客户合同收入》（ASU 2014-09），与此同时，IASB发布了相同标题的国际财务报告准则（IFRS）第15号。该准则取代了现行美国公认会计原则（U. S. GAAP）与IFRS所有与收入确认有关的指引，包括特定行业指引，并可能对几乎所有产生收入的主体都将产生影响。

> **《会计准则汇编606-10-10-1》（ASC 606-10-10-1）**
>
> 在本主题中所提供的指引旨在确立主体在向财务报表使用者报告关于客户合同收入及现金流量的性质、金额、时间和不确定性的有用信息时应当运用的原则。

FASB将ASU 2014-09编入了一个新的主题——《主题606——客户合同收入》。《会计准则汇编606》（ASC 606）与已被取代的以往大量的用于特定行业的收入确认规则不同，其是一个单一的、原则导向的收入确认模型。其核心原则是要求主体在确认收入时，应当反映其向客户转让商品和/或服务的模式，确认金额应当反映主体因交付这些商品和/或服务而预期有权收取的对价。

> **《会计准则汇编606-10-05-3》（ASC 606-10-05-3）**
>
> 本主题的核心原则是主体确认收入的方式应当反映向客户转让商品或服务的模式，确认金额应当反映主体因交付这些商品或服务而预期有权收取的对价。

见图表1.1。

图表 1.1 五步法模型

主体确认收入的方式应当反映向客户转让商品或服务的模式，确认金额应当反映主体因交付这些商品或服务而预期有权收取的对价

| 第一步 识别合同 | → | 第二步 识别履约义务 | → | 第三步 确定交易价格 | → | 第四步 分摊交易价格 | → | 第五步 确认收入 |

主体应当采用下述五步法模型，以满足核心原则：
第一步：识别客户合同。
第二步：识别合同中的履约义务。
第三步：确定交易价格。
第四步：将交易价格分摊至合同中的履约义务。
第五步：在主体履行履约义务时（或履约过程中）确认收入。

除五步法模型外，准则还在 ASC 606-10-55-3 中提供了有关质保、客户选择权、许可和其他主题的实施指引。

ASC 606-10-55-3

本实施指引包括下列类别：
a. 评估可收回性（第 606-10-55-3A 至 55-3C 段）；
aa. 在一段时间内履行的履约义务（第 606-10-55-4 至 55-15 段）；
b. 计量履约义务履约进度的方法（第 606-10-55-16 至 55-21 段）；
c. 附退货权的销售（第 606-10-55-22 至 55-29 段）；
d. 质保（第 606-10-55-30 至 55-35 段）；
e. 对主要责任人与代理人的考虑（第 606-10-55-36 至 55-40 段）；
f. 客户对额外商品或服务的选择权（第 606-10-55-41 至 55-45 段）；
g. 客户未行使的权利（第 606-10-55-46 至 55-49 段）；
h. 不可返还的预付费用（及某些相关成本）（第 606-10-55-50 至 55-53 段）；
i. 许可（第 606-10-55-54 至 55-60 段以及第 606-10-55-62 至 55-65B 段）；
j. 回购协议（第 606-10-55-66 至 55-78 段）；
k. 委托代销安排（第 606-10-55-79 至 55-80 段）；
l. "开出账单但代管商品"的安排（第 606-10-55-81 至 55-84 段）；
m. 客户验收（第 606-10-55-85 至 55-88 段）；
n. 分解后收入的披露（第 606-10-55-89 至 55-91 段）。

本指引的其他部分：
- 汇总收入指引和示例，包括随后对 ASU 2014-09 中的指引进行修订的会计准则更新（ASU）；
- 将收入确认联合过渡资源小组（TRG）的讨论、见解和示例与应用指引整合；
- 致同（GT）对不同主题的见解；
- 对指引可能与原准则不同之处提供实务指导；
- 举例说明如何应用指引。

> **重大选择：原则导向模型与规则导向模型**
>
> U. S. GAAP 中规范的收入确认原则，从原先的规则导向指引变为基于一项单一核心原则的指引，这要求主体运用更多的判断并强调以指引的核心原则为基础。在新指引下，主体将需要运用判断，并基于核心原则，使会计处理与核心原则一致。虽然这种方法的改变对那些应用 IFRS 的主体来说可能并没有太大的调整，但对于一贯应用 U. S. GAAP 的主体来说，这将是一种观念上的转变。
>
> 此外，一些主体将需要作出更多的估计，以反映主体"预期有权收取"对价的金额，例如，对于存在可变对价的交易。
>
> 另外，随着估计和判断的增加，关于估计方法、输入值以及假设的披露要求也相应增加。

1.1 收入确认联合过渡资源小组

在 2014 年准则发布后不久，FASB 和 IASB 成立了 TRG，以帮助主体实施新的收入准则。成立该小组的目的是：
- 向利益相关者征求并与之讨论由于实施新收入准则而产生的问题；
- 向委员会和理事会通报实施问题，并根据需要提出应采取措施的建议；
- 为利益相关者提供一个论坛，以便让他们了解新的指引。

虽然 TRG 不能发布权威性指引，但会议文件（以下简称"TRG 文件××，标题"）和会议概要为利益相关者提供了有关如何应用新收入准则的额外见解，特别是对于那些由 TRG 成员基本达成一致的问题。

尽管 TRG 所发布的资料不具权威性，但时任美国证券交易委员会（SEC）副首席会计师卫斯理·R. 布里克（Wesley R. Bricker，现任 SEC 首席会计师）曾建议[①]在 SEC 注册的主体跟进 TRG 的讨论事项。这意味着，当主体遇到在 FASB 或 IASB 工作人员报告中或在 TRG 会议上讨论过的类似事实情况时，如果主体得出与 TRG 不同

---
① 2016 年 5 月 5 日，2016 年巴鲁克学院财务报告会议前的讲话。

的结论，建议主体向 SEC 工作人员进行咨询。

FASB 和/或 IASB 工作人员编写的所有 TRG 会议文件，包括示例和工作人员观点，以及会议档案和会议概要，均可在 FASB 网站的 TRG 主页上找到。

1.2　美国注册会计师协会（AICPA）收入确认特别工作组

AICPA 成立了 16 个行业的特别工作小组，以解决特定行业中的实施问题，并帮助制定有关收入确认的新的会计和审计指引。这个项目涉及的行业包括航空航天和国防、航空公司、资产管理、证券经纪商和自营商、工程建造承包商、储蓄机构、博彩、医疗卫生、酒店、保险、非营利机构、石油和天然气、电力和公用事业、软件、电信和产权式（分时）度假行业。

AICPA 的《审计和会计指引：收入确认》包含会计和审计概述，以及对 16 个行业的特定考虑。虽然本指引包含解释性指引，但其并未创建新的准则，也不具有权威性。

1.3　私营公司委员会

私营公司委员会（PCC）是 FASB 关于私营公司会计问题的主要咨询机构。PCC 要求 FASB 工作人员准备某些教育备忘录，以协助私营公司实施 ASC 606。这些备忘录不具有权威性，可在 FASB 网站上 TRG 部分的"实施问题备忘录"页面上找到。

1.4　实施最佳实务操作

采用新指引对许多主体来说将是一项重大任务。即使主体不预期新指引对收入产生重大影响，管理层也应为其实施工作分配足够的时间和资源。新准则要求主体使用新的五步法模型来评估客户合同，并引入广泛的新披露要求。管理层的实施计划应包括许多活动，例如范围界定、会计评估、解决方案开发和其他活动。

我们发现许多主体对完成范围界定和会计评估活动所需的时间感到惊讶。正确执行这些步骤对于成功实施新准则至关重要。

> **致同见解：实施最佳实务操作**
>
> 会计评估阶段对于全面采用新会计准则至关重要，因为它为准则实施奠定了基础。根据我们的经验，实施新收入准则的两个关键步骤是制定范围界定计划，以及随后为会计评估而进行的合同审查。
>
> 许多主体并非单独审查每个收入合同，而是将具有相同交易属性的单个合同合并进行范围界定工作。确定合同组合后，主体将选择合同的代表性样本进行审核，以评估新收入准则下适当的会计处理。

合同审查过程应确认在范围界定阶段识别出的合同特征，并识别可能需要在ASC 606下进行特殊考虑的任何其他合同特征，例如，存在以前未在ASC 605下核算的重大权利。合同审查还为制定会计政策和确定完全追溯调整法或修正的追溯调整法所要求的追溯调整奠定了基础。

如果合同审查证实了在范围界定阶段的预期，管理层可能会得出结论认为，那些已识别的特征是适当的，并可用于制定会计政策。然而，如果合同审查发现在范围界定期间识别的预期合同特征与合同审查期间识别的实际合同特征之间存在不一致，并且这些差异具有重大的会计影响，则管理层应重新确定其范围预期并执行其他抽样程序以验证那些确定的预期。

当主体没有将合同充分分解为由具有相同属性的合同组成的收入组合时，他们在执行后续实施活动或采用新准则后可能会遇到困难。例如，如果在范围界定阶段没有对离散收入组合进行适当分解，则会计评估可能不会对来自此总体的合同进行审查，并且对于被忽视的收入组合，主体的收入确认政策可能不完整或不准确。出于类似的原因，主体应确保为会计评估而审查的合同样本足以代表该收入组合中所包含的合同总体。

2 范　围

除在下文介绍的特别指明排除在适用范围之外的情形，ASC 606 适用于所有与客户订立合同，以向该主体购买其日常活动产出的商品或服务并支付对价的情形。

> 客户，是指与主体订立合同以向该主体购买其日常活动产出的商品或服务并支付对价的一方。

主体应当将 ASC 606 适用于所有与客户订立的合同，但下列各项除外：
- 属于《ASC 840——租赁》或《ASC 842——租赁》范围的租赁合同；
- 属于《ASC 944——金融服务：保险》范围的保险合同；
- 属于《ASC 460——担保》范围的担保（非商品或服务的质保）；
- 从事相同业务经营的主体之间为便于向客户或潜在客户销售而进行的非货币性交换；
- 属于《ASC 310——应收款项》《ASC 320——投资：债务和权益证券》《ASC 323——投资：权益法与合营企业》《ASC 325——投资：其他》《ASC 405——负债》《ASC 470——债务》《ASC 815——衍生工具和套期》《ASC 825——金融工具》以及《ASC 860——转让及服务》范围的金融工具以及其他合同权利和义务。

新收入准则创建了一个新的子主题《924-815，娱乐——博彩：衍生工具和套期》，但其不包括在衍生工具指引中规范的固定赔率赌博合同。因此，固定赔率赌博合同应当按照 ASC 606 进行会计处理。

> **TRG 基本达成一致的问题：范围内或者范围外？**
>
> TRG 讨论了以下类型的安排，并就 ASC 606 的适用范围基本达成了一致意见：
> - 信用卡手续费：在 2015 年 7 月的会议上[①]，TRG 基本达成一致意见，即信用卡手续费按照 ASC 310 进行会计处理，而不在 ASC 606 的范围内。换言之，TRG 成员预期在评估有关信用卡业务中的不同收入流时，根据原指引与根据 ASC

---

① TRG 文件 36，《范围：信用卡》。

606得出的结论是相同的。但是，一名该会议的 SEC 观察员提醒到，主体不应假定任何与信用卡有关的费用或任何被认为信用卡贷款安排的协议都将自动落在 ASC 310 的范围内。换言之，主体必须评估整个安排的性质是否为信用卡贷款安排，如果不是，主体不应假定该安排完全在 ASC 310 的范围内。

- 信用卡奖励计划：在 2015 年 7 月的会议上①，TRG 还基本一致同意主体必须运用判断并考虑特定信用卡持有人奖励计划中的所有事实和情况，以确定奖励计划是否在 ASC 606 的规范范围内。如果主体确定所有与计划相关的费用（包括刷卡手续费）属于 ASC 310 规范的范围，该计划将不属于 ASC 606 的规范范围。
- 服务与从属服务费：在 2016 年 4 月的会议上②，TRG 基本一致同意服务和从属服务费用属于 ASC 860 的规范范围，因此其不属于 ASC 606 的规范范围。
- 与存款相关的费用：在 2016 年 4 月的会议上③，TRG 基本一致同意与存款相关的费用属于 ASC 606 的规范范围。虽然与存款相关的负债属于 ASC 405 的规范范围，且不属于 ASC 606 的规范范围，但 ASC 405 没有对与存款相关费用提供会计指引。因此，将 ASC 606 中的指引应用于存款相关的费用是恰当的。
- 附股权益：在 2016 年 4 月的会议上④，TRG 成员基本一致同意，基于激励的绩效费用（以所管理的投资基金的资本分配的形式）被称为"附股权益"，属于 ASC 606 的范围。一些 TRG 成员表示，合理的替代观点可能是附股权益属于一项权益安排，因为其在形式上是主体的权益。一些 TRG 成员指出，这种替代观点可能会引发关于资产管理者是否应合并该基金的问题。SEC 观察员表示，SEC 工作人员很可能会接受将 ASC 606 应用于附股权益安排，但也注意到可以有一个遵循所有权模型的基础。SEC 工作人员预计应用所有权模型的主体将会包含《ASC 810——合并》下的合并模型分析、《ASC 323——投资：权益法与合营企业》下的权益会计法或其他相关指引。
- 生产前活动：在 2015 年 11 月的会议上⑤，TRG 讨论了某些生产前成本是否属于 ASC 340-10 或 ASC 340-40 的范围。请参见第 11.3 部分中的更多讨论。

2.1 非金融资产的出售

新收入指引增加了《ASC 610-20——其他收入：非金融资产终止确认的利得和损失》，为出售非金融资产提供了指引，并相应修订了《ASC 360——不动产、厂场

---

① TRG 文件 36，《范围：信用卡》。
②③ TRG 文件 52，《对金融机构范围的考虑》。
④ TRG 文件 50，《基于激励的资本分配的范围考虑，例如附股权益》。
⑤ TRG 文件 46，《生产前成本》。

和设备》以及《ASC 350——无形资产：商誉及其他》。ASC 610-20 要求主体对不属于其日常活动产出的非金融资产的转让采用 ASC 606 有关合同的存在、控制和计量的指引。

> **非金融资产的出售**
>
> 品质纸业（QP）是一家在美国七个地区开展经营的纸制品生产商。QP 在奥马哈新建了一个厂区，并向某第三方出售了其在林肯的现有设施。出售生产设施不是 QP 日常活动的产出；但是，其仍然应当对出售林肯厂区设施的行为采用 ASC 606 中关于合同的存在、控制和计量的规定，但这并不影响 QP 利润表中列报有关出售厂区设施所产生的利得或损失。

2.2 与其他指引的联系

与客户的合同可能部分属于 ASC 606 的适用范围，部分属于 ASC 其他主题的适用范围。如果其他主题明确规定了如何区分和/或计量合同的一部分，那么应当首先应用该主题的有关规定。按照其他主题计量的金额应当排除在分配给分摊至 ASC 606 规范的履约义务的交易价格之外。如果其他主题没有规定如何区分和/或计量合同的一部分，那么应当应用 ASC 606 区分和/或计量合同的一部分。

> **ASC 606-10-15-4**
>
> 一项客户合同可能部分属于本主题的适用范围，一部分属于其他主题（列示于 606-10-15-2 段）的适用范围。
> a. 如果其他主题明确规定了如何区分和/或初始计量合同的一个或多个部分，则主体应当首先应用该主题规定的区分和/或计量指引。主体应将按照其他主题进行初始计量的合同的一个或多个部分的金额排除在交易价格之外，并应用第 606-10-32-28 至 32-41 段的规定将剩余的交易价格金额（如有）分摊至属于本主题范围的每一单项履约义务及第 606-10-15-4（b）段所述的合同的任何其他部分。
> b. 如果其他主题没有明确规定如何区分和/或初始计量合同的一个或多个部分，则主体应当应用本主题对合同的一个或多个部分进行区分和/或初始计量。

2.2.1 合作安排

合作安排被定义为一种合同安排，根据该安排，两方或多方积极参与联合经营活动，并面临取决于活动商业成功的重大风险和回报。因此，进入诸如协作研究和开发活动的安排的主体将需要评估每个合同的特定事实和情况，以确定合作安排参与者是否是客户。

FASB 发布了《ASU 2018-18——合作安排：澄清主题 808 和主题 606 之间的联系》，以澄清 ASC 808 和 ASC 606 中对某些合作安排的指引之间的联系。特别是，ASU 中的修订澄清了如果合作安排参与者是"核算单元"的客户（核算单元被识别为在 ASC 606 的相关指引下，在合作安排内可明确区分的一项承诺商品或服务，或一揽子商品或服务），则合作安排参与者之间的某些交易应作为 ASC 606 下的收入进行核算。在 ASC 606 下核算此类交易的主体应当应用 ASC 606 中的所有指引，包括确认、计量、列报和披露要求。此外，如果合作安排参与者不是客户，则不与销售给第三方直接相关的与合作安排参与者之间的交易，不应与在 ASC 606 下确认的收入一起列报。

ASU 2018-18 的修订自 2019 年 12 月 15 日之后开始的财务年度（以及这些财务年度内的中期）对公众经营主体生效。所有其他主体还有额外的一年时间。允许提前采用；然而，主体在采用 ASC 606 之前不得采用该修订。

2.2.2 收到的捐赠

FASB 发布了《ASU 2018-08——澄清收到的捐赠和所做的捐赠的范围和会计指引》，以解决对非营利（NFP）主体的赠款和合同的会计处理的多样性的担忧。

该修订提供了一个框架，用于确定一项特定的交易是交换交易、捐赠交易还是其他类型的交易，例如代理交易，以及捐赠是有条件的还是无条件的。交换交易是一种互惠交易形式，这意味着双方都会给予和接受具有经济价值的东西。相反，捐赠是非互惠交易的一种形式，这意味着资源提供者既未预期也未收到经济价值作为捐赠的回报。

交换交易不包括在 ASC 958-605 的范围内，而是根据其他指引进行会计处理，包括 ASC 606。

3 识别客户合同

由于 ASC 606 的指引只适用于客户合同，因此，模型的第一步是识别这些合同。

> **合同**，是指双方或多方之间达成的确立可执行权利和义务的协议。
> **客户**，是指与主体订立合同以向该主体购买其日常活动产出的商品或服务并支付对价的一方。

ASC 606-10-25-2

合同，是指双方或多方之间达成的确立可执行权利和义务的协议。合同权利和义务的可执行性是一个法律事务。合同可以采取书面形式、口头形式或隐含于主体的商业惯例中。不同的司法管辖区、行业和主体可能采取不同的实务与流程来确立与客户之间的合同。此外，主体内部确认合同的实务与流程也可能各不相同（例如，其可能视客户的类别或所承诺的商品或服务的性质而不同）。主体在确定与客户之间的协议是否以及何时确立了可执行权利和义务时，应当考虑这些实务和过程。

在 ASC 606-10-25-2 中提供的指引表明，在主体应用收入"五步法"模型之前，合同中的权利和义务必须是"可执行的"。可执行性属于一项法律事务，因此，主体需要考虑当地相关法律环境来确定权利和义务是否是可执行的。也就是说，虽然合同必须具有法律可执行性，但是口头或隐含的承诺可能会导致在合同中产生履约义务（第二步）（第 4 部分）。

为了帮助主体确定一项安排是否属于 ASC 606 的适用范围，指引明确规定了该安排必须同时满足的五项标准。

3.1 确认合同的标准

"第一步"是主体对一项合同运用模型的后续步骤前该合同必须通过的一道"门槛"。换句话说，如果在交易安排开始时，主体得出结论认为下列条件未得到满足，则不应当应用模型的第二步至第五步,直至第一步的条件在后续期间得到满足。判断会计上的合同是否存在,可能需要作出重大判断。当合同满足这五项标准并"通过"第一步时,主体无须重新评估适用于第一步的标准,除非有迹象表明相关事实和情况发生重大变化(第3.2.1部分)。

只有当同时满足下列五项标准时,与客户订立的交易安排才能被视为会计上的合同:

- 合同各方已批准合同并承诺履行各自合同义务;
- 主体能够识别各方的权利;
- 主体能够识别支付条款;
- 合同具有商业实质;
- 主体有权取得的几乎全部的对价很可能收回。

如果交易安排不满足五项标准,即使法律上的合同可能存在,但会计上的合同不存在,且主体应当按照第3.2部分所述的ASC 606-10-25-7中的指引进行处理。

> **ASC 606-10-25-1**
>
> 仅当属于本主题范围的与客户之间的合同符合下列所有标准时,主体才应按照本主题对其进行会计处理:
>
> a. 合同各方已批准合同(书面形式、口头形式或其他依照商业惯例采用的形式)并承诺履行各自义务。
> b. 主体能够识别各方与拟转让商品或服务相关的权利。
> c. 主体能够识别拟转让商品或服务的支付条款。
> d. 合同具有商业实质(即,主体未来现金流量的风险、时间或金额预计将因合同而发生改变)。
> e. 主体因向客户转让商品或服务而有权取得的几乎全部的对价很可能收回(参见第606-10-55-3A至55-3C段)。在评估对价金额的可收回性时,主体仅应考虑客户在到期时支付对价金额的能力和意图。如果对价是可变的,则主体有权取得的对价金额可能低于合同规定的价格,因为主体可能会向客户提供价格折让(参见第606-10-32-7段)。

见图表3.1。

图表 3.1　确认合同的标准

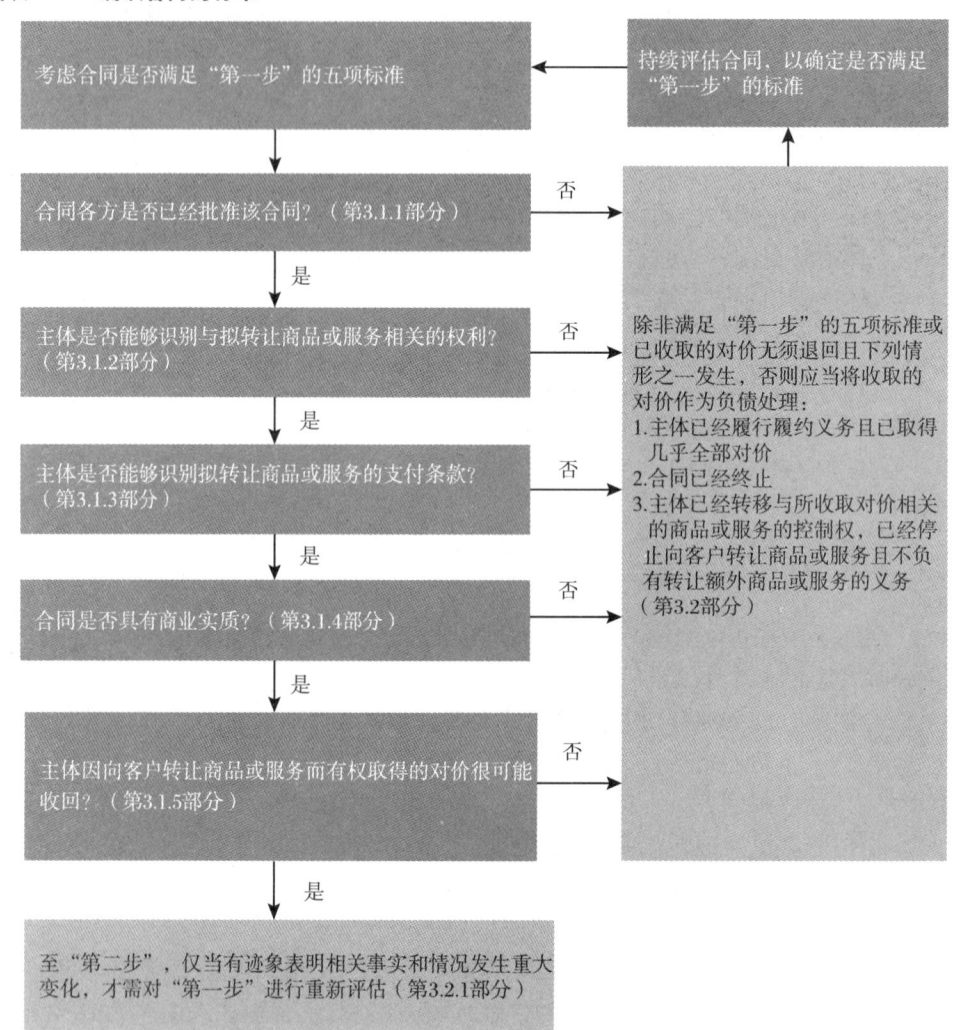

```
┌─────────────────────────────────────────┐         ┌──────────────────────────┐
│ 考虑合同是否满足"第一步"的五项标准      │ ◄────── │ 持续评估合同，以确定是否满足 │
└─────────────────────────────────────────┘         │ "第一步"的标准           │
                    │                                └──────────────────────────┘
                                                              ▲
┌─────────────────────────────────────────┐  否
│ 合同各方是否已经批准该合同？（第3.1.1部分）│ ──────────┐
└─────────────────────────────────────────┘           │
                    │ 是                                │
┌─────────────────────────────────────────┐  否     ┌──────────────────────────┐
│ 主体是否能够识别与拟转让商品或服务相关的权利？│ ───► │ 除非满足"第一步"的五项标准或│
│ （第3.1.2部分）                          │        │ 已收取的对价无须退回且下列情│
└─────────────────────────────────────────┘        │ 形之一发生，否则应当将收取的│
                    │ 是                             │ 对价作为负债处理：         │
┌─────────────────────────────────────────┐  否     │ 1.主体已经履行履约义务且已取得│
│ 主体是否能够识别拟转让商品或服务的支付条款？│ ───► │   几乎全部对价             │
│ （第3.1.3部分）                          │        │ 2.合同已经终止             │
└─────────────────────────────────────────┘        │ 3.主体已经转移与所收取对价相关│
                    │ 是                             │   的商品或服务的控制权，已经停│
┌─────────────────────────────────────────┐  否     │   止向客户转让商品或服务且不负│
│ 合同是否具有商业实质？（第3.1.4部分）    │ ──────► │   有转让额外商品或服务的义务 │
└─────────────────────────────────────────┘        │ （第3.2部分）              │
                    │ 是                             └──────────────────────────┘
┌─────────────────────────────────────────┐  否
│ 主体因向客户转让商品或服务而有权取得的对价很可能│ ───────┘
│ 收回？（第3.1.5部分）                    │
└─────────────────────────────────────────┘
                    │ 是
┌─────────────────────────────────────────┐
│ 至"第二步"，仅当有迹象表明相关事实和情况发生重大│
│ 变化，才需对"第一步"进行重新评估（第3.2.1部分）│
└─────────────────────────────────────────┘
```

> **致同见解：新指引可能会影响现有的流程和控制**
>
> 　　ASC 606 包括了在主体可以从客户合同中确认收入之前所必须满足的新标准。实施新指引可能会改变主体的业务流程和控制。根据原收入指引中的收入确认标准而设计的控制可能不再适用。此外，可能需要新的控制，或者可能需要修改现有的控制，以确保主体控制的有效设计以满足 ASC 606 中的会计标准。

根据我们的经验，许多主体的现有控制环境包括合同审查控制，例如合同审查模板或清单。随着主体实施新的收入准则，在这些或其他审查活动中评估的标准可能会发生变化。例如，如果主体可能向客户授予价格折让，在 ASC 606 下比在原指引下可能更早地确认收入，因为对价金额必须是固定或可确定的要求不再适用。因此，采用 ASC 606 可能会导致可能授予客户价格折让的主体在合同生命周期的早期评估是否可以确认收入，还可能导致额外的政策、程序和控制以将折让作为可变对价进行会计处理，而之前该主体可能等到合同价格固定或可确定时才确认 ASC 605 下的收入。

此外，新准则是原则导向的，并要求管理层在许多领域运用判断。因此，主体应当仔细评估需要额外培训、新政策或程序或控制活动的地方，以确保控制的有效设计。

3.1.1　合同各方已批准合同并承诺履行各自义务

要通过"第一步"，合同各方必须批准合同。只要合同各方接受合同条款和条件的约束，批准可以采取书面、口头或隐含的方式。

合同各方还应当承诺履行合同规定的义务。但这并不意味着，为了满足这一标准，合同各方需要承诺履行其各自的所有合同权利和义务。例如，主体虽然在合同中对客户每月最低购买量作出规定要求，但历史经验表明该主体并未强制（客户）执行这一要求。在本例中，如果有证据表明客户和主体已实质上履行合同，则仍满足批准合同的标准。FASB 和 IASB 指出[①]，要求履行所有权利和义务可能会不适当地导致无法确认各方已实质上履行的合同的收入。

> **重大选择：工作人员会计公告（SAB）主题 13 与 ASC 606 中交易安排的具有说服力的证据**
>
> 根据《SEC 工作人员会计公告（SAB）主题 13——收入确认》，当满足下列所有条件时，收入通常是"已赚取"和"已实现"或"可实现"的：
> - 有说服力的证据表明交易安排存在。
> - 商品已经交付或者服务已经提供。
> - 卖方向买方的要价固定或可确定。
> - 可收回性可以合理保证。
>
> 原准则下有关"交易安排存在的有说服力的证据"的要求实际上已被 ASC 606-10-25-1 中的几项标准所代替，包括合同各方已批准合同并承诺履行各自义务，主体能够识别合同各方与拟转让商品或服务相关的权利以及主体能够识别拟转让商品或服务的支付条款。

---

① BC 36，ASU 2014-09。

> SAB 主题 13 中的"有说服力的证据"取决于主体的商业惯例，可能因主体的不同而不同。这一要求与 ASC 606 的标准类似，即双方已经批准了合同并承诺履行合同。此外，主体的实务惯例可能因客户的类别或所交付商品或服务的性质的不同而不同。
>
> 与 SAB 主题 13 类似，应用 ASC 606 的主体应当仔细考虑是否存在补充协议。补充协议可能导致对原协议是否为最终版本以及是否包括合同各方的全部权利和义务存有疑虑。

一些主体通过提供免费试用期以吸引潜在客户与其达成交易。必须对试用期进行谨慎评估，以确定是否有证据表明客户已经批准了合同并承诺履行合同义务。

> **◉ 评估试用期**
>
> 某葡萄酒俱乐部的会员可以在 12 个月内每月收到一瓶价值 20 美元的葡萄酒。该葡萄酒供应商自 2018 年 1 月 1 日起向潜在客户提供试用期促销。根据促销条款，供应商为新的活动参与者免费提供两个月的试用期。如果参与者愿意加入俱乐部，他们必须在试用期失效前（2018 年 2 月 28 日）通知供应商。供应商将为加入俱乐部的参与者开具一份为期 12 个月（2019 年 2 月 28 日结束）的会员期的发票。
>
> 在客户（无论以书面还是口头的形式）通知葡萄酒供应商接受该条款前，主体可能无法得出客户已批准该合同并承诺履行合同义务的结论。

3.1.2 主体能够识别各方的权利

主体必须能够识别其自身权利以及合同各方的权利。如果主体不能识别各方与拟转让商品或服务相关的权利，则无法评估商品或服务的转让。

主体可以采用主服务安排或主供应安排（MSA）与客户（达成合同）。那么必须评估每份 MSA，以确定 MSA 是否单独确立了可执行的权利和义务。

MSA 可能与客户只达成基本条款和条件，并要求客户提交采购订单以明确商品或服务的具体数量和/或类型。在这种情况下，仅就 MSA 本身而言，其不能单独确立各方的可执行的权利和义务。假设 ASC 606-10-25-1 中的其他所有标准均满足，在未提交和批准购买订单时，MSA 可能不能通过第一步，则合同可能不存在。这种情形下通常会导致每份采购订单成为一项合同，但也需要根据具体事实和情况进行判断。

明确最低购买数量要求的 MSA 可以确立可执行的权利和义务；但是，如果在主体以往的实务中有免除最低购买要求的情形，且这类情形将使条款失去法律约束力，那么在确定 MSA 能否单独确立法律上可执行的权利和义务时无须考虑该项条款。

3.1.3 主体能够识别商品或服务的支付条款

主体还必须能够识别合同中承诺的商品或服务的支付条款。如果不能识别合同的支付条款，则主体不能确定将收到多少用以换取承诺商品或服务的价款（模型第三步中的"交易价格"）。

> **重大选择：SAB 主题 13 中的固定或可确定**
>
> 与 SAB 主题 13 中所要求的支付金额是"固定或可确定的"不同，在 ASC 606 下，支付金额不需要是固定的；但是，合同必须包含足够的信息，以使主体能够估计预期有权取得的对价金额。

3.1.4 合同具有商业实质

如果主体未来现金流量的风险、时间或金额预计将因合同而发生改变，则该合同具有商业实质。换句话说，合同必须导致经济结果。这一标准是为了防范主体相互之间以极少或零对价的方式将商品或服务反复转让从而虚增收入的情形。这一标准适用于货币性和非货币性交易，因为若不具有商业实质，则主体是否已达成具有经济结果的交易是值得怀疑的。

3.1.5 主体很可能收回几乎全部对价

要通过第一步，主体必须确定因其向客户转让商品或服务而有权取得的几乎全部的对价很可能收回。这个标准也被称为"评估可收回性"。在确定是否很可能收回时，主体考虑客户在到期时支付对价金额的能力和意图。

> **很可能**：未来的事项或情况很可能发生。

评估可收回性的目标是评估主体与客户之间是否存在实质性的交易。在评估可收回性时，主体是基于客户是否有能力和意图支付因主体将要转让的商品或服务而有权取得的对价，而不是对承诺的所有商品或服务的对价的可收回性进行评估。

> **ASC 606-10-55-3A**
>
> 第 606-10-25-1（e）要求主体评估因其向客户转让商品或服务而有权取得的几乎全部的对价是否很可能收回。评估是基于客户是否有能力和意图支付因主体将要转让的商品或服务而有权取得的对价，该评估也是确定与客户的合同是否存在的一部分。评估的目的是为了评价主体与客户之间是否存在实质性的交易，这是合同能够按照本主题的收入模型进行处理的必要条件。

606-10-55-3B

第606-10-25-1（e）段对可收回性的评估在一定程度上是一种前瞻性评估。在确定因其向客户转让商品或服务而有权取得的几乎全部的对价是否很可能收回时，需要主体运用判断并考虑所有的事实和情况，包括主体的商业惯例和对客户的了解。评估不一定是根据客户对整个合同期间的全部承诺对价金额的支付能力和意图。

主体应当确定合同条款和商业惯例是否表明可以降低信用风险。例如，一些合同可能要求在向客户转让任何商品或服务前预先支付款项。任何在主体转让商品或服务前收到的对价一般不会存在信用风险。在其他情况下，如电信公司为某建筑物接入无线网络，主体根据合同可以在客户未付款时停止转让商品或服务。在这种情况下，主体需要考虑承诺将要转让给客户的商品或服务获得支付的可能性。

主体在评估可收回性时，不应考虑收回已向客户转让的资产的能力。

ASC 606-10-55-3C

当评估合同是否满足第606-10-25-1（e）段的标准时，应当确定合同条款和其商业惯例是否表明主体面临的信用风险敞口小于整个合同的承诺对价，这是因为主体有能力降低其信用风险。能够降低主体信用风险的合同条款或商业惯例的示例，包括下列内容：

a. 支付条款——在一些合同中，支付条款限制了主体的信用风险敞口。例如，在主体将承诺的商品或服务转让给客户之前，可能要求客户支付在合同中承诺的一部分对价。在这种情况下，在主体将承诺的商品或服务转让给客户之前，收取的任何对价不存在信用风险。

b. 停止转让已承诺商品或服务的能力——如果在客户到期不能付款时，主体有权停止向客户转让额外商品或服务，则可以限制主体的信用风险敞口。在这种情况下，主体应当根据其权利和商业惯例，仅需对其有权收取的与将要转让给客户的商品或服务相关的对价的可收回性进行评估。因此，如果客户不履行所承诺的义务，主体可通过不再向客户转让额外商品或服务作为对客户不履行义务的应对，则对于不再向客户转让的承诺的商品或服务，主体无须考虑获得支付的可能性。

主体收回已向客户转让资产的能力，不能作为评估主体降低信用风险敞口的考虑因素。

下面列举了在ASC 606中提供的有关评估信用风险和可收回性标准的示例。

例1——对价的可收回性
案例 B——降低信用风险

ASC 606-10-55-98A

　　主体是一家服务供应商,在某月开始时,与一个信用质量较低的新客户达成了一份为期三年的服务合同。

ASC 606-10-55-98B

　　交易价格总额为 720 美元,且每月末到期 20 美元。每月服务的单独售价为 20 美元。如果取消合同,合同各方均承担合同终止的罚款。

ASC 606-10-55-98C

　　主体与此类客户交易的历史经验表明,虽然主体无法对客户将支付全部交易价格 720 美元的可能性得出结论,但其预计客户至少将支付 9 个月的款项。在合同期限内,如果客户停止支付应当支付的款项,主体的商业惯例通过不再向客户转让进一步的服务和追缴未支付的款项来控制信用风险。

ASC 606-10-55-98D

　　在评估合同是否满足第 606-10-25-1 段的标准时,主体应当评估其有权收取的与将要转让给客户的服务相关的几乎全部的对价是否很可能收回。这包括根据第 606-10-55-3B 段评估主体与此类客户交易的历史经验,以及根据第 606-10-55-3C 段,评估由于客户不能付款而停止对其提供服务的商业惯例。因此,作为该分析的一部分,主体由于客户停止付款而不再向客户进一步转让服务,对于不再向客户转让的服务无须考虑获得支付的可能性,因为主体没有面临与这些服务相关的信用风险。

ASC 606-10-55-98E

　　由于客户的信用等级较低,主体将不可能收回全部交易价格(720 美元)。但是,当客户不能支付与其收到的服务相关的且所承诺的到期款项时,主体有能力和意图(可以主体以往的商业惯例为依据)停止提供后续服务,由此可以降低主体的信用风险敞口。由于主体有权收取的与将要转让给客户的服务(即,只要客户持续为所提供的服务支付款项,那么主体将持续提供服务)相关的几乎全部的对价很可能收回,主体认为合同满足第 606-10-25-1(e)段的标准。因此,当满足第 606-10-25-1(a)至(d)段的标准时,主体可应用本主题中的其他指引确认收入,并且仅当相关事实和情况发生重大变化(例如,客户不能支付应当支付的款项)时,主体才需再次对第 606-10-25-1 段的标准进行重新评估。

例1——对价的可收回性
案例C——未降低信用风险

ASC 606-10-55-98F

除了主体与该类客户交易的历史经验表明，存在客户不能支付与所收到服务相关的几乎全部的对价的风险（包括主体不会收到任何与所提供服务相关的付款）之外，案例C中的其他信息与案例B相同。

ASC 606-10-55-98G

在评估与客户的合同是否满足606-10-25-1的标准时，主体应当评估其有权收取的与将要转让给客户的服务相关的几乎全部的对价是否很可能收回。这包括根据第606-10-55-3C段，评估由于客户不能付款而停止对其提供服务的商业惯例。

ASC 606-10-55-98H

在合同开始时，由于根据合同有权收取的与将要转让给客户的服务相关的几乎全部的对价不是很可能收回，则主体得出不满足第606-10-25-1（e）段的标准的结论。主体认为风险不仅涉及客户不会对所收到的服务支付任何款项，而且涉及主体将不会收到任何与所提供服务相关的款项。而后，当客户开始支付月服务费时，主体应当按照第606-10-25-7至25-8段的规定对所收取的对价进行会计处理。主体认为在第606-10-25-7段中所规范的事项没有发生，这是因为合同没有终止，主体没有收到在合同中承诺的几乎全部的对价并且主体将持续向客户提供服务。

ASC 606-10-55-98I

假设客户持续几个月准时付款。根据第606-10-25-6段，主体应当评估合同以确定后续是否能满足第606-10-25-1段的标准。在进行评估时，除了其他方面，主体还需要考虑与该客户交易的经验。按照合同，根据该客户的表现，主体得出满足第606-10-25-1段的标准的结论，包括第606-10-25-1（e）段的可收回性标准。当满足第606-10-25-1段的标准时，主体就可以应用在本主题中规范的其他指引进行收入确认。

> **重大选择：根据 SAB 主题 13 与 ASC 606 评估可收回性的差异**
>
> 新准则中的可收回性在一定程度上与 SAB 主题 13 类似，准则规定，在确认收入之前，可收回性必须能够"合理保证"。但是，在 SAB 主题 13 中，当确认收入时，主体需要评估可收回性，而在 ASC 606 下，当主体在确定会计上的合同是否存在时，需要在第一步中对可收回性进行评估。
>
> 另一项重要的区别是，SAB 主题 13 要求主体在确认收入前能够合理保证整个合同价格（的可收回性），而根据 ASC 606，主体不能将可收回性的概念应用于主体将不会转让商品或服务的部分（例如，当客户停止付款时）。
>
> ASC 606 明确了一个顺序，即主体在进行至第二步（或第三至第五步）之前，必须在第一步中得出可收回性是很可能的结论。
>
> 另外一个与 SAB 主题 13 的不同之处在于 ASC 606 明确要求主体考虑交易价格是否为可变对价（参见第 5.1 部分），因为主体可能在确定可收回性是很可能的之前向客户提供价格折让。

在评估可收回性时对组合（合同）的考虑

TRG 已经讨论了利益相关者提出的问题，即当主体选择基于组合对合同进行会计处理时而引起的有关评估可收回性的问题，该部分在第 3.4 部分中予以介绍。

> **TRG 基本达成一致的问题：主体应当如何对组合合同进行评估？**
>
> 在 2015 年 1 月的会议上[①]，TRG 讨论了当主体的历史经验表明其不能从组合合同中一些客户处收到对价时，主体应当如何在合同开始时评估可收回性。
>
> 例如，ABC 公司有大量类似的客户合同，均按月开出账单。ABC 公司在接受客户之前需执行信用评估程序。如果通过程序得出的结论是客户很可能不会支付欠款时，主体不接受该客户。由于这些程序仅是设计用来确定对价是否很可能收回（不是确定性），则主体预计将会有一些客户不会支付所有欠款。历史证据（代表了对未来的预期）表明主体只会收到账单总额的 98%。
>
> TRG 成员同意，如果主体认为组合合同的交易价格很可能收回时，那么主体应当全额确认收入，并对应收账款的减值进行单独的评估。例如，如果主体在某个月向客户开具 100 美元的账单，并预期坏账费用为 2 美元，那么主体应当确认 100 美元的收入和相应的应收账款，以表示主体有权在履行履约义务后无条件收取的对

---

① TRG 文件 13，《可收回性》。

价。在本案例中，指引不支持仅确认 98 美元的收入的观点，这是因为主体对每个客户评估了可收回性，并且得出了每个客户将支付价款以使主体很可能收到有权收取的全部对价 100 美元的结论。

根据 ASC 310 中有关应收账款的指引，应当评估由此产生的合同资产或应收账款的减值。主体将计量的应收账款与收入之间的差额确认为坏账费用。

价格折让

为了评估可收回性，在确定"主体有权取得的对价"时，主体需要在合同开始时评估其预期是否提供价格折让，从而导致从客户处收取的价款小于合同总价。虽然价格折让是可变对价的表现形式之一，并且在根据第三步（第 5.1 部分）确定交易价格时得到了更为充分的评估，但在第一步评估可收回性时，主体也应当在安排开始时评估其预期是否提供价格折让。

当主体预期接受小于与将要转让给客户的商品或服务相关的合同金额时，其应当评估所有相关的事实和情况（这可能需要作出重大判断），以确定主体是否接受了客户的信用风险或提供了一个隐含的价格折让。

例 2——对价不是合同中列示的价格——隐含的价格折让

ASC 606-10-55-99

主体以 100 万美元的承诺对价向客户销售了 1000 个单位的处方药物。这是该主体首次向新地区的客户销售，且该地区正处于经济困难的非常时期。因此，主体预期将无法从客户处收回全部的承诺对价。尽管可能不能收回全部金额，但主体预计该地区的经济将在未来两到三年内好转，且确定其与客户的关系可以帮助主体与该地区其他潜在客户建立联系。

ASC 606-10-55-100

在评估是否满足第 606-10-25-1（e）段的标准时，主体还应当考虑第 606-10-32-2 段和第 606-10-32-7（b）段所规范的内容。根据对具体事实和情况的评估，主体确定其预期将提供价格折让，并接受客户支付的较低对价金额。因此，主体得出交易价格不是 100 万美元的结论，因此所承诺的对价是可变对价。主体估计可变对价，并确定其预计将有权取得 40 万美元。

ASC 606-10-55-101

主体通过分析客户支付对价的能力和意图得出结论，即使该地区正处于经济困难时期，主体也很可能从客户处收取 40 万美元。因此，基于对 40 万美元可变对价的估计，主体认为满足第 606-10-25-1（e）段的标准。此外，根据对合同条款和对其他事实和情况的评估，主体认为第 606-10-25-1 段的其他标准也得到满足。因此，主体可以按照本主题所规范的指引对与客户的合同进行会计处理。

有时很难区分价格折让和可收回性的问题。由于其中一条路径（可收回性的考虑）可能使得主体对一项特定安排得出不能通过第一步的结论，而另一路径（价格折让）则可能引起可变对价并使主体可以以较低的交易价格进入第二步，从而对会计处理造成了影响。在确定适用哪条路径时，需要运用判断。最终，正如 TRG 所讨论的[①]，这并不是一个新的判断领域。

致同见解：价格折让与可收回性的问题

ASC 606-10-32-7 为主体确定由于其已提供或预期将提供价格折让，所承诺的对价是否可变时的考虑因素提供了指引。其中一部分指出，如果满足以下任一条件，则存在价格折让：

- 由于主体的商业惯例、已公布的政策或特定声明使得客户形成主体将接受低于合同指定价格的对价金额的有效预期。即，预计主体将提供价格折让。
- 其他事实和情况表明，主体在与客户签订合同时的意图是向客户提供价格折让。

其他可能表明主体提供价格折让的迹象，包括：

- 在转让承诺的商品或服务之前不进行信用评估的商业惯例（例如，法律规定的医疗服务的提供方，如 ASC 606-10-55-102 至 55-106 的示例 3 中所述）。
- 客户形成主体将接受低于合同指定价格的对价金额的有效预期。
- 即使历史经验表明不是很可能收回对价，但仍然继续履行（合同）的商业惯例。
- 几乎没有与履行履约义务相关的增量成本的安排（例如，软件提供商在销售现有软件产品的许可时几乎不会产生复制成本）。
- 尽管合同中已有价格，但主体在安排开始时即预期随后将提供价格折让（例如，主体将接受低于列示的价格以便与新客户建立战略关系）。

---

① TRG 文件 13，《可收回性》。

表明客户或客户群存在可收回性问题的因素，包括：
- 自合同开始起，客户的财务状况就已经恶化。
- 同质客户群（组合）中的客户的信用状况相似，且预期在到期时，大部分客户会支付款项，然而也有一部分客户将不会支付款项。

根据具体事实和情况，也可能存在其他相关迹象。

有关价格折让的进一步指引，包括估计和重新评估可变对价的金额，请参阅第5.1节。

3.2 合同不能"通过"第一步

如果主体确定在安排开始时，ASC 606-10-25-1 中的一个或多个标准未得到满足，那么基于应用 ASC 606 的目的，会计上的合同不存在，并且后续主体应当继续重新评估这五项标准是否得到满足。

虽然存在合同可能不通过第一步的情形，但主体仍然可以将商品或服务转让给客户，并收取为换取这些商品或服务的无须退回的对价。在这种情况下，除非第一步的标准后续得到满足，或者在 ASC 606-10-25-7 中描述的情况之一出现（如下所述），否则主体不能将收到的无须退回的对价确认为收入。

ASC 606-10-25-7

当与客户的合同不满足第 606-10-25-1 段的标准，且主体收到客户支付的对价时，仅当下列一项或多项事件发生时，主体才应当将所收取的对价确认为收入：
a. 主体不具有向客户转让商品或服务的剩余义务，且主体已经收到客户承诺的全部或几乎全部的对价且对价无须退回。
b. 合同已经终止，且向客户收取的对价无须退回。
c. 主体已转移了与所收取对价相关的商品或服务的控制权，主体已停止向客户继续转让商品或服务（如适用），并且根据合同主体并不负有转让额外商品或服务的义务，以及向客户收取的对价无须退回。

第三条标准是由 FASB[①] 添加的，以适用于由于主体希望能够继续收回款项或者寻求获得合同中的其他权利而没有合法终止合同的情况。

在合同通过第一步或满足上述标准之一之前，主体应将从客户处收取的对价确认为一项负债，负债应按照从客户处收取对价的金额计量。见图表3.2。

---

① BC 23 和 BC 24，ASU 2016-12。

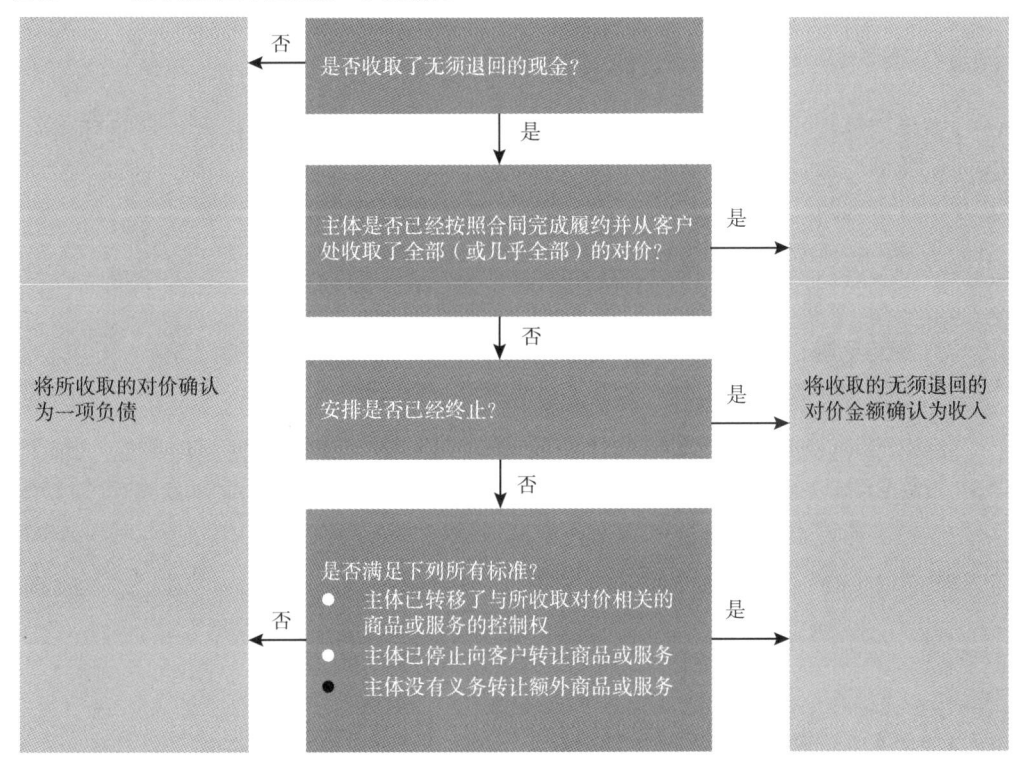

图表 3.2　收到现金且未通过第一步的合同

```
                          ┌──────────────────────┐
                   否 ←── │ 是否收取了无须退回的现金？│
                          └──────────┬───────────┘
                                     │ 是
                                     ▼
                          ┌──────────────────────┐
                          │主体是否已经按照合同完成  │ 是
                          │履约并从客户处收取了全部  │────→
                          │（或几乎全部）的对价？   │
                          └──────────┬───────────┘
                                     │ 否
                                     ▼
                          ┌──────────────────────┐ 是
                          │ 安排是否已经终止？      │────→
                          └──────────┬───────────┘
                                     │ 否
                                     ▼
                          ┌──────────────────────┐
                          │是否满足下列所有标准？   │
                   否 ←── │• 主体已转移了与所收取对价│ 是
                          │  相关的商品或服务的控制权│────→
                          │• 主体已停止向客户转让商品│
                          │  或服务                │
                          │• 主体没有义务转让额外商品│
                          │  或服务                │
                          └──────────────────────┘

将所收取的对价确认                    将收取的无须退回的
为一项负债                            对价金额确认为收入
```

> **重大选择：非收付实现制的会计基础**
>
> 　　在某些情况下，与原准则相比，当不满足 ASC 606-10-25-1 的标准时，对合同会计处理的指引可能会导致延迟确认收入。例如，根据 ASC 606，如果合同不满足 ASC 606-10-25-7 的标准之一时，在未完成合同履约义务的情况下，主体只能将收取的无须退回的金额确认为一项负债。相比之下，在原准则下，主体可能会将已收取的与已转让商品或服务有关的现金确认为收入。
>
> 　　FASB 指出[①]，ASC 606-10-25-7（c）并不等同于原准则中的"收付实现制"，因为为了满足这一条新标准，主体必须停止向客户转让商品或服务，且不再负有向客户转让额外商品或服务的义务，或者没有任何需要转让的额外承诺的商品或服务。

3.2.1　重新评估第一步的标准

　　当主体确定合同通过第一步时，除非有迹象表明相关事实和情况发生重大变化，

[①] BC 24，ASU 2016-12。

否则不需要再次重新评估合同的存在。

> **ASC 606-10-25-5**
>
> 如果与客户的合同在合同开始时就满足第 606-10-25-1 段的标准，除非有迹象表明相关事实和情况发生重大变化，否则主体不应重新评估这些标准。例如，如果客户支付对价的能力显著恶化，主体应当重新评估是否很可能收回因向客户转让剩余商品或服务而有权收取的对价（参见第 606-10-55-3a 至 55-3C 段）。

> **致同见解：当合同"通过"第一步时，何种情形构成需要重新评估第一步标准的"事实和情况发生重大变化"？**
>
> 确定何种情形构成"事实和情况发生重大变化"往往需要作出判断。继在 ASC 606-10-25-5 中给出的示例中，如果主体确定其很可能不再能够收回对价，那么主体则不能将要转让给客户的剩余商品或服务确认为收入，并且应当采用 ASC 606-10-25-7 的指引。

ASC 606 中的示例 4 对为识别合同而重新评估标准的情形提出了指引。

> **例 4——重新评估识别合同标准**
>
> **ASC 606-10-55-106**
>
> 主体向客户授予专利许可并向其收取基于使用情况的特许使用费。在合同开始时，合同满足第 606-10-25-1 段的所有标准，主体根据本主题所规范的指引对合同进行会计处理。根据第 606-10-55-65 段，主体在客户后续发生使用行为时确认收入。
>
> **ASC 606-10-55-107**
>
> 在合同的第一年，客户按季度提供使用报告并在商定的期限内支付使用费。
>
> **ASC 606-10-55-108**
>
> 在合同的第二年，客户继续使用该主体的专利，但客户的财务状况恶化。客户当前获得信贷的能力和可使用的现金受到限制。主体在第二年继续基于客户的使用情况确认收入。客户支付了第一季度的特许使用费，但在第二至四季度仅支付名义金额。主体根据主题 310——应收款项对现有应收账款的任何减值进行会计处理。

ASC 606-10-55-109

在合同的第三年，客户继续使用该主体的专利。但是，主体获悉该客户已丧失获得信贷的能力及主要客户，因此该客户的支付能力显著恶化。因此，主体得出结论认为客户不大可能为持续使用其专利进一步支付任何特许使用费。由于事实和情况发生重大变化，按照第 606-10-25-5 段的规定，主体重新评估第 606-10-25-1 段的标准并确定该合同并不满足该标准，因为主体很可能不再能够收回其有权收取的对价。因此，主体并未进一步确认与客户未来使用其专利有关的任何收入。主体根据主题 310——应收款项对现有应收账款的任何减值进行会计处理。

待定内容
过渡日期：（P）2019 年 12 月 16 日；（N）2020 年 12 月 16 日 | 过渡指引：326-20-65-1

ASC 606-10-55-108

……主体根据子主题 326-20，按照以摊余成本计量的金融工具的方法对现有应收账款的任何信用损失进行会计处理。

ASC 606-10-55-109

……主体根据子主题 326-20，对现有应收账款的额外信用损失进行会计处理。

当主体认为很可能不再能够收回（款项）时，只有与尚未转让的剩余商品或服务相关的收入会受到影响。除了考虑减值以外，重新评估对已确认的收入、记录的应收账款，或因履行履约义务而确认的资产没有影响。

TRG 基本达成一致的问题：重新评估可收回性

TRG 在 2015 年 1 月的会议[①]上进行了讨论，对于在合同开始时通过第一步的长期合同，主体应当在何时对客户的可收回性进行重新评估。

TRG 考虑了上述示例 4，即主体向客户授予专利许可并向其收取基于使用情况的特许使用费。

TRG 同意示例 4 中所述的下列观点：
- 确定事实和情况是否发生重大变化需要具体情况具体分析，并需要判断。
- 客户财务状况发生重大变化意味着合同不再有效，且自财务状况发生变化起不能通过第一步。

---

① TRG 文件 13，《可收回性》。

3.3 合同期间

主体在合同各方拥有现时可执行权利和义务的合同期间内应用 ASC 606。权利和义务的可执行性是一个法律事务。由于不同的司法管辖区、不同的主体可能采取不同的实务与流程来确立与客户之间的合同，每个主体在确定与客户之间的协议是否确立了可执行权利和义务时，应当考虑这些实务和流程。

3.3.1 终止条款

有些合同可由任一方在任意时间终止，而其他合同则只能由合同一方终止。如果合同各方均具有单方面终止完全未执行的合同而无须支付终止罚款的可执行权利，则会计上的合同不存在。"完全未执行"的合同意味着主体尚未履约并无权收取任何对价。

> **ASC 606-10-25-3（摘录）**
>
> 某些与客户的合同可能没有固定存续期，并且可由任一方在任意时间终止或修订。其他合同则可能是按照合同规定定期自动续约。主体应当对合同各方拥有现时可执行权利和义务的合同持续期（即，合同期间）应用本主题的指引。
>
> **ASC 606-10-25-4**
>
> 出于应用本主题指引的目的，如果合同各方均具有单方面终止完全未执行的合同而无须对合同另一方（或其他各方）作出补偿的可执行权利，则合同并不存在。同时满足下列两项标准的合同是完全未执行的合同：
> a. 主体尚未向客户转让任何已承诺的商品或服务。
> b. 主体尚未收到且尚无权收取已承诺的商品或服务的任何对价。

> **可取消并获得全额退款的合同**
>
> 3月15日，客户从零售商处订购标准家具，并在交付之前支付1000美元，通常在30天内进行交付。该合同表明客户可以在交货前随时取消订单并获得预付款的全额退款；然而，零售商没有取消权。
>
> 该零售商考虑在3月15日其是否拥有一项通过第一步的客户合同。当客户提前支付家具费用时，由于零售商已经收到对价，该合同不再是完全未执行的。因此，ASC 606-10-25-4中关于完全未执行合同的指引不适用。

该零售商确定合同在 3 月 15 日存在，因为该合同符合收入确认模型第一步的五个标准：
- 双方已批准合同，并承诺履行其签署销售订单所表明的义务，1000 美元的预付款也进一步支持了义务的履行。
- 双方的权利在合同条款中可以识别。
- 付款条款已在合同中标明。
- 合同具有商业实质，因为预期主体的未来现金流量将因合同而发生变化。
- 对价的"可收回性"是很可能的，因为其已经发生。

在某些情况下，只有客户有权终止合同而无须受到处罚。在这些情况下，会计上的合同期间可能短于合同条款中约定的期间。

终止合同而无须受到处罚的能力

网球俱乐部与一名新会员签订了一份合同，允许其在 12 个月内使用网球场，每月费用为 100 美元。该会员可以在 6 个月后申请取消其会员资格而无须承担任何处罚款项。因此，该合同中的可执行权利和义务是 6 个月，即合同期间为 6 个月。

TRG 已经讨论了终止处罚对合同期间的影响，如下所述。

TRG 基本达成一致的问题：在确定合同期间时，应如何评估终止条款？

在 2014 年 10 月的会议上①，TRG 讨论了有关对终止条款的会计处理问题。在本次会议上，TRG 具体讨论了合同各方单方面终止合同并承担相应处罚款项的具体情形。TRG 成员认为，由于罚款是合同期限内具有可执行权利和义务的证据，因此合同的存在涵盖支付终止处罚款项的期间。也就是说，仅存在处罚条款本身并不能表明合同期限涵盖罚款期间。罚款必须是实质性的。

在 2015 年 11 月的会议上②，TRG 还同意上述 2014 年 10 月的讨论适用于只有客户具有单方面终止合同能力的合同。这是因为事实模式的变化不足以对不同的观点作出保证。因此，在只有客户具有单方面终止合同能力的合同中，只要罚款是实质性的，则合同的存在涵盖支付终止处罚款项的整个期间。

一些主体常见的商业模式是亏本销售商品并通过客户必须持续购买耗材来赚钱

---
① TRG 文件 10，《合同的可执行性和终止条款》。
② TRG 文件 48，《客户对额外商品和服务的选择权》。

（例如，剃须刀和剃须刀片、打印机和打印机墨盒）。有时，这些合同是这样规定的，如果客户不购买最低数量的耗材，则必须支付终止罚款。TRG 讨论了这些合同如何有效地包括一项具有实质性的终止罚款，这将确立可执行权利和义务并进而影响合同期间。

> **TRG 基本达成一致的问题：仅当客户有权无条件取消合同时，主体应当如何评估合同期限？终止罚款如何影响该分析？**
>
> 在 2015 年 11 月的会议上①，TRG 讨论了仅当一方有权终止合同的情形。TRG 考虑了一个设备和耗材合同，设备和耗材的单独售价分别为 10000 美元和 100 美元。主体以 6000 美元的价格出售设备，并为客户提供以 100 美元购买耗材的选择权。如果顾客购买的耗材少于 200 件，则必须支付罚款来补偿 4000 美元折扣款的部分或者全部，即购买一件耗材减少 20 美元罚款。在该示例中假设设备和耗材是可明确区分的商品，在转让商品的时点确认收入，且对客户来说 10 美元的折扣可能是一项重大权利。
>
> TRG 基本一致同意，实质性的终止处罚确立了可执行权利和义务，在上例中，实际上确立了最低购买 200 件耗材的义务。TRG 探讨了什么构成"实质性"的处罚，并认为在作出这一决定时需要重大判断。评估处罚是否具有实质性的一个考虑因素是评估有多少客户选择支付罚款。如果有相当数量的客户选择支付罚款，则可能表明处罚不具有实质性。如果处罚不具有实质性，主体仍需要评估终止权利（类似于额外商品或服务的选择权）是否产生了重大权利。换句话说，如果合同处罚的存在不能延长合同期间，那么其仍然会对可选商品或服务是否有重大权利产生影响。

在另一次会议上，TRG 讨论了主体过去放弃终止处罚的做法是否会影响对合同期间的评估，对此 TRG 基本一致认为这取决于以往的实务是否改变了法律上的可执行权利和义务，如下所述。

> **TRG 基本达成一致的问题：当主体存在未强制收取终止罚款的过往实务时，该过往实务是否影响对合同期间的评估？**
>
> 在 2014 年 10 月的会议上②，TRG 讨论了这样一种情形，即主体签订了一项提供为期 24 个月的服务合同。合同的任何一方都可以通过向对方支付补偿款的方式终止合同。当客户在至少 12 个月后取消合同时，主体存在未强制收取终止罚款的过往实务。

---

① TRG 文件 48，《客户对额外商品和服务的选择权》。
② TRG 文件 10，《合同的可执行性和终止条款》。

> TRG 同意，对于合同期是 24 个月或 12 个月的决定取决于过往实务是否合法约束了合同各方的可执行权利和义务，这可能因司法管辖权的不同而不同。仅当过往实务改变了合同各方法律上的可执行权利和义务时，主体过往实务对合同期间产生影响。如果过往实务不改变合同各方法律上的可执行权利和义务，则合同期为 24 个月。

3.4 对组合的实务简便操作方法

ASC 606 的指引适用于与客户签订的单个合同，但作为实务简便操作方法，也允许主体将该指引应用于具有类似特性的合同组合或履约义务组合。但是，仅当主体预计在组合的基础上应用该指引的影响不会显著不同于在单个合同的基础上应用该指引的影响时，才可以采用实务简便操作方法。

为应用组合的实务简便操作方法，主体在确定如何将特定合同或履约义务进行组合时需要作出判断。

> **ASC 606-10-10-4**
>
> 本指引规范了与客户之间的单个合同的会计处理。然而，作为实务简便操作方法，主体可将该指引应用于具有类似特性的合同组合（或履约义务组合），前提是主体能合理预计将本指引应用于该组合对财务报表的影响不会显著不同于将本指引应用于该组合中的单个合同（或履约义务）的影响。在对组合进行会计处理时，主体应当运用能够反映组合规模和构成的估计和假设。

> **TRG 基本达成一致的问题：当主体考虑从其他类似合同中得出的证据并采用期望值法确定一项估计时，是否还需要采用组合的实务简便操作方法？**
>
> 在 2015 年 7 月的会议上[①]，TRG 基本一致同意，主体可以考虑从其他类似合同中得出的证据并采用期望值法确定对可变对价的估计，而不采用组合的实务简便操作方法。也就是说，考虑历史经验并不一定意味着主体将要采用组合的实务简便操作方法。这一观点在有关商品或服务的单独售价估计指引中得到了进一步的支持。ASC 606-10-32-34（a）指出，估计商品或服务单独售价的适当方法包括参照类似商品或服务的价格。

利益相关者质疑主体是否需要"证明"应用组合的实务简便操作方法的影响不

---

① TRG 文件 38，《组合的实务简便操作方法以及对可变对价限制的考虑》。

会显著不同于将本指引应用于单个合同的影响。委员会和理事会在 ASU 2014-09 的 BC 69 中指出，其无意要求主体对每一结果进行量化评价，相反，主体应当能够合理预计组合法不会显著不同，并因此确定适合其合同类型的组合。

> **致同见解：主体应当如何评估合同是否具有类似特征？**
>
> ASC 606 并不包含有关如何确定合同是否可以被划分在相同的组合中的规范性指引。
>
> 在评估合同是否应被划分在同一个组合时，主体在确定合同是否具有类似特征时需要运用判断。将合同按组合划分的一种方法可以是根据合同的类型。如果主体通常采用的是标准合同的格式化语言，则可能意味着将合同划分至单一组合可能是适当的。
>
> 将合同按组合划分的另一种方法可以是根据客户的类别和客户的行为模式。例如，一家医疗机构可能有证据表明非保险患者（客户）的行为具有相似性，而保险患者（客户）的行为具有另一种相似性，并进而导致相类似的收入确认模式。此外，对于保险患者还可能会根据其保险范围的条款被划分至不同的组合。

> **应用组合的实务简便操作方法**
>
> 一名零售商同时在网上和实体店销售服装和鞋子。根据历史经验，该零售商确定在线客户会退回 20% 的商品。然而，店内销售的历史退货率较低，鞋类仅为 3%，服装为 5%。
>
> 由于在线客户与店内客户的历史行为模式不同，该零售商认为将这两类客户包含在同一合同组合中是不恰当的。
>
> 该零售商考虑服装和鞋子的店内销售是否应该包含在同一合同组合中，因为 3% 和 5% 的退货率不同。该零售商确定服装和鞋子的历史加权平均退货率接近 5%，因为销售的服装比鞋子多。因此，该零售商在同一合同组合中包含所有的店内销售，因为店内销售的历史退货活动对于鞋子和服装都是相似的，并且使用 5% 是合理的。
>
> 该零售商进行了 1000 次店内销售交易，每笔交易价格均为 100 美元。服装有 700 份合同，鞋子有 300 份。该零售商将 5% 的退货率应用于店内合同组合，并估计 5000 美元的退货负债（5%×1000 份合同×100 美元）。

> 该零售商合理地预计,将 5% 的退货率应用于店内合同组合对财务报表的影响与单独核算服装和鞋类合同相比不会产生重大差异。该零售商定期地估计退货负债和收入的潜在差异,就好像每个店内合同都是单独核算一样,以确保应用组合方法对财务报表的影响与单独核算每个合同相比没有重大差异。在此案例中,可以合理地预计差额大约是 600 美元,计算方法为 5000 美元(实务简便操作方法之下的退款负债)减去 4400 美元(使用服装和鞋子的特定退货百分比的退款负债);4400 美元 = 3500 美元(5% × 700 × 100)+ 900 美元(3% × 300 × 100),且该零售商认为此差异并不重大。
>
> 该零售商持续地监控客户行为,包括退货率以及销售渠道和产品组合,以持续评估是否适合将组合的实务简便操作方法应用于所有的店内销售。

3.5 合同合并

在某些情况下,如果不考虑整体安排则不利于对单个合同的实质进行理解,主体应当将两个或多个合同合并为一个单一合同并对其进行会计处理。该评估是在合同开始时执行。

综上所述,如果主体与同一客户(或该客户的关联方)同时或在相近的时间内订立两个或多个合同,在满足下列条件之一时,主体应当将合同合并为一份合同进行会计处理:

- 这些合同是在单一商业目的下作为一揽子合同议定的。
- 就其中一项合同所支付的对价金额取决于另一项合同的价格或履约。
- 这些合同所承诺的商品或服务构成单一履约义务。

指引并没有对"同时或在相近的时间"作出明确规定,因此主体在确定时间范围的构成并就是否满足相关条件建立评估流程时需要运用判断。

> **ASC 606-10-25-9**
>
> 如果满足下列一项或多项标准,主体应当将与同一客户(或该客户的关联方)同时或在相近时间订立的两项或多项合同予以合并,并将这些合同作为单一合同进行会计处理:
> a. 这些合同是在单一商业目的下作为一揽子合同议定的。
> b. 就其中一项合同所支付的对价金额取决于另一项合同的价格或履约。
> c. 这些合同所承诺的商品或服务(或每项合同所承诺的部分商品或服务)为第 606-10-25-14 至 25-22 段所述的单一履约义务。

> **重大选择：ASC 606 与原准则下的合同合并**
>
> 　　除一项重要的区别外，ASC 606 中关于合同合并的指引与原准则的规定是类似的。原准则中提供了主体在评估是否需要进行合同合并时的考虑因素。相比之下，ASC 606 则要求主体在同时或相近时间与同一客户（或该客户的关联方）订立且满足前述条件之一的合同时进行合同合并。因此，主体可能需要合并多个合同，确定什么是"同时或相近时间"并就是否满足相关条件建立评估流程。
>
> 　　很多情形下，多个合同中的履约义务或付款是否相互依赖的相关标准是一项不复杂的评估；然而，由于 ASC 606 是基于原则导向，许多主体可能会发现，确定多个合同是否基于单一商业目的议定或者相关商品及/或服务是否构成单一履约义务需要涉及重大判断。
>
> 　　例如，如果与同一方签订一项建造楼房的合同以及另一项安装电梯的合同，对两个合同进行仔细分析后可能会得到存在单一履约义务因而两个合同应当予以合并的结论。然而，一项为一方建造楼房的合同和另一项为该方拥有的临近物业安装电梯的合同，可能需要开展更多的工作来确定是否应当合并这些合同。

4 识别合同中的履约义务

当合同通过第一步的标准（参见第3.1节），主体就可以进行收入模型的第二步。第二步是收入模型五步法的关键步骤。在该步骤中，主体识别履约义务并作为模型中剩余步骤的计量单元。如果主体不能在第二步中恰当地识别履约义务，就不能恰当地进行第三步至第五步的会计处理。

第二步包括两部分流程，在主体识别履约义务前，应首先识别合同中所有已承诺的商品或服务。只有在主体识别了承诺后，才能够确定哪些承诺的商品或服务构成履约义务。见图表4.1。

图表4.1 第二步概览

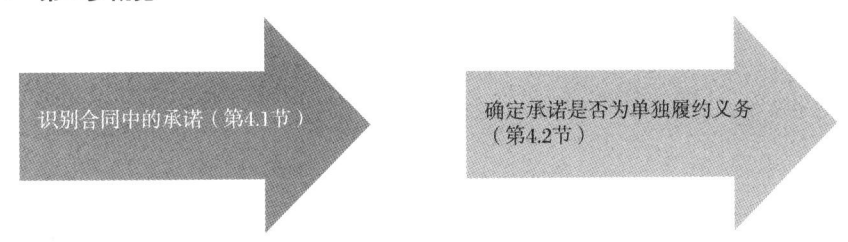

识别合同中的承诺（第4.1节）→ 确定承诺是否为单独履约义务（第4.2节）

4.1 识别承诺

承诺通常在合同中清晰列明，但也可能是主体的商业惯例、已公布的政策或特定声明所隐含的承诺，使客户在合同开始日形成一项主体将向其转让商品或服务的合理预期。

> **ASC 606-10-25-16**
>
> 与客户之间的合同通常会清晰列明主体承诺转让给客户的商品或服务。然而，在与客户之间的合同中识别的已承诺商品或服务可能不限于合同中已清晰列明的商品或服务。这是因为与客户之间的合同也可能包含主体的商业惯例、已公布的政策或特定声明所隐含的承诺，这些承诺使客户在合同开始日形成一项主体将向其转让商品或服务的合理预期。

> **ASC 606-10-25-18**
>
> 视合同的情况,已承诺的商品或服务可能包括但不限于:
> a. 销售主体所生产的商品(例如,制造商的存货);
> b. 销售主体所购买的商品(例如,零售商的货物);
> c. 销售主体所购买的对商品或服务的权利(例如,主体作为第 606-10-55-36 至 55-40 段所述的主要责任人转销的票券);
> d. 为客户执行合同所议定的一项或多项任务;
> e. 提供一项随时准备向客户提供的商品或服务(例如,未列明的在可供使用时将予以提供的软件更新),或者使商品或服务在客户决定使用时可供其使用的服务;
> f. 提供安排另一方向客户转让商品或服务的服务(例如,作为第 606-10-55-3 至 55-40 段所述的另一方的代理人);
> g. 授予对未来提供的商品或服务的权利,而客户可将该权利再出售或提供给其客户(例如,向零售商销售产品的主体承诺向从零售商购买该产品的个人转让额外的产品或服务);
> h. 代表客户建造、制造或开发一项资产;
> i. 授予许可(见第 606-10-55-54 至 55-60 段和第 606-10-55-62 至 55-65B 段);
> j. 授予购买额外商品或服务的选择权(若该选择权如第 606-10-55-41 至 55-45 段所述向客户提供了重大权利)。

当识别承诺时,由于合同承诺是主体和客户之间谈判交换的一部分,主体应当考虑客户的角度。

另外,隐含的承诺无须在法律上可执行。如果客户对主体的承诺已形成一项有效预期,则客户将视承诺为合同的一部分。在对于隐含的承诺[①]缺少具体指引的情况下,尽管主体存在对客户的剩余(隐含的)承诺,仍然可以确认全部已经收到的对价。

图表 4.2 为承诺的示例。

图表 4.2 承诺的示例

承诺	示例
销售所生产的商品	制造业主体销售存货
销售所购买的商品	零售业主体销售购买的商品
销售主体所购买的对商品或服务的权利	服务业主体作为主要责任人购买演唱会门票后进行销售
执行任务	专业服务主体提供咨询服务

---

① BC 87,ASU 2014-09。

续表

承诺	示例
提供一项随时准备向客户提供商品或服务，或者使商品或服务在客户决定使用时可供其使用的服务	在客户决定需要执行服务时，制造业主体提供销售给客户的设备的维修保养服务
提供安排另一方向客户转让商品或服务的服务	作为代理人的综合维护主体安排非关联方向客户提供特定电梯的保养服务
建造、制造或开发一项资产	承包商建造一座医院
授予许可	主体授予使用其商标的许可
授予购买额外商品或服务并构成更大权利的选择权	一位零售商授予客户购买三件商品后以四折购买第四件商品的选择权
隐含的服务承诺	虽然合同中没有明确说明或在谈判中讨论过，但制造业主体有一种商业惯例，即对销售给客户的机器提供维护服务。这种做法使客户产生合理预期认为主体将履行定期维护服务

4.1.1 不重大的承诺

如果合同中的一项承诺并不重大，则主体无须评估确定该项承诺是否符合履约义务定义。

> **ASC 606-10-25-16A**
>
> 如果已承诺的商品或服务在客户合同中不重大，则主体无须评估这些商品或服务是否属于履约义务。如果与合同中包括不重大的商品或服务在内的履约义务相关的收入在那些商品或服务转移给客户之前已确认，那么应计提转让那些商品或服务的相关成本。

FASB 决定[①]要求主体仅在合同层面（而非主体层面）考虑一项已承诺的商品或服务是否重大，因为要求主体汇总确定哪些在个别合同层面已确定为不重大的项目和活动对主体财务报表的影响，将是过于沉重的负担。然而，如果在一项单独合同中的多项商品或服务单独来看在合同中是不重大的，但是这些单独来看不重大的项目汇总后对于合同是重大的，那么主体在识别合同中[②]的履约义务时，不应忽略这些商品或服务。

---

① BC 12，ASU 2016-10。
② BC 14，ASU 2016-10。

> **评估单独不重大但汇总后在合同中是重大的承诺**
>
> 供应商向客户提供多项商品作为合同整体的一部分，包括商品 A、B、C 和 D。
>
> 供应商得出结论认为商品 B、C 和 D 在合同中单独是不重大的；但是，这些商品汇总后是重大的。因此，当供应商识别履约义务时不应忽视商品 B、C 和 D。

确定合同中已承诺的商品或服务是否是不重大的可能需要判断；但是，委员会预期该评估在很多情况下应是简单明了的，因为，当考虑主体与客户之间的安排的性质时项目为不重大应该是清晰的。

> **重大选择：无关紧要和例行公事与不重大的承诺**
>
> 来自利益相关者的一个问题是主体是否可以继续适用 SAB 主题 13"无关紧要和例行公事"的指引来识别不重大的承诺。
>
> 我们认为答案为否。ASU 2014-09 的 BC 90 表明委员会和理事会决定不豁免主体对于认定为无关紧要和例行公事的已承诺商品或服务的会计处理。相反，主体应评估这些商品或服务对于财务报表是否重大。
>
> 虽然最终的结果可能不存在重大差异，但是 ASC 606 关于不重大承诺和 SAB 主题 13 的指引中的模型实际上是不同的，因此委员会决定不再使用 SAB 主题 13 中①的模型，主体必须适用 ASC 606 的指引确定已承诺的商品或服务在合同中是否是不重大的。另外，如上所述，ASC 606 包括了一项要求，即主体不能忽视在合同中单独来看是不重大但汇总后是重大的商品或服务。
>
> 一些利益相关者询问，是否应该在新模型下评估在履行合同过程中的每一项活动都必须是一项已承诺的商品或服务。在回复中，FASB 在 ASU 2016-10 BC 11 中澄清，其希望"承诺的商品或服务"的概念与原准则中的交付物、组件或合同要素的概念类似。换句话说，FASB 并非希望主体在应用新模型时识别出比原准则更多的已承诺的商品或服务。唯一的例外是原准则下未被识别为可交付物的某些符合 ASC 606 下履约义务定义的重大权利，例如，与忠诚计划相关的信用和积分。但是，我们预计在某些情况下，主体会识别出更多的履约义务，而在其他情况下，主体将识别出与原准则相比更少的履约义务。

ASU 2016-10 BC 12 表明，在一定程度上，当确定一项承诺在合同中是否不重大时，主体应该考虑合同中特定的已承诺商品或服务对于与客户之间的安排整体而言的相对重大或重要性，并考虑合同中已承诺商品或服务的数量和质量的性质。例如，在

---

① BC 17，ASU 2016-10。

评估一项承诺定量而言是否非重大时，除其他因素外，主体可以考虑该承诺项目的估计单独售价相对于所有承诺商品或服务的总体单独售价的重要性。同样，在评估一项承诺定性而言是否非重大时，主体可以考虑客户的观点，包括与合同中包含的整套商品和服务相比，该承诺项目的效用或利益对客户来说是否是重大的。

> **不重大承诺的评估**
>
> 一家全国性的连锁酒店为住在美国各地的客人提供酒店客房。酒店的部分服务包括在房间里放两瓶免费的水供客人享用。酒店还会在客人入住后的最后一晚将一份清单放在客人的门下，客人可以在结账前查看并保留一份记录。
>
> 当考虑到其对客户的承诺的性质时，连锁酒店得出结论认为，顾客认为提供酒店房间的服务是一项承诺。虽然客人可能会感激为其提供两瓶免费的水，以及结束入住时提供清单，但均不会影响客人是否入住酒店的决定。从定量的角度来看，酒店确定水的成本低于平均房价的0.4%[（0.50美元每瓶×2瓶）÷250美元平均房价]。
>
> 因此，酒店决定提供每一房间的两瓶水以及纸质清单在合同中其数量和性质均不重大，因此，将不会评估这些承诺是否构成单独的履约义务。

主体可能选择不评估在合同中的承诺是否不重大，而是评估合同中的所有（或任何）承诺，以确定它们是否构成单项履约义务。这是由于编写该指引是为了让主体能够灵活地决定是评估一项承诺是否重大，还是进一步确定该承诺是否为一项履约义务。

但是，当给予客户的选择权赋予了客户重大权利时（例如，在个别合同中不重大的奖励积分），对于评估不重大承诺的宽限不适用于客户选择权。重大权利将在第4.4节进一步讨论。

> **ASC 606-10-25-16B**
>
> 根据第606-10-41-41至55-45段的规定，对于取得额外的商品或服务的客户选择权，其提供给客户一项重大权利时，主体不应应用第606-10-25-16A段中的指引。

与非重大承诺相关的成本

如果在非重大商品或服务转让给客户之前，即确认了与包括这些商品或服务在内的履约义务相关的收入，则与在合同范围内非重大的转让商品或服务相关的成本应予以计提。我们认为，与合同下非重大的商品或服务相关的成本应与包括非重大商品或服务在内的履约义务的成本分类一致。例如，销售设备的主体在交付后三个月内为客户提供一小时的培训课程。该主体得出结论认为，培训承诺在合同内并不重大，因此在转移设备的控制权时确认收入，并将培训成本和设备成本确认为已售商品成本。

4.1.2 运输和装卸

在某些情况下，主体为合同中的商品执行运输和装卸活动。如果主体在将商品的控制权转移给客户后执行运输和装卸活动，该主体可能选择将运输和装卸成本确认为履约成本（一项费用）而不是作为合同中已承诺的服务评估以确定其是否是一项可明确区分的履约义务（如第4.2节所讨论）。主体应当对类似类型的交易适用一致的会计政策选择。当主体做出选择在运输和装卸活动发生前确认收入，主体应当计提相关的运输和装卸成本。

> **ASC 606-10-25-18B**
>
> 如果运输和装卸活动在客户取得商品控制权之后执行，主体可以选择将运输和装卸作为履行转让商品的承诺的活动。主体应当对类似类型的交易适用一致的会计政策选择。做出会计政策选择的主体不评估运输和装卸活动是否是对客户已承诺的服务。如果在运输和装卸活动发生前确认相关商品的收入，应当计提这些运输和卸活动的相关成本。主体适用会计政策选择应当符合第235-10-50-1至50-6段的会计政策披露要求。

> **发生在商品控制权转移后的运输和装卸活动**
>
> 主体A生产小马达。马达未针对任何特定客户以任何方式定制。主体A考虑以下因素确定马达在离开其装运码头时控制发生转移：
> - 主体A拥有一项在装运点收款的可执行权利。
> - 主体A使用被保险的承运人进行装运，承运人将向货物的法定所有权人赔偿丢失或损坏的货物。
> - 在装运点马达的法律权属转移至客户。
> - 合同中未包括或根据以往的惯例确立客户接受条件。
>
> 主体A作出会计政策选择，将运输和装卸成本确认为一项在装运时点为使马达控制权转移的履约成本。因此，当马达的控制权在其装运码头装运时发生转移，主体A确认马达收入（包括任何运输费用）并计提相关运输成本。

在客户取得商品控制权之前发生的运输和装卸活动是履行主体承诺转移商品的活动，而不是对客户已承诺的服务。

4.1.3 生产前活动

一些长期供应安排要求主体预先进行设备调动或设计新技术或设备,这被称为生产前活动。在根据制造合同交付任何单位之前,通常需要进行生产前活动。

第 11.3 节包括对与生产前活动有关的会计考虑因素的讨论,包括关于何时将生产前活动作为单独履约义务的指引。

4.1.4 随时准备的承诺

一项随时准备的履约义务是一项主体提供"随时准备"提供商品和/或服务的服务,或者在客户决定使用时就可以提供商品或服务。

TRG 已经对"随时准备"这一概念进行了讨论,以帮助利益相关者从其他义务中区分这类义务。

> **TRG 基本达成一致的问题:随时准备义务中的承诺的性质是什么?**
>
> 在 2015 年 1 月的会议上[①],TRG 基本达成一致意见,主体需要判断确定主体承诺的性质是随时准备提供商品或服务,还是实质上提供相关的特定商品或服务(不存在随时准备提供的义务)。一项关于主体承诺的性质的指标可能是,当主体的义务是提供确定的商品或服务时,表明主体承诺的性质是提供那些相关的特定商品或服务。相反,主体确定其义务的性质是提供一种未知类型或数量的商品或服务,这表明该主体的承诺的性质是随时准备。
>
> 由于很多合同要求主体随时准备在客户要求时提供商品或服务,在确定何时承诺是随时准备的时,运用判断是必要的,但并非所有这些承诺都必然产生随时准备的履约义务。
>
> TRG 文件 16 包含了以下四大类可能被认为是随时准备的义务的客户承诺。

种类	说明	示例
A	交付商品、服务或知识产权的相关义务由主体控制,但这些项目仍需进一步开发	软件供应商承诺转移由供应商自主决定的非特定的软件升级; 制药公司承诺提供基于研发进展在可供使用时将予以提供的对以前授予的知识产权许可的升级
B	交付潜在商品或服务的义务不由主体和客户控制	主体承诺为机场跑道除雪一年换取固定费用
C	交付潜在商品或服务的义务由客户控制	主体同意在超过客户预先确定的使用量后,当客户需要时向客户提供设备的定期维护
D	提供客户持续使用商品或服务的义务	主体允许客户特定时间内无限制使用健身俱乐部

---

① TRG 文件 16,《随时准备的履约义务》。

TRG 同意在上述 B、C、和 D 的安排中，主体承诺提供一项不确定数量的商品或服务，因此该主体"随时准备"履行。对于类型 A，主体需要评估其承诺是指定还是非指定的升级。如上文所述，当主体承诺转移未指定的升级或提供可供使用时将予以提供的更新时，如果主体无法预测何时可提供这些升级或更新的时间，主体承诺的性质是"随时准备"。另一方面，主体应将其承诺提供指定的更新视同任何的其他知识产权许可。确定一项承诺是指定还是未指定的更新具有挑战性，主体可能得出一项安排同时包括指定和未指定的更新的结论。

在 ASU 2014-09 的 BC 160 中委员会和理事会指出，在一份典型的健身俱乐部合同中，主体的承诺是随时准备在一段时间内提供健身服务，而不是只在会员要求时才提供服务。也就是说，会员受益于健身俱乐部可持续使用的基础上提供的服务。会员使用健身俱乐部的程度本身并不影响会员有权获得的剩余商品或服务的数量。此外，无论会员是否使用俱乐部以及使用的次数如何都必须支付健身俱乐部的会员费。因此，对于随时准备的义务，主体需要基于其使商品或服务可供客户使用这一服务（而非客户何时使用可供其使用的商品或服务）来选择进度测量方法（第 7.1.2 部分）。

4.2 识别履约义务

在识别合同中隐含的和明确的承诺后，主体应当评估每一项承诺确定其是否构成一项履约义务。该项评估在合同开始日执行。

> 履约义务是在客户合同中向客户转让下述任何一项的承诺：
> a. 可明确区分的商品或服务（或一揽子商品或服务）；
> b. 一系列实质相同且转让模式相同的、可明确区分的商品或服务。

ASC 606 提供以下关于识别履约义务的指引。需要关注的是，履约义务可能是一项可明确区分的商品或服务，或者是一系列可明确区分的商品或服务，例如重复的服务合同或商品销售合同，该合同中履行的服务和销售的商品实质相同，以类似的方式转移，且符合在某一时段内确认收入的条件（见第 7.1.1 部分）。

ASC 606-10-25-14

在合同开始日，主体应当评估客户合同中承诺的商品或服务，并且应当将每一项转移至客户的承诺识别为履约义务：
a. 一项可明确区分的商品或服务（或一揽子商品或服务）；
b. 一系列实质相同且转让模式相同的、可明确区分的商品或服务（见第 606-10-25-15 段）。

4 | 识别合同中的履约义务

ASC 606-10-25-19

同时满足以下条件的向客户承诺的商品或服务是可明确区分的：
a. 客户能够从单独使用该商品或服务，或将其与客户易于获得的其他资源一起使用中获益（即，该商品或服务本身能够明确区分）；
b. 主体向客户转让该商品或服务的承诺可与合同中的其他承诺区分开来（即，在基于相关合同进行考虑时该商品或服务可明确区分）。

因此，如果承诺符合可明确区分条件或者承诺代表一系列可明确区分的商品或服务，则主体应将承诺作为单独的履约义务来进行会计处理。这些条件具体解释如下（见图表4.3）。

图表4.3 识别履约义务

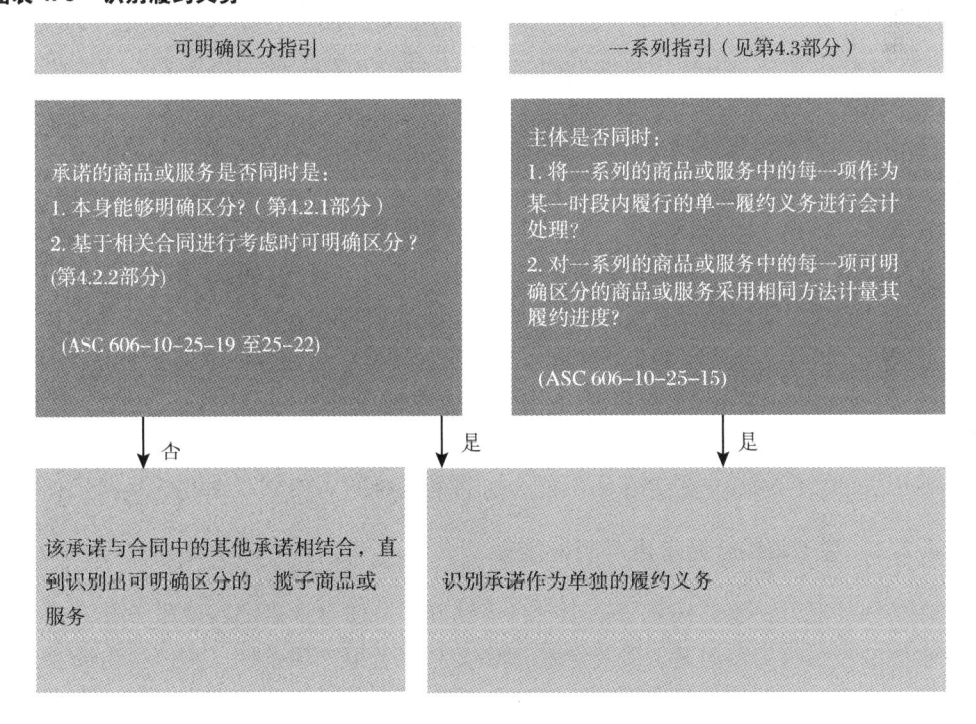

可明确区分指引	一系列指引（见第4.3部分）
承诺的商品或服务是否同时是： 1. 本身能够明确区分？（第4.2.1部分） 2. 基于相关合同进行考虑时可明确区分？（第4.2.2部分） (ASC 606-10-25-19 至25-22)	主体是否同时： 1. 将一系列的商品或服务中的每一项作为某一时段内履行的单一履约义务进行会计处理？ 2. 对一系列的商品或服务中的每一项可明确区分的商品或服务采用相同方法计量其履约进度？ (ASC 606-10-25-15)
↓ 否	↓ 是 ↓ 是
该承诺与合同中的其他承诺相结合，直到识别出可明确区分的 一揽子商品或服务	识别承诺作为单独的履约义务

如图4.3所述，在某些情况下，主体将可明确区分的商品或服务与不可明确区分的商品或服务整合在一起，以获得一揽子可明确区分的商品或服务。ASC 606 中的指引要求，如果被评估的承诺的商品或服务不被认为是可明确区分的，主体需要将该商品或服务与其他承诺相整合，直到识别出一揽子可明确区分的商品或服务。如 ASC 606-10-25-22 指出，有时可能导致主体将合同中的所有商品或服务合并为一项单一的履约义务。

> **ASC 606-10-25-22**
>
> 如果承诺的商品或服务并非可明确区分的，主体应将该商品或服务与其他承诺的商品或服务整合，直到识别出一揽子可明确区分的商品或服务。在某些情况下，这将导致主体将合同中的所有商品或服务合并为一项单一的履约义务。

4.2.1 本身是可明确区分的

"可明确区分"的第一个条件是，客户能够从单独使用该商品或服务，或将其与客户易于获得的其他资源一起使用中获益（即，该商品或服务本身能够明确区分）。

如果商品或服务可以被使用、消耗或按大于其残值的金额出售，或者以其他产生经济利益的方式持有，则客户能够从该商品或服务中获益。

有时客户通过将一项商品或服务与易于获得的其他资源相结合使用才能获益。"易于获得的资源"是指（由主体或另一主体）单独出售的商品或服务，或客户已经从主体或其他交易或事项中获取的商品或服务。

主体经常单独出售某项商品或服务这一事实可能表明商品或服务本身是可明确区分的。

在 ASU 2014-09 的 BC 100 中，委员会和理事会认为，评估客户是否能够从单独使用该商品或服务中获益，应基于商品或服务本身的特点（不包括妨碍客户从主体以外取得易于获得的资源的合同限制）。例如，如果合同规定客户只能从主体购买某项特定的商品或服务，该规定与确定客户是否能够从单独使用该商品或服务中获益无关。

此外，ASU 2014-09 的 BC 101 指出，主体不需要评估客户的预期用途，以确定该商品或服务本身是否能够明确区分，因为对主体来说，了解客户在特定的合同中对商品或服务的预期用途如果并非不可能，也将是困难的。

4.2.2 基于相关合同考虑可明确区分

在某些情况下，单独核算每一项自身可明确区分的已承诺商品或服务并不能真实反映主体的履约行为。因此，委员会和理事会制定了第二项条件，主体得出商品或服务是可明确区分的结论必须满足该项条件，从而成为单独核算的履约义务。

第二项"可明确区分"的条件为主体转让该商品或服务的承诺可与合同中的其他承诺区分开来（即，基于相关合同进行考虑时该商品或服务可明确区分）。

在评估基于相关合同进行考虑时该商品或服务是否可明确区分时，目的在于确定合同承诺的性质是单独转让每一项商品或服务，还是将多项已承诺商品或服务作为投入整合起来进行转让。确定基于相关合同进行考虑时该商品或服务是否可明确区分时，可能需要作出重大判断。

指引提供了表明主体转让该商品或服务的承诺不能与合同中的其他承诺区分开来

的因素。

> **ASC 606-10-25-21**
>
> 依据第606-10-25-19（b）段评估主体向客户转让商品或服务的承诺是否可单独区分，目的在于基于相关合同确定承诺的性质是否为单独转让每一项商品或服务，还是将多项承诺的商品或服务作为投入整合起来进行转让。表明两项或多项向客户转让商品或服务的承诺是不可单独区分的因素，包括但不限于：
> a. 主体提供重大的服务以将该商品或服务与合同所承诺的其他商品或服务整合成一揽子商品或服务，该一揽子商品或服务代表客户订立合同所要求的组合产出。换言之，主体以该商品或服务作为投入以生产或交付客户所要求的组合产出。组合的一项或多项产出可能包括超过一个阶段、要素或单元。
> b. 一项或多项商品或服务对合同所承诺的另一或多项商品或服务作出重大修订或定制，或被一项或多项商品或服务作出重大修订或定制。
> c. 该商品或服务高度依赖于合同所承诺的其他商品或服务，或与其高度关联。换言之，合同的每一项商品或服务被另一或多项商品或服务所重大影响。例如，某些情况下，两项或多项商品或服务互相影响，因为主体不能通过单独转让每一项商品或服务来履行承诺。

以下从 ASC 606 中选出的示例说明了如何应用该指引：

> **例 11——确定商品或服务是否可明确区分**
> **案例 A——可明确区分的商品或服务（摘录）**
>
> **ASC 606-10-55-141**
>
> 某软件开发商主体与客户订立一项合同，约定转让软件许可、实施安装服务并在两年期间内提供未明确规定的软件更新和技术支持（通过在线和电话方式）。主体单独出售许可、安装服务和技术支持。安装服务包括为各类用户（例如，市场营销、库存管理和信息技术）更改网页屏幕。安装服务通常由其他主体执行，并且不会对软件作出重大修订。该软件在没有更新和技术支持情况下仍可正常工作运行。
>
> **ASC 606-10-55-142**
>
> 根据第606-10-25-19段评估向客户承诺的商品和服务以确定哪些商品和服务可明确区分。主体认定软件是在其他商品和服务之前交付，并且在没有更新和技术支持的情况下仍可正常运行。在合同开始日，客户可以从转让的软件许可和一同转让的更新中获益。因此，主体得出结论认为，客户能够从单独使用各项商品和服务或

将其与可易于获得的其他商品和服务一起使用中获益,并且符合第606-10-25-19(a)段的标准。

ASC 606-10-55-143

主体还考虑了第606-10-25-21段所述的原则及因素,并确定向客户转让各项商品和服务的承诺可与其他承诺单独区分开来[因此符合606-10-25-19(b)的标准]。为了得出这一结论,主体认为虽然其将软件与客户的系统整合,但是安装服务并未重大影响客户使用软件许可及从其获益的能力,因为安装服务是常规的,而且能够从替代供应商处取得。在许可证有效期内,软件更新不能对客户使用软件许可及从其获益的能力产生重大影响,因为对比示例10(案例C),该案例中软件更新并不能确保客户在许可期间高效使用软件。主体进一步认为承诺的商品或服务不会对所承诺的另一商品或服务作出重大修订或定制,主体也没有提供重大的将软件和服务整合至一项组合产出的服务。最后,主体得出结论软件和服务不会互相产生重大影响,因此两者不是高度相关或密切关联的,因为主体能够单独履行其初始转让软件许可及之后提供安装服务、软件更新或技术支持的承诺。

ASC 606-10-55-144

基于上述评估,主体识别出合同中关于下列商品或服务的四项履约义务:
 a. 软件许可;
 b. 安装服务;
 c. 软件更新;
 d. 技术支持。

例11——确定商品或服务是否可明确区分
案例E——承诺可单独区分(消耗品)(摘录)

ASC 606-10-55-150G

主体与客户签订一项提供现成设备(即,设备无须重大定制或修订即可操作)及在未来三年预先确定的时间间隔提供专门供设备使用的消耗品的合同。该消耗品只由主体生产,但是可由主体单独销售。

ASC 606-10-55-150H

主体确定客户能够从设备与易于获得的消耗品一起使用中获益。根据第606-10-25-20段的规定,消耗品易于获得,因为主体通常对其进行单独销售(即,通过之前购买设备的客户重新确定订单）。在该合同条款下，客户能够从取得的消耗品与初始转让的设备一起使用中获益。因此，根据第606-10-25-19（a）段的规定，设备和消耗品是明确可区分的。

ASC 606-10-55-150I

根据第606-10-25-19（b）段的规定，主体确定其转让设备和在三年期间内提供消耗品的承诺是可单独区分的。为了确定设备及消耗品不是合同中整合产出的投入，主体考虑其未提供重大整合服务将设备和消耗品整合为一项整合产出。此外，设备和消耗品之间未进行重大定制或修订。最后，因为设备和消耗品之间没有重大影响，主体得出结论设备和消耗品不是高度关联或密切相关的。尽管客户只有在取得设备控制权后，才能通过合同约定的消耗品获益（即，没有设备消耗品没有用处），并且设备正常使用需要消耗品，但设备和消耗品之间没有重大影响。因为主体能够单独履行其在合同中的任一承诺。也就是说，即使客户不购买消耗品，主体也能够履行其转让设备的承诺，或即使客户单独购买设备，主体也能够履行其提供消耗品的承诺。

ASC 606-10-55-150J

基于此评估，主体在合同中识别出下述两项履约义务：
a. 设备；
b. 消耗品。

表明两项或多项承诺不能单独区分开来的因素无法全面罗列，确定主体转让商品或服务的承诺是否可单独区分开来，不需要满足所有的因素。委员会和理事会认为①，这些因素并不是相互排斥的，因为每个因素都基于不可分离的风险这一相同的潜在原则。这些因素将在后续进行更为详尽的评估。

重大整合服务

表明主体向客户转让商品或服务的两项或多项承诺不可与合同中的其他商品或服务区分开来的因素一是主体提供了重大的整合服务。换言之，主体以该商品或服务作为投入以生产合同所要求的组合产出。

ASU 2014-09的BC 107表明，委员会和理事会认为这项因素可能与许多建筑合同相关，因为承包商提供了重要的整合服务，并承担了整合各种施工任务的风险。这项因素可能同样适用于其他行业和合同。

---

① BC 106，ASU 2014-09。

> **例 10——商品和服务不可明确区分**
> **案例 A——重大的整合服务**
>
> **ASC 606-10-55-137**
>
> 主体作为承包商与客户订立一项建造医院的合同。主体负责项目的总体管理并识别各类承诺的商品和服务，包括工程技术、场地清理、地基构建、采购、建筑架构、管道和管线的铺设、设备安装及装修等。
>
> **ASC 606-10-55-138**
>
> 已承诺的各项商品和服务根据第 606-10-25-19（a）段能够明确区分。换言之，客户能够从单独使用该商品和服务或将其与客户易于获得的其他资源一起使用中获益。这可以通过主体或主体的竞争对手经常向其他客户单独出售许多此类商品和服务的事实得到证明。此外，客户能够通过使用、消耗、出售或持有这些个别商品和服务而从中产生经济利益。
>
> **ASC 606-10-55-139**
>
> 然而，根据第 606-10-25-19（b）段，转让这些商品和服务的承诺无法单独区分（基于第 606-10-25-21 段所述的因素）。这可以通过主体根据客户合同提供一项将上述商品和服务（投入）整合到医院（组合产出）的重大服务这一事实得到证明。
>
> **ASC 606-10-55-140**
>
> 由于未能满足第 606-10-25-19 段中的两项标准，因此上述商品和服务不可明确区分。主体应将合同中的所有商品和服务作为单一履约义务进行会计处理。

重大的修订或定制

表明主体向客户转让商品或服务的两项或多项承诺不可与合同中的其他商品或服务区分开来的因素二是合同中的一项或多项商品或服务对其他承诺的商品或服务作出了重大的修订或定制。

在一些行业，如软件行业，通过评估一项商品或服务是否对合同所承诺的另一商品或服务作出重大修订或定制，可清晰说明不可分离风险的概念。在这种情况下，商品或服务是用于创建整合产出（即，一项定制化产品）的投入。

> **例11——确定商品或服务是否可明确区分**
> **案例B——重大定制（摘录）**

ASC 606-10-55-146

已承诺的商品和服务与案例A（例11）中的相同，但合同明确规定，作为安装服务的一部分，软件将作重大定制以增添重要的新功能，从而使软件能够与客户使用的其他定制软件应用程序相对接。定制安装服务可由其他主体提供。

ASC 606-10-55-147

主体根据第606-10-25-19段评估向客户承诺的商品和服务以确定哪些商品和服务可明确区分。主体首先评估是否满足第606-10-25-19（a）段的条件。与案例A中的原因相同，主体确定软件许可、安装、软件更新及技术支持每一项均能满足条件。主体接下来通过考虑第606-10-25-21段所述的原则及因素，评估是否满足第606-10-25-19（b）段的条件。主体认为合同条款导致一项提供重大服务的承诺，即通过实施合同规定的定制安装服务将授予许可的软件与现有软件系统相整合。换言之，主体使用许可和定制安装服务作为投入以生产合同所列明的组合产出（即，具特定功能的集成软件系统）[参见第606-10-25-21（a）段]。有关服务将对软件作出重大修订和定制 [参见第606-10-25-21（b）段]。因此，主体确定转让许可的承诺不可与定制安装服务单独区分开来，不符合第606-10-25-19（b）段的标准。因此，软件许可和定制安装服务不可明确区分。

ASC 606-10-55-148

基于案例A中相同的分析，主体得出结论认为，软件更新和技术支持可与合同中的其他承诺明确区分开来。

ASC 606-10-55-149

基于上述评估，主体识别出合同中关于下列商品或服务的三项履约义务：
a. 软件定制（包括软件许可及定制安装服务）；
b. 软件更新；
c. 技术支持。

高度依赖或高度关联

表明主体向客户转让商品或服务的两项或多项承诺不可与合同中的其他商品或服务区分开来的因素三是商品或服务是高度依赖或高度关联的。

委员会和理事会包含了这一因素是因为，在某些情况下，主体是否提供整合服务或者商品或服务是否有重大修改或定制可能是不清晰的；然而，个别商品或服务不能与其他商品或服务区分开来是因为与合同中承诺的其他商品或服务高度依赖或高度关联。

如 ASU 2016-10 中 BC 32 的说明，评估承诺是否是"基于合同可明确区分"的原则是考虑各项转移商品或服务的承诺之间整合、关联、依赖的程度。因此，主体应当评估两项或多项承诺的商品或服务之间是否重大影响，从而合同承诺的商品或服务之间高度依赖或高度关联。主体不应仅评估一项承诺是否依赖于另一项，而应该评估是否相互依赖。换言之，主体将考虑未交付的项目和已交付的项目之间是否重大影响，并因此高度依赖或高度关联；而不是得出客户缺少合同中已交付的项目就无法取得未交付的项目这一结论。

> **例 10——商品和服务不可明确区分**
> **案例 B——重大的整合服务**

ASC 606-10-55-140A

主体与客户订立一项合同，主体需向客户提供多项极为复杂的定制设备。合同条款要求主体制定一个制造流程以生产合同约定的产品。设备的设计规格符合该客户的独特要求，并且是在单独的合同条款中制定的，并非是目前议定交易的一部分。主体负责合同的整体管理，要求履行及整合各类活动，包括材料购买、确定及管理分包商及履行制造、装配及测试义务。

ASC 606-10-55-140B

主体评估合同中的承诺，并根据第 606-10-25-19（a）段的规定，确定每一承诺的设备能够单独区分。因为每一设备能够独立于其他设备使用，客户能够从单独使用每一设备获益。

ASC 606-10-55-140C

主体认为其承诺的性质是根据合同约定中的客户特定要求确立并向客户提供生产全部设备的服务。主体认为其负责合同的整体管理，并提供一项重大的将各类商品和服务（投入）整合为承诺的设备（整合产出）的服务，因此根据第 606-10-25-19（b）段及第 606-10-25-21 段的规定，设备及各类承诺用于生产设备的商品及服务不能单独区分。在此案例中，主体提供的生产过程是根据与客户签订的合同而特定的。此外，主体履约义务的性质，尤其是重大的将各类活动整合的服务，说明主体生产设备这一项活动的变化对生产该极为复杂的定制设备所需要的其他活动有重大影响，因此主体的活动是高度相关或密切关联的。因为不满足第 606-10-25-19（b）段中的条件，主体提供的商品和服务不能单独识别，因此不可明确区分。主体将合同中承诺的所有商品和服务作为一项履约义务进行会计处理。

4.3 一系列可明确区分的商品或服务

当主体在一段时间内提供相同的可明确区分的商品或服务（例如，一项重复的保洁服务合同），主体需要考虑合同中承诺的商品或服务是否满足"一系列指引"的要求（见图表4.4）。在一系列指引下，主体必须将向客户转让一系列实质相同且转让模式相同的、可明确区分商品或服务的承诺作为单项履约义务进行会计处理。该指引不可选择适用。换言之，如果一系列可明确区分的商品或服务满足 ASC 606-10-25-14（b）中的标准，主体应将其作为一项履约义务而不是就每项商品或服务作为单独的履约义务进行会计处理。

一系列可明确区分的商品或服务如果同时满足下列两项标准，则是按相同模式向客户转让的：

- 一系列商品或服务中的每一项可明确区分的商品或服务将作为在某一时段内履行的履约义务进行会计处理（第7.1部分）。
- 主体将使用相同的方法来计量向客户转让一系列商品或服务中的每一项可明确区分商品或服务的履约义务的履约进度（第7.1.2部分）。

见图表4.4。

图表4.4 一系列指引的适用性

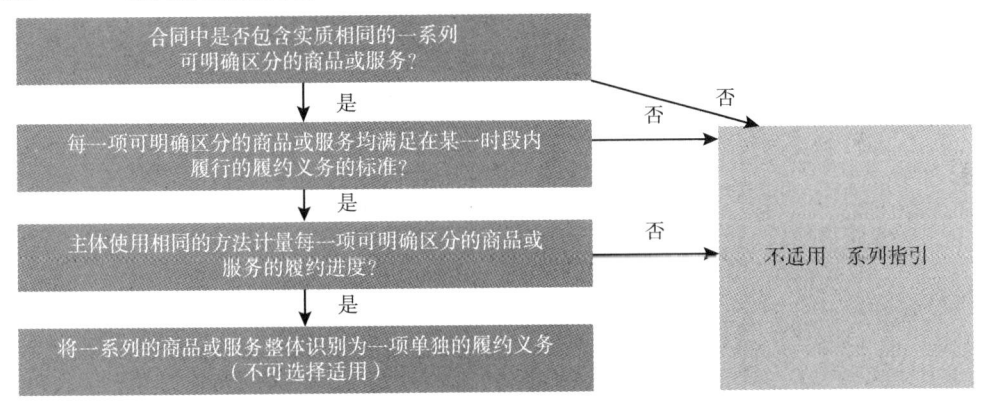

```
┌─────────────────────────────┐
│ 合同中是否包含实质相同的一系列 │
│    可明确区分的商品或服务？     │
└─────────────────────────────┘
            │是                      否
            ▼                      ──────┐
┌─────────────────────────────┐          │
│ 每一项可明确区分的商品或服务均满足在某一时段内│
│    履行的履约义务的标准？          │
└─────────────────────────────┘          │
            │是                      否   │
            ▼                      ──────┤
┌─────────────────────────────┐          │
│ 主体使用相同的方法计量每一项可明确区分的商品或│
│    服务的履约进度？              │
└─────────────────────────────┘          │
            │是                      否   │
            ▼                      ──────┤
┌─────────────────────────────┐          ▼
│ 将一系列的商品或服务整体识别为一项单独的履约义务│  ┌──────────────┐
│        （不可选择适用）          │  │ 不适用 一系列指引 │
└─────────────────────────────┘  └──────────────┘
```

> **ASC 606-10-25-15**
>
> 一系列可明确区分的商品或服务如果同时满足下列两项标准，则是按相同模式向客户转让的：
> a. 主体承诺向客户转让的一系列商品或服务中的每一项可明确区分的商品或服务均满足第606-10-25-27段在某一时段内履行的履约义务的标准。
> b. 主体将根据第606-10-25-31至25-32段的要求，使用相同的方法来计量向客户转让一系列商品或服务中的每一项可明确区分商品或服务的履约义务的履约进度。

ASU 2014-09 中的 BC 113 说明委员会和理事会纳入了一系列的指引来简化模型的应用，并且当主体在一段时间内重复提供相同的商品或服务时，提升其识别履约义务的一致性。如果不使用该指引，主体将需要将这种合同的总对价分摊至每一项可明确区分的商品或服务（例如，在一项五年的服务合同中进行的每天的保洁工作）。

> **TRG 基本达成一致的问题：如果主体确定关于一系列的指引适用，会计处理如何随之改变？**
>
> 出于下述原因，主体可能得出结论认为一揽子商品和服务为单一履约义务：(1) 该一揽子包括不可明确区分的商品和服务；或 (2) 该一揽子包括一系列可明确区分的商品和服务，并且关于一系列的指引适用。
>
> 在 2015 年 3 月的会议上[①]，TRG 讨论了因主体确定其承诺为单一履约义务的原因不同而可能有不同的会计处理的领域，包括以下示例：
> - 可变对价的分摊：ASC 606-10-32-40 指出，如果满足某些标准，则主体可将可变金额完全分摊至一项履约义务，或分摊至作为一个系列进行会计处理的单一履约义务的一部分的可明确区分的商品或服务。例如，假设主体得出结论认为关于一系列的指引适用，并且满足将可变对价（例如绩效奖励）分摊至系列内的时间增量的标准。在主体得出结论认为关于一系列的指引不适用的情况下，收入确认时间可能与上述事实模式中不同，因此不会将可变对价分摊至特定的时间增量。
> - 合同修订：一般而言，如果剩余的未交付商品或服务可明确区分，包括作为一个系列进行会计处理的单一履约义务的一部分，则合同修订将按照未来适用法进行会计处理。然而，如果剩余的商品和服务不可明确区分，则该修订将导致对收入的累计调整。
> - 交易价格的变化：ASC 606-10-32-42 至 32-45 段中有关交易价格变化的指引在关于一系列的指引所产生的单一履约义务上的运用，可能不同于在不可明确区分的商品或服务的单一履约义务上的应用。

> **致同见解：构成一系列商品或服务的例子有哪些？**
>
> ASC 606 列举了各种构成一系列服务的示例，包括：
> - 示例 7：主体为客户提供三年的每周的保洁服务；
> - 示例 12A：酒店经理为客户提供 20 年酒店管理服务；
> - 示例 13：主体为客户提供一年的月度工资处理服务；
> - 示例 25：主体为客户提供五年的资产管理服务。

---

① TRG 文件 27，《一系列可明确区分的商品或服务》。

虽然每个服务案例（即，每小时或每天的服务）都是可明确区分的，但因为主体向客户转让一系列实质相同且转让模式相同的、可明确区分商品或服务，主体将每个合同作为单独的履约义务进行会计处理。换言之，每项服务均符合 ASC 606-10-25-27 在某一时段内确认收入的标准，并且主体使用相同的方法计量每个案例的进度（即，按时间基础计量）。

其他可能构成一系列商品或服务的示例包括但不限于：
- 软件即服务（SaaS）公司提供客户持续访问其平台的权利；
- 电信公司提供客户在一段期限内使用网络的权利。

TRG 讨论了主体如何确定相关的可明确区分的商品或服务是否是"实质相同"。讨论建议主体首先确定其对客户承诺的性质。

> **TRG 基本达成一致的问题：主体如何考虑履约义务是否包含"实质相同"的可明确区分的商品或服务？**
>
> 在 2015 年 7 月的问题讨论会上[①]，TRG 讨论了如何把握 ASC 606 指引的适用范围，因为在服务合同中评估时间增量时，主体将需要得出每段时间增量均是可明确区分且实质相同的结论。
>
> TRG 成员基本同意主体必须首先考虑提供客户服务的承诺的性质。
>
> 如果主体承诺的性质是交付特定数量的服务，主体应当评估是否每项服务均是可明确区分且实质相同的。如果主体承诺的性质是一段时间内随时准备或提供单一服务的行为，主体可能需要考虑每段时间增量（例如，每天或每小时）而非相关的活动，是否是可明确区分且实质相同。委员会和理事会认为根据承诺的性质，一系列既可包括明确区分的时间增量，也可包括交付的商品或服务。
>
> 在 ASC 606 示例 13 中，主体与客户订立一项为期一年的提供月度工资处理服务的合同。主体承诺的性质是交付特定数量的服务——12 个可明确区分的工资处理实例。其不是一项随时准备提供的执行非限定数量的工资处理任务的承诺。因此，主体评估每一个工资处理实例是否是可明确区分且实质相同的。
>
> 相比之下，ASC 606 中的示例 12A 描述的是酒店经理与客户签订合同，管理客户拥有的房产 20 年。酒店管理服务包括每天可能变化的各种活动（例如，清洁服务、预订服务和房屋维护）。
>
> 主体承诺提供非限定数量的活动，而非限定数量的服务，因此，在该合同中承诺的性质是随时准备提供的每天的酒店管理服务。相应地，主体考虑每时间增量是否为可明确区分且实质相同。

有人向 TRG 提出了一个问题，即是否必须交付商品或必须连续履行服务，以适

---

① TRG 文件 39，《一系列的处理和可变对价分摊的应用》。

用关于一系列的指引。

> **TRG 基本达成一致的问题：为了应用一系列可明确区分的商品或服务的指引，商品或服务是否必须连续转让？**
>
> 2015 年 3 月会议期间①，TRG 讨论了利益相关者提出的问题，即在主体交付货物或提供服务方面存在间断或重叠时，是否适用一系列指引。"连续地"这一用语在结论基础②而未在 ASC 606 中使用。TRG 考虑了下述两个示例：
>
> 示例 A：主体与客户签订合同提供制造服务，在该服务中，主体将在两年期间每月生产 1000 台产品。该服务将在两年期间内均衡执行，且不会中断生产。根据服务安排生产的单位产出基本上相同，并按客户的要求制造。该主体不承担大量的开发生产过程而发生的前期成本。假设按照第 606-10-25-19 段的标准，其每一单位的生产服务是可明确区分的服务。此外，根据第 606-10-25-27 段，因为单位产品是按照客户的要求制造的，服务作为在某一时段内履行的履约义务，（因此，该主体的履约不产生可替代用途的资产）。如果合同被取消，该主体有可强制执行的收取付款的权利（成本加合理的利润率）。因此，满足第 606-10-25-15 段的两项标准。
>
> 示例 B：假设主体未计划在两年服务期内均衡履行合同，除此之外，其他条件与上述示例相同。也就是说，主体不连续地每月生产 1000 台。而是虽然主体计划在两年期间提供制造服务，但是在实现生产目标时，主体在某些月份生产 2000 台产品，在其他月份生产 0 台。
>
> TRG 一致同意，适用一系列指引时，主体不需要连续交付商品或履行服务。换言之，在交付或服务存在间隙，指引仍然适用。虽然主体在确定履行其履约义务的进度计量方式时可能考虑履约模式，但考虑履约模式是否连续并不是 ASC 606-10-25-15 中的明确要求（因此不能确定该一系列条款是否适用）。因此，示例 A 和 B 将按照一系列规定作为单一履约义务进行会计处理。

4.4 额外商品或服务的客户选择权

主体在销售商品或服务时，可能向客户提供免费或折扣购买额外商品或服务的选择权，例如销售奖励、奖励积分以及续约选择权。根据 ASC 606，如果该选择权是客户不订立合同就无法获得的重大权利，主体应将其作为一项单独的履约义务。如果该选项没有为客户提供重大权利，则该选择权被视为销售要约。

如第 4.1.1 部分所述，不重大承诺豁免不适用提供一项重大权利的客户选择权。ASC 606 并没有具体说明什么是重大权利，而是提供了一个"给予某地域市场特

---

① TRG 文件 27，《一系列可明确区分的商品或服务》。
② BC 113 和 BC 116，ASU 2014-09。

定客户普通折扣范围之外的增量折扣"的示例。

ASU 2014-09 的 BC 386 解释了给出重大权利指引的目的是区分：
- 客户所购买的作为现存合同的一部分的选择权（即，客户就未来的商品或服务预先进行了支付，因此，主体将选择权识别为单独的履约义务，并分摊部分交易价格至该项履约义务）；
- 客户没有付费，同时也不属于合同一部分的市场营销或促销要约（即，主体争取与客户签订未来合同所作出的努力）。

> **ASC 606-10-55-41**
>
> 客户可免费或按折扣取得额外商品或服务的选择权有多种形式，包括销售激励措施、客户奖励抵免（或积分）、续约选择权，或针对未来商品或服务的其他折扣。
>
> **ASC 606-10-55-42**
>
> 如果主体在合同中向客户提供取得额外商品或服务的选择权，仅当该选择权向客户提供了客户不订立这一合同就无法获得的重大权利时（例如，超过通常在这一地域或市场中针对这些商品或服务向此类客户提供的折扣幅度的折扣），该选择权才构成一项合同中的履约义务。如果选择权向客户提供了重大权利，客户实际上是就未来的商品或服务预先向主体进行了支付，主体应当在转让这些未来商品或服务时或选择权失效时确认收入。

ASC 606 示例 49 举例说明了向客户提供重大权利的选择权。

> **例 49——向客户提供重大权利的选择权（折扣券）（摘录）**
>
> **ASC 606-10-55-336**
>
> 主体订立了一项以 100 美元出售产品 A 的合同。作为该合同的一部分，主体向客户提供一张 40% 的折扣券，可以在未来 30 天内购买不超过 100 美元的任何商品。作为季节性促销的一部分，主体计划在未来 30 天内针对所有销售提供 10% 的折扣。该 10% 的折扣不得与 40% 的折扣券同时使用。
>
> **ASC 606-10-55-337**
>
> 由于所有客户在未来 30 日内购买时将享有 10% 的折扣，唯一向客户提供重大权利的折扣是 10% 之外的增量折扣（即，额外 30% 的折扣）。主体将提供增量折扣的承诺作为销售产品 A 的合同中的一项履约义务进行会计处理。

如果选择权仅允许客户按照单独售价购买额外商品或服务，该项选择权不构成一项重大权利。在这种情况下，主体仅提供了一项促销要约。

ASC 606-10-55-43

如果客户拥有按反映商品或服务单独售价的价格购买额外的商品或服务的选择权，则该选择权并未向客户提供重大权利，即使这一选择权仅可通过订立之前的合同才能行使也是如此。在这种情况下，主体提出了一项促销要约，仅在客户行使该选择权来购买额外商品或服务时，主体才应按照本准则对该要约进行会计处理。

ASC 606 示例 50 举例说明了未向客户提供重大权利的选择权。

例50——未向客户提供重大权利的选择权（额外商品或服务）

ASC 606-10-55-340

某电信业主体与客户订立了一项合同，以提供一部手机和为期两年的月度网络服务。网络服务包括每月最多 1000 分钟的通话时间和 1500 条短信，按月收取固定费用。合同规定了客户可选择在任何月份购买额外通话时间或短信的费用。这些服务的价格与其单独售价相同。

ASC 606-10-55-341

主体确定提供手机和网络服务的承诺均为单独的履约义务。这是因为根据第 606-10-25-19（a）段的标准，客户可以从单独使用手机和网络服务或将其与客户易于获得的其他资源一起使用中获益。此外，根据第 606-10-25-19（b）段的标准，手机和网络服务可单独区分开来（基于第 606-10-25-21 段所述的因素）。

ASC 606-10-55-342

主体确定购买额外通话时间和短信的选择权并未向客户提供在不订立合同的情况下无法获得的重大权利（参见第 606-10-55-43 段）。这是因为，额外通话时间和短信的价格反映了这些服务的单独售价。由于额外通话时间和短信的选择权并未授予客户重大权利，主体得出结论认为其并非合同中的履约义务。因此，主体并未将任何交易价格分摊至额外通话时间或短信的选择权。主体仅当其提供这些服务的情况下才确认额外通话时间或短信的收入。

购买选择权作为单独的履约义务

当主体确定选择权为客户提供了重大权利时，将该选择权而不是相关商品和/或服务识别为一项单独的履约义务。换言之，当主体确定选择权为客户提供了重大权利时，将估计该选择权的单独售价，并将全部交易价格的一部分（不包括客户购买额外商品或服务支付的金额）分摊至该选择权。第6.3部分讨论了估计选择权的单独售价。

利益相关者询问TRG，经济强制是否会影响这一做法。换言之，如果客户在经济上被迫向主体购买额外的商品或服务，主体是否应将相关商品和/或服务作为合同中的履约义务？例如，主体可能希望在随后向客户出售配件时获利，而亏本向客户出售设备。客户被要求自该供应商购买配件（因为设备只能使用供应商的配件，或者客户存在合同义务）。利益相关者提出疑问，在这种情况下，供应商是否应在设备合同的交易价格中包括预计的配件销售金额？换言之，在设备合同中可选择的配件是否是一项履约义务？从TRG讨论得出结论，当选择权向客户提供了重大权利时，其是一项履约义务——也就是说，相关的商品或服务不是履约义务。此外，如果预先交付的产品（在此案例中是设备）被认为是可明确区分的，仅仅是因为这些物品与前期交付的商品一起使用，就得出客户是在经济上被迫购买额外的物品这样的结论是违反直觉的。如果设备是可明确区分的，那么客户不需要任何额外的商品或服务就可以从中获益，并且该承诺可以与合同中的其他承诺单独区分。

> **TRG 基本达成一致的问题：经济强制**
>
> TRG 在 2015 年 11 月的会议上[①]，通过以下事实讨论了"经济强制"的概念及其对客户合同会计处理的影响：
>
> > 主体与客户签订排他性的合同，出售设备和可消耗部件（两者均确定为可明确区分）。设备没有可消耗部件就不能正常工作，但客户可以转售设备。设备和配件的单独售价分别为 10000 美元和 100 美元，成本分别为 8000 美元和 60 美元。主体以 6000 美元（单独售价基础上折让 40%）的价格出售设备，并附有以 100 美元的价格购买每一件可消耗部件的合同选择权。合同没有最低采购要求，但该主体预计客户将在未来两年购买 200 件可消耗部件。
>
> 从客户的角度来看，法律上该条款不是合同中已承诺的商品或服务，而是可选择的。因此，应该转而评估该选择权是否使客户获得重大权利。在上面的例子中，因为这些部件以独立售价进行定价，该选择权并不构成重大权利。因此，在确定初始合同的交易价格时，不应包括在客户行使其权利的情况下可选择的部件的对价。

另一方面，如果在客户不满足最低购买要求的情况下存在合同处罚，主体需要评

[①] TRG 文件 48，《额外的商品和服务的客户选择权》。

估这些处罚是否是实质性的。如果处罚是实质性的，在合同成立时将合同项下的商品和/或服务作为合同的一部分加以考虑可能是适当的。

换言之，如果处罚是可执行的，则实质性的处罚有效地规定了最低购买义务。如果处罚不是实质性的，则合同不包括相关商品的考虑，而是对选择权进行评估，以确定其是否为客户提供了重大权利。

下述示例考虑了当合同包括客户不能满足最低采购要求的情况下的实质性惩罚时，可能会发生怎样的分析变化。

> **未达到最低购买量时的合同处罚**
>
> 印刷公司（Print Co.）出售打印机和墨盒，这两种产品都是可明确区分的，不符合在某一时段内确认收入的标准。打印机没有墨盒不能工作，但客户可以转售打印机。打印机的单独售价是 10000 美元，每个墨盒的单独售价是 100 美元。打印机和墨盒的成本分别为 8000 美元和 60 美元。
>
> 卖方和客户订立排他性合同，在合同期（五年期）内，客户不能从其他供应商处购买墨盒。印刷公司出售打印机的价格为 6000 美元（6 折的单独售价），并附有以 100 美元购买每个墨盒的合同选择权。如果在五年合同期内客户未购买至少 200 个墨盒，将受到实质性处罚。每增加一个墨盒，罚款减少 20 美元。
>
> 实质性处罚有效规定了最低购买义务，因此主体的履约义务包括打印机和 200 个墨盒。

客户类别

如前所述，重大权利的一个例子是"给予某地域或市场特定客户普通折扣范围之外的增量折扣［强调］。"问题在于主体在确定选择权是否代表一项重大权利时，如何确定"客户类别"。

> **TRG 基本达成一致的问题：当评估客户选择权是否带来重大权利时，如何考虑"客户类别"？**
>
> 在 2016 年 4 月的会议上[①]，TRG 成员基本同意工作人员文件所概述的是否存在重大权利的分析框架。分析框架表明，独立于与客户的现有合同而存在的客户选择权并不构成该现有合同中的履约义务。
>
> 工作人员文件包括以下关于预期分层定价的示例：

---

① TRG 文件 54,《当评估客户选择权是否带来重大权利时考虑客户类别》。

制造商生产的零部件具有多种用途，可供多个客户使用。这些零件可互换，其不是为任何特定的客户所定制的。主体与客户1签订了长期供货主协议，协议约定以后年度的零部件的定价取决于本年度的采购量。例如，主体在第一年每个零部件向客户1收取1.00美元，如果客户1在第一年的购买量超过100000件，则第二年的每个零部件的价格将降至0.90美元。提供给客户1的分层定价（批量折扣）与主体提供给很多其他客户的条款相似。在第一年初，客户1与制造商签订了购买8000件零部件的合同。客户1需要为这8000件中的每一件支付1.00美元。

在评估主体与客户1之间的合同是否包括重大权利时，主体首先评估在第二年获得每件0.10美元折扣的选择权是否独立于第一年购买部件的现有合同。

为了做出这一判断，主体将提供给客户1的折扣与通常提供给类似的大批量采购客户（这些客户取得的折扣独立于与主体先前的合同）的折扣进行比较。

主体认为，客户2（另一个大批量采购客户）已经向主体发出了购买105000个零件的单次采购订单。客户2以前曾向该主体购买过零部件，但与该主体以前签订的合同均未产生客户以后可以按特定的价格购买零部件的预期。以前的合同也没有使主体预期未来以特定的价格出售零部件。

因为重大权利指引的目的是确定客户选择权是否独立于与客户的现有合同。主体未将第二年提供给客户1的价格与接受定价（基于以前年度采购量而不同）的其他客户的报价进行比较。进行这样的价格比较并不能帮助主体确定，在第一年没有订立购买零部件的合同的情况下，客户1在第二年是否能够取得同样的采购价格。

如果主体确定在第二年向客户1提供的价格与通常向客户2和其他类似客户提供的价格是可比的，这可能表明向客户1提供的价格与现有合同无关。换言之，该折扣并不是对类似的大批量采购客户给予的增量折扣，因此并不是一项重大权利。在此案例中，主体向客户提出了促销要约，只有在客户行使购买额外商品或服务的选择权时，才应对该促销要约进行会计处理。

如果主体确定第二年向客户1提供的价格与通常提供给客户2和其他类似客户的价格是不可比的，这可能表明客户1在第一年支付的部分采购价格是其第二年购买零部件的预付款。换言之，折扣提供了一项重大权利，主体应将该重大权利作为一项单独的履约义务，将第一年零部件销售的部分收入递延，分摊至该选择权，并在第二年所采购的零部件被转让时确认这部分收入。

ASC 606还提供了不构成重大权利的客户选择权的示例，包括：
- 客户可以在不订立合同的情况下获得的折扣或其他权利；
- 不超过针对该地域或市场中的这一类别客户所提供的商品或服务通常给予的折扣幅度的折扣；
- 按反映商品或服务单独售价的价格购买额外的商品或服务的选择权。

> ### 主供应协议（MSA）中有几种不同折扣的产品
>
> 主体与客户签订为期一年的 MSA，其定价如下：
> - 产品 A：高于单独售价（SASP）；
> - 产品 B：低于 SASP。
>
> 客户必须提交采购订单，明确其要购买的产品的类型和数量。客户可以在整个 MSA 期限内订购任意组合或数量的产品；无最低数量要求。
>
> 根据与该客户的先前交易，该主体预计客户最初将在合同的第一和第二季度购买大量产品 A，然后在第三和第四季度转向主要购买产品 B。
>
> 该客户的第一个采购订单是 1000 单位的产品 A，单价高于 SASP。主体考虑是否应预期未来采购以确定合同是否包含与以低于 SASP 的单价购买产品 B 的选择权相关的重大权利。
>
> 在评估一项重大权利是否存在时[①]，主体考虑相关的交易，包括其与客户的过去、当前和预期交易。由于该主体根据过去的交易预计客户最初将以高于 SASP 的单价购买产品 A，然后以低于 SASP 的单价购买产品 B，因此该主体得出结论认为，产品 B 的折扣价格向客户提供了一项重大权利，如果客户没有订立合同就不会享有该折扣。因此，主体将客户以低于 SASP 的单价购买产品 B 的权利识别为一项单独的履约义务，并将客户最初购买产品 A 所支付的交易价格的一部分进行递延确认。
>
> 或者，如果该主体缺乏客户购买产品 A 早于产品 B 的行为模式的证据，则 MSA 定价可能会在不考虑产品购买顺序的情况下进行协商，并且不存在重大权利。

合同续约

合同续约权是常见的选择权，经常需要根据重大权利的指引予以考虑。
ASC 606 示例 51 说明了向客户提供重大权利的续约选择权。

例 51——向客户提供重大权利的选择权（续约选择权）（摘录）

ASC 606-10-55-343

主体与客户订立 100 份单独的合同，每份合同规定以 1000 美元提供 1 年的维修服务。合同条款规定每一客户在第 1 年年末均有通过额外支付 1000 美元将维修合同在第 2 年续约的选择权。已进行第 2 年续约的客户同时被授予以 1000 美元进

---

① TRG 文件 6，《客户对购买额外商品和服务的选择权以及不可返还的预付费用》。

行第 3 年续约的选择权。对于在最初（即，当产品为新产品时）未订立维修服务的客户，主体将收取显著较高的维修服务价格。即，若客户未在最初购买该服务或未对该服务续约，则主体针对第 2 年和第 3 年的年度维修服务将分别收取 3000 美元和 5000 美元。

ASC 606-10-55-344

主体得出结论认为，续约选择权向客户提供了在不订立合同的情况下无法获得的重大权利，因为如果客户选择仅在第 2 年或第 3 年购买维修服务，则服务的价格将显著提高。每位客户在第 1 年支付的 1000 美元中的部分付款实际上是针对后续年度将收到的服务的不可返还的预付款。因此，主体得出提供选择权的承诺是一项履约义务的结论。

> **评估续约选择权**
>
> 高尔夫球场为新会员提供假日推广，允许他们以折扣的方式延长其年度会员资格，最长可达两年。该高尔夫球场每年以 5000 美元的价格出售会员资格。在推广期间，会员可在第二、第三年以 4000 美元价格续约会员资格。高尔夫球场在促销活动期外不提供续约折扣。
>
> 如 TRG 文件 54 所述①，在评估折扣是否提供重大权利时，主体对促销期间购买初始会员的客户给予的折扣（第二年和第三年续约折扣 1000 美元）和给予没有购买相同产品的类似客户的折扣进行比较。
>
> 高尔夫球场得出结论认为，续约选择权向客户提供了重大权利，因为客户如果不参与这项安排，就无法享受第二年和第三年 1000 美元的折扣。在作出这一判断时，高尔夫球场评估了其向新会员提供折扣的历史，并指出俱乐部在会员的第一年不提供折扣。

主体要求客户一次性预付款项时，这可能会导致得出续约选择权构成一项重大权利的结论，因为客户不必再次支付一次性付款才能延长合同。第 4.5 部分进一步讨论了对不可退还的预付款的考虑。

累积权利（忠诚度积分）

当客户在一段期间内可免费或按累积的折扣取得额外商品或服务时，主体需要考虑过去、当前和预期未来与客户的交易，以确定该选择权是否为客户提供了重大权利。例如，当一家咖啡店向顾客提供忠诚度计划，使顾客在购买九杯咖啡后有权免费

---

① TRG 文件 54，《当评估客户选择权是否带来重大权利时考虑客户类别》。

享有一杯咖啡时,主体在确定该权利是否构成一项重大权利时,需要考虑这些权利的累积性质。

ASC 606 示例 52 提供了一个主体评估其客户忠诚度计划的示例。

> **例 52——客户忠诚度计划(摘录)**
>
> **ASC 606-10-55-353**
>
> 主体设有一项客户忠诚度计划,客户每购买 10 美元即被授予一个客户忠诚度积分。每个积分可在未来购买主体产品时按 1 美元的折扣兑现。在报告期内,客户购买了 100000 美元的产品,获得可在未来购买时兑现的 10000 个积分。对价是固定的,并且已购买的产品的单独售价为 100000 美元。主体预计将有 9500 个积分被兑现。主体根据第 606-10-55-44 段基于兑现的可能性估计每个积分的单独售价为 0.95 美元(总价为 9500 美元)。
>
> **ASC 606-10-55-354**
>
> 积分为客户提供了在不订立合同的情况下无法获得的重大权利。因此,主体得出结论认为,向客户提供积分的承诺是一项履约义务。

> **TRG 基本达成一致的问题:是否应该仅在与客户进行当前交易的情况下才对提供了重大权利的选择权进行评估?**
>
> 在 2014 年 10 月的会议上①,TRG 一致同意,主体在评估选择权是否提供重大权利时,应考虑与客户的"相关"交易,即过去、现在和未来的交易,以及定量和定性因素,包括权利是否累积。因此,TRG 一致同意,累积奖励计划授予的奖励抵免或积分将产生一项重大权利,应作为一项单独的履约义务进行处理,并将交易价格的一部分分摊至该履约义务。

> **客户忠诚度计划**
>
> 健康商店(Health Store)销售各种健康产品,包括营养补品、混合饮料和食品。所有客户都有资格参与忠诚度计划,无须参与费用;但是,客户必须注册才能参加该计划。购买时赚取的积分可兑换奖励,如礼品卡或免费商品。客户每消费 1 美元就可获得 1 个积分。

---

① TRG 文件 6,《额外购买商品或服务以及不可返还的预付费的客户选择权》。

> 健康商店考虑其忠诚度计划是否向客户提供了在其未签订合同时不会收到的一项重大权利（例如，通常给出的折扣范围以外的增量折扣），如下所示：
> - 提供给客户的重大权利——健康商店得出结论认为，忠诚度计划推动客户进行购买，因为随着他们赚取更多的积分，他们有更多机会兑换礼品卡或免费产品。客户必须采取额外的步骤才能选择参与该计划，这表明该计划对他们而言很重要。
> - 通常给出的折扣范围以外的增量折扣——这些积分是通常给予未参加该计划的客户的折扣范围以外的增量折扣。因此，这些积分是购买产品并赚取积分的客户的增量折扣。
>
> 根据此分析并与 10 月 14 日的 TRG 讨论保持一致，健康商店得出结论认为，这些积分是一项重大权利，因此作为一项单独的履约义务。

等级状态计划

某些主体提供等级状态计划，其根据在指定时间段内消费的总金额对客户进行分类。客户（取决于他们的等级）有权获得增量福利，例如所消费金额的一定百分比的店内信用，或折扣/免费商品和服务。具有这些类型的等级状态计划的主体需要评估状态福利是否代表提供给客户的一项重大权利，而其他不具备等级状态资格的客户无法获得该等状态福利。如果等级状态福利是一项重大权利，则应将其作为一项单独的履约义务进行会计处理。

诸如航空公司或酒店公司之类的主体可能向现有或潜在的客户提供等级状态，以鼓励这些客户的未来消费，而这些客户原本并不具备等级状态的资格。例如，发起主体可能基于人口统计信息（如职位、职业或雇主）在有限时间内向特定的个人提供等级状态福利，期望这些个人的未来消费与该等级相关联的消费水平一致。如果发起主体的商业惯例是向特定类别的客户提供状态福利折扣，而不管客户过去在该发起主体的消费水平如何，则该等状态福利属于一种营销激励。

为了确定等级状态福利是一种营销激励还是一项重大权利，主体应当对一段时间内客户的总交易而不是单一交易进行评估。

图表 4.5 列出了可能表明等级状态福利是营销激励还是重大权利（因此也是一项单独的履约义务）的因素。

图表 4.5　考虑等级状态福利是否属于一项重大权利

等级状态福利属于营销激励的指标	等级状态福利属于重大权利的指标
等级状态提供给之前消费未达标的客户	发起主体出售等级状态以换取现金，或者与获得同等地位的客户相比，收到发起主体给予的相匹配的等级状态的客户必须在特定时期内消费达到更高的水平
临时地向客户提供等级状态，以期该客户未来的合格消费水平等同于通过与主体的过去收入交易而获得等级状态的客户的消费水平，并且该主体具有提供此类临时等级状态的商业惯例	发起主体预计客户的未来消费和未来折扣将产生净亏损
通过在作为主体的营销合作伙伴的非关联主体（认同卡计划）的消费而获得等级状态，并且该认同卡计划的发起主体几乎没有获得对价	该选择权可由客户转让给其他人

4.4.1　重大权利的行使

ASC 606 没有关于主体如何核算客户行使重大权利的明确指引；然而，如 TRG 的讨论，行使一项选择权不应作为可变对价进行会计处理。相反，该指引似乎支持两种合理的做法：

- 将选择权的行使作为现有合同的延续进行会计处理（即，通过更新交易价格）（见第 5.5 部分）；
- 将选择权的行使作为合同的修订进行会计处理（见第 10 部分）。

> **TRG 基本达成一致的问题：主体应如何核算重大权利的行使：作为现有合同的延续，作为合同的修订，还是作为可变对价？**
>
> 如上所述，该指引似乎支持对行使选择权进行如下之一的会计处理：
>
> - 现有合同的延续，因为该条款是作为原始合同的一部分考虑的（交易价格的一部分分摊至作为单独的履约义务的客户选择权提供了证明）；
> - 合同的修改，因为在行使客户选择权时任何额外的对价或提供的额外的商品/服务均可以视为合同价格和合同范围的一项变化。
>
> 在 2015 年 3 月的会议上[①]，TRG 同意，正如委员会和理事会在 ASU 2014-09 的 BC 186 中所做的澄清，行使一项选择权不应作为可变对价进行会计处理。交易价格只应包括主体在现有合同下的权利所对应的金额，不应包括对来自未来行使额外商品或服务的选择权或未来订单变化的对价进行的估计。

---

① TRG 文件 32，《客户行使重大权利的会计处理》。

4.5 不可返还的预付费用

许多合同要求客户在合同开始时或接近合同开始时支付不可返还的预付款。例如，健身俱乐部通常收取的入会费、电信主体可能收取的开通费，以及服务提供商经常收取的准备费。

当客户被要求支付不可退还的预付款时，主体必须确定与该款项相关的活动是否会引起承诺的商品或服务的转让。在许多情况下，该款项与主体必须开展的活动相关；但这些活动并不会引起向客户转让已承诺的商品或服务。

如果预付款与承诺的商品或服务的转让无关，则该款项是对未来商品或服务的预付款，主体在提供未来的商品或服务时应将该款项确认为收入。此外，主体还应确定该预付款是否为客户提供了一项取得额外商品或服务的重大选择权。

ASC 606-10-25-17

承诺的商品或服务不包括主体为履行合同而必须开展的活动，除非这些活动将商品或服务转让给客户。例如，服务提供者可能需要执行各种管理任务才能准备一项合同。在执行这些任务时，这些任务的执行并不会导致向客户转让商品或服务。因此，这些准备活动不是与客户之间的合同中承诺的商品或服务。

ASC 606-10-55-50

在某些合同中，主体在合同开始时或接近合同开始时向客户收取一笔不可返还的预付费用。相关示例包括健身俱乐部成员合同中的入会费、电信合同中的开通费、某些服务合同中的准备费及某些供货合同中的先期费用。

ASC 606-10-55-51

为识别这类合同中的履约义务，主体应当评估该费用是否与转让已承诺的商品或服务有关。在许多情况下，即使不可返还的预付费用与主体为履行合同而必须在合同开始时或临近合同开始时开展的活动相关，但这些活动并不会导致向客户转让已承诺的商品或服务（参见第606-10-25-17段）。相反，预付费用是针对未来商品或服务的预付款，从而应在提供相关未来商品或服务时确认为收入。如果主体授予客户续约选择权，并且这一选择权向客户提供了如第606-10-55-42段所述的重大权利，则收入确认期间应延长至超出最初的合同期。

ASC 606-10-55-52

如果不可返还的预付费用与某项商品或服务相关,主体应按照第 606-10-25-14 至 25-22 段评估是否应将该商品或服务作为一项单独履约义务进行会计处理。

ASC 606-10-55-53

主体可能会收取一笔不可返还的费用,部分作为对合同准备过程中(或第 606-10-25-17 段中所述的其他行政任务)所发生的成本的补偿。如果这些准备活动并未履行履约义务,则主体按照第 606-10-55-21 段的规定计量履约进度时应忽略这些活动(及相关成本)。这是因为这些准备活动成本并未反映对客户的服务转让。主体应当评估在合同准备过程中所发生的成本是否形成一项应按照第 340-40-25-5 段确认的资产。

ASC 606 示例 53 说明了不可退还的预付费用指引。

例 53——不可返还的预付费用

ASC 606-10-55-358

主体与客户订立一份关于一年交易处理服务的合同。主体合同具有适用所有客户的标准条款。这份合同要求客户支付预付费用,以在主体的系统和流程中对客户进行设置。这一费用是名义金额并且不可返还。客户可每年对合同进行续约且无须支付额外费用。

ASC 606-10-55-359

主体的设置活动并未向客户转让商品或服务,因此并未形成一项履约义务。

ASC 606-10-55-360

主体得出结论认为,续约选择权并未向客户提供在不订立合同的情况下无法获得的重大权利(参见第 606-10-55-42 段)。实际上,预付费用是针对未来交易处理服务的预付款。因此,主体确定交易价格包括不可返还的预付费用,并根据第 606-10-55-51 段在交易处理服务提供过程中确认该服务的收入。

见图表 4.6。

图表4.6　不可返还的预付费用

```
                    ┌─────────────────────────────────┐
           否       │  费用是否与转让承诺的商品或服务相关?  │       是
        ┌───────────┤                                 ├───────────┐
        │           └─────────────────────────────────┘           │
        ▼                                                          ▼
┌──────────────────────┐                              ┌──────────────────────┐
│ 该费用是对未来商品或服务的预付款,当这些 │                              │ 评估是否应将该商品或服务作为一项单独的履 │
│ 未来的商品或服务被提供时确认该费用(ASC │                              │ 约义务(ASC 606-10-25-14至25-22)      │
│ 606-10-55-51)                    │                              │                      │
└──────────────────────┘                              └──────────────────────┘
        │                                                          │
        ▼                                                          ▼
┌──────────────────────┐                              ┌──────────────────────┐
│ 计量履约进度时,应忽略这些准备活动,因为  │                              │ (如果不是一项履约义务)当计量履约进度时, │
│ 这些准备活动成本并未反映对客户商品或服务 │                              │ 应包括这些活动(ASC 606-10-55-21)     │
│ 的转让(ASC 606-10-55-21)          │                              │                      │
└──────────────────────┘                              └──────────────────────┘
```

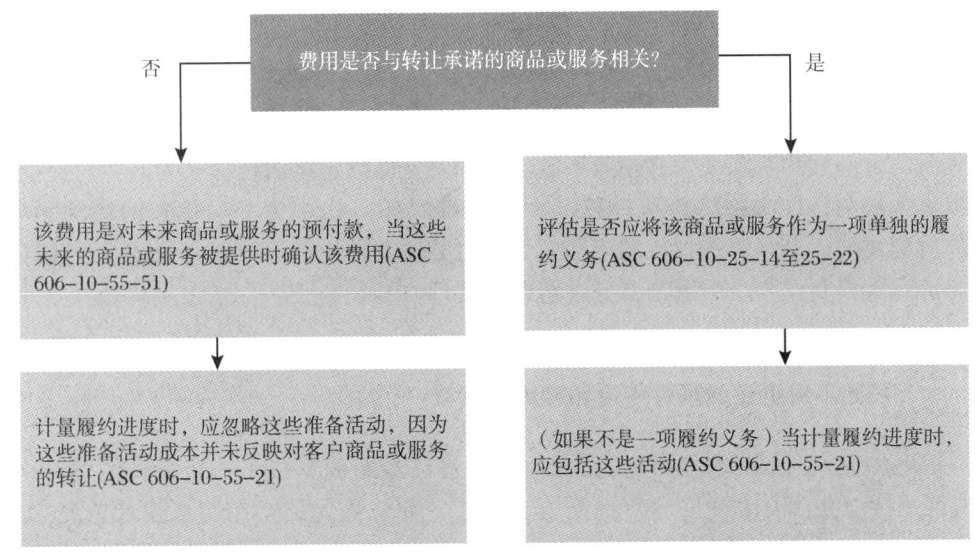

> **TRG 基本达成一致的问题：主体应在什么期间确认不可返还的预付费用?**
>
> TRG 在 2015 年 3 月份会议上①讨论了如下示例：
>
> 主体向客户收取 50 美元的一次性开通费，并签订每月价格为 100 美元的月度合同。
>
> 该主体得出结论认为，为注册客户而收取的开通费并不引起向客户转让商品或服务，因此其不代表合同中承诺的额外服务。相反，开通费是主体提供服务的预付款，应予以递延并在提供未来服务时确认。
>
> 在考虑确认开通费的期限时，主体考虑开通费是否为客户提供了关于续订主体服务的重大权利。在作出这一判断时，主体考虑定量和定性两项因素，例如：
>
> - 续订价格（每月 100 美元）与提供相同服务的新客户的价格（每月 100 美元 +50 美元开通费 =150 美元）进行比较，是否为客户提供了重大权利?
> - 替代服务的可获得性和定价（例如，客户是否可以在不支付开通费的情况下从另一供应商处获得实质相当的服务）。
> - 平均客户生命周期（如果平均客户生命周期远远超过一个月的合同期限，这可能是表明开通费激励客户持续取得服务的一个因素）。
>
> 如果主体得出结论认为，开通费提供了一项重大权利，主体将在预期客户在续订服务时因无须支付开通费而受益的服务期间内确认该费用。确定这一期限需要进行判断。

---

① TRG 文件 32，《客户行使重大权利的会计处理》。

> 另一方面，如果主体得出结论认为，开通费没有向客户提供重大权利，则开通费实际上是对合同服务的预付款。因此，该主体将该费用确认为整体交易价格的一部分，在第一个月提供这些服务时确认收入。

续约选择权构成重大权利的一种可能的迹象是，当主体要求一项初始预付费用，但随后的合同续约要求减少费用或不收费。如果主体确定续约选择权为向客户提供的一项重大权利，则必须将该选择权（而非基础服务）识别为一项单独的履约义务。主体应通过估计该续约选择权的单独售价并将整体交易价格的一部分分摊至该选择权来将该重大权利作为一项履约义务进行会计处理。

⊙ 初始不可返还的预付费用和续约选择权

20×8年1月1日，特许经营授予方与特许经营商签订了一份特许经营许可协议，特许经营商向特许经营授予方支付了30000美元的初始不可返还的费用。特许经营商获得经营特许经营场所的五年许可，包括获得商标和使用专有操作方法和程序的权利。在特许经营商的商店开业前及开业期间，特许经营授予方履行了某些启动活动，例如批准商店位置、提供建筑计划和其他商店规格的访问权限，以及协助现场开业活动。特许经营商可以续签许可协议，将协议再延长五年。在续约时需支付10%的初始许可费且不予返还。

特许经营授予方考虑所承诺的启动活动是否向特许经营商转移了商品或服务，并得出结论认为，仅开办活动不会向特许经营商转让利益，而是作为授予特许经营权的一部分。

特许经营授予方还考虑续签五年期限的选择权是否包含作为一项重大权利的折扣。由于特许经营商可以仅按初始特许经营费的10%续签协议，因此，特许经营授予方得出结论认为，续约选择权向特许经营商提供了一项重大权利。

特许经营授予方确定该协议包含两项履约义务：特许经营许可和续约选择权。特许经营授予方根据相对单独售价将30000美元的初始费用分摊至上述履约义务。特许经营许可的收入在特许经营协议期限内确认，而分摊给续约选择权的金额记录为一项合同负债，并且在续约选择权到期时确认收入，或者如果行使选择权，则在续约期内确认为收入。

4.6 质保

ASC 606包含关于质保会计处理的指引。如果客户可以选择单独购买质保，那么主体应将该质保作为单独的履约义务进行会计处理。如果客户不具有单独购买质保的选择权，那么主体使用ASC 460-10中关于产品质保的指引进行会计处理，除非所承诺的质保或所承诺的质保中的部分向客户提供超过产品符合约定规格的保证的"额外服务"。

> **ASC 606-10-55-30**
>
> 主体（根据合同、法律或主体的商业惯例）为产品（不论是商品还是服务）销售提供质保是很常见的。不同行业及合同的质保性质可能差别很大。某些质保向客户提供相关产品符合约定规格，因而能按各方预期正常使用的保证；其他质保则向客户提供产品符合规格的保证之外的服务。

ASC 606-10-55-31

如果客户可选择单独购买质保（例如，由于质保是单独定价或单独议定的），因为主体承诺向客户提供除具有合同所述功能的产品之外的服务，此类质保是可明确区分的服务。在这种情况下，主体应当根据第 606-10-25-14 至 25-22 段将所承诺的质保作为履约义务进行会计处理，并根据第 606-10-32-28 至 32-41 段将部分交易价格分摊至这项履约义务。

ASC 606-10-55-32

如果客户不具有单独购买质保的选择权，主体应当按照子主题 460-10——担保中产品质保的指引对质保进行会计处理，除非所承诺的质保或所承诺的质保中的部分是向客户提供产品符合约定规格的保证之外的服务。

ASC 606-10-55-33

在评估质保是否提供产品符合约定规格的保证之外的服务时，主体应当考虑诸如以下因素：
(1) **质保是否为法律要求**　如果法律要求主体提供质保，这一法律的存在即表明所承诺的质保不是一项履约义务，因为这些要求的存在通常是为了保护客户免于承担购买不合格产品的风险。
(2) **质保涵盖期间的长度**——质保期越长，所承诺的质保就越可能是一项履约义务，因为更有可能提供产品符合约定规格的保证之外的服务。
(3) **主体承诺履行的任务的性质**——如果主体有必要履行特定的任务以提供产品符合约定规格的保证（例如，有瑕疵产品退回的运输服务），则这些任务可能不会形成履约义务。

ASC 606-10-55-34

如果质保或部分质保向客户提供产品符合约定规格的保证之外的服务，则所承诺的服务是一项履约义务。因此，主体应当将交易价格分摊至产品和这项服务。如果主体同时承诺了保证类的质保和服务类的质保，但无法合理地对这两类质保分别进行会计处理，主体应当将这两类质保合并为单一的履约义务进行会计处理。

ASC 606-10-55-35

要求主体在产品造成损害或损失的情况下支付赔偿的法律规定不会产生履约义务。例如，制造商在某司法管辖区内出售产品，其法律规定制造商对客户按预期目的使用产品而可能造成的损失（例如，私人财产损失）承担责任。类似地，主体承诺对因专利权、版权、商标或其他涉及主体产品侵权的索赔所产生的责任及损失向客户作出赔偿也不会产生履约义务。主体应当按照子主题450-20——或有事项中的或有损失对此类义务进行会计处理。

见图表4.7。

图表4.7 质保

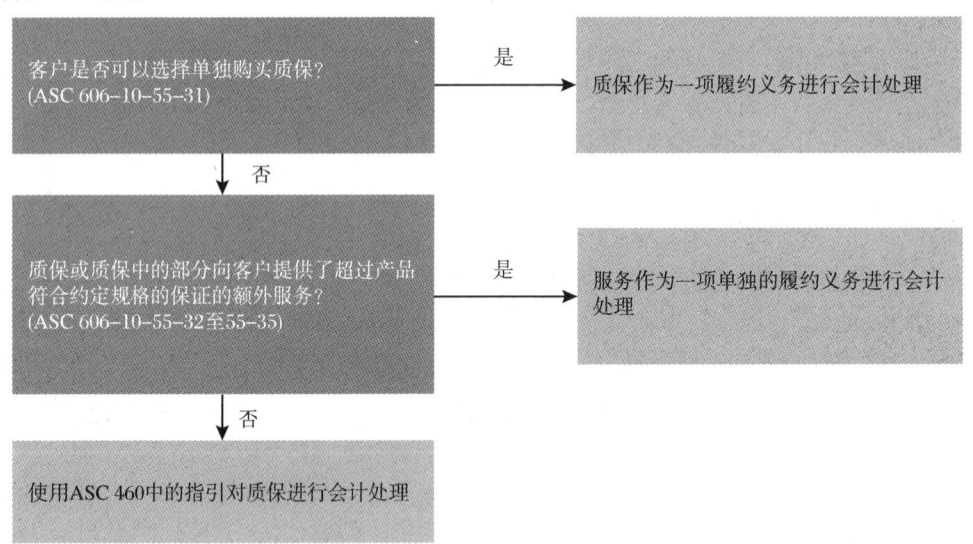

```
┌─────────────────────────┐
│ 客户是否可以选择单独购买质保？ │──是──▶ 质保作为一项履约义务进行会计处理
│ (ASC 606-10-55-31)      │
└───────────┬─────────────┘
            │否
            ▼
┌─────────────────────────┐
│ 质保或质保中的部分向客户提供了  │
│ 超过产品符合约定规格的保证的   │──是──▶ 服务作为一项单独的履约义务进行会计处理
│ 额外服务？                │
│ (ASC 606-10-55-32至55-35)│
└───────────┬─────────────┘
            │否
            ▼
┌─────────────────────────┐
│ 使用ASC 460中的指引对质保   │
│ 进行会计处理              │
└─────────────────────────┘
```

ASC 606-10-55-33列示了确定一项质保是否给客户提供了"额外服务"的考虑因素（见图表4.8）。

图表4.8 评估质保的因素

因素	描述
质保是否为法律要求	法律要求提供质保表明质保的目的在于保护客户免于购买不合格产品
质保涵盖期间	质保期越长，所承诺的质保就越可能是一项履约义务，因为更有可能提供产品符合约定规格的保证之外的服务
质保中主体承诺履行的任务的性质	如果主体必须履行某些任务以提供产品符合约定规格的保证，则这些服务将不会形成单独的履约义务

该指引澄清下列情况不产生履约义务：
- 法律要求在客户按照预期目的使用产品时，主体对产品所造成的损害或损失进行赔偿。
- 主体承诺对因专利权、版权、商标或其他涉及主体产品侵权的索赔所产生的责任及损失向客户作出赔偿。

主体应当按照子主题450-20中的或有损失对此类义务进行会计处理。

质保评估

制造主体提供两年期质保和五年期延长质保，以免费修理其任何产品。该主体不单独出售质保。主体在评估质保以确定其是否提供额外服务时考虑以下三个因素：

1. 质保是否为法律要求——没有要求制造业主体提供质保的现有法律。
2. 质保涵盖期间——主体根据其产品提供情况和其产品的估计寿命，将两年质保视为其标准保修期。主体认为五年质保是延长质保涵盖期限。由于产品的预计寿命不超过两年，主体预期为购买五年期质保的客户提供了额外服务。
3. 质保中主体承诺履行的任务的性质——主体同意修理不符合约定规格的产品。主体还同意修理任何被客户损坏或破坏的产品。

在评估了指引中提供的因素后，该主体得出结论认为，两年期质保并未向其客户提供额外服务，而五年期质保确实为其客户提供了额外服务。因此，主体对五年中前两年的质保使用计提成本相应的指引，对剩余三年作为单独的履约义务进行会计处理。

5
确定交易价格

在第一步识别客户合同（第3部分）和第二步识别合同中的履约义务（第4部分）之后，主体下一步应用第三步确定合同的交易价格。第三步的目标是预计主体有权收取的合同对价总金额。交易价格可能包括固定金额（例如，一台设备的固定价格为10000美元），可变金额（例如，每一零件的金额为10美元，但是零件的数量不确定），或两者兼有。主体在合同开始日估计交易价格，并在每一报告期末更新该估计以反映事实和情况的变化。

> 交易价格，是指主体因向客户转让商品或服务而预期有权收取的对价金额，但不包括代第三方收取的款项。

> **ASC 606-10-32-2**
>
> 主体应当根据合同条款，并结合其以往的商业惯例确定交易价格。交易价格，是指主体因向客户转让商品或服务而预期有权收取的对价金额，但不包括代第三方收取的款项（例如，某些销售税）。客户合同所承诺的对价可能包括固定金额、可变金额或两者兼有。

为了确定交易价格，主体应当假设商品或服务将根据现有合同按承诺转让给客户，且合同将不会被撤销、续期或修订；因此，交易价格仅包括主体在当前合同下预期有权收取的对价金额。例如，如果主体与客户订立了一项原合同期限为1年的合同，并且主体预期客户将续签1年，主体将基于原1年的合同期限确定交易价格。

> **ASC 606-10-32-4**
>
> 为了确定交易价格，主体应当假设商品或服务将根据现有合同按承诺转让给客户，且合同将不会被撤销、续期或修订。

在确定交易价格时，主体首先识别固定对价，包括任何不可退还的预付款。除固定对价外，确定交易价格时，主体考虑下列所有事项的影响：
- 可变对价及对可变对价估计的限制（第5.1部分）；

- 重大融资成分（第5.2部分）；
- 非现金对价（第5.3部分）；
- 应付客户对价（第5.4部分）。

见图表5.1，每一事项将在下文详细介绍。

图表5.1　确定交易价格考虑的事项

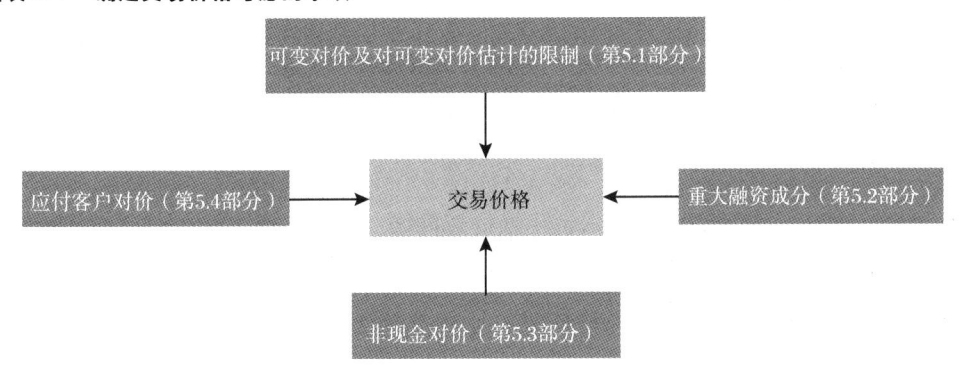

```
                    ┌─────────────────────────────────────┐
                    │ 可变对价及对可变对价估计的限制（第5.1部分）│
                    └──────────────────┬──────────────────┘
                                       ↓
┌──────────────────────┐      ┌──────────────┐      ┌──────────────────────┐
│ 应付客户对价（第5.4部分）│ ───→│   交易价格   │←─── │ 重大融资成分（第5.2部分）│
└──────────────────────┘      └──────┬───────┘      └──────────────────────┘
                                     ↑
                          ┌──────────────────────┐
                          │  非现金对价（第5.3部分）│
                          └──────────────────────┘
```

5.1　可变对价

当合同包括可变金额时，主体应当估计其预期有权收取的可变对价金额。毕竟，交易价格的定义是，主体因向客户转让商品或服务而预期有权收取的对价金额。

> **ASC 606-10-32-5**
>
> 如果合同所承诺的对价包括可变金额，主体应当估计其因向客户转让已承诺的商品或服务有权收取的对价金额。

可变对价包括任何非固定的对价。换句话说，金额可能因不确定事项的结果波动。可变对价常见的情形包括折扣、回扣、退款、抵免、价格折让、业绩奖金及罚款。可变性可能已在合同中明确列示或是隐含的（例如，基于主体的商业惯例，客户形成主体将接受低于合同指定价格的对价金额的有效预期）。可变对价的金额可能是固定的，但主体收取对价的权利以某一未来事件的发生与否为条件。例如，业绩奖金的金额可能是固定的，但是因为主体在业绩目标完成之前无权取得该奖金，结果是不确定的，因此，对价金额认为是可变的。

价格折让

价格折让可能采取折扣、退款或信用等形式，属于可变对价的一种形式。

> **ASC 606-10-32-7**
>
> 与客户所承诺的对价相关的可变性可能已在合同中明确列示。除合同条款规定外，若存在下列情况之一，则已承诺的对价是可变的：
> a. 主体的商业惯例、已公布的政策或特定声明导致客户形成主体将接受低于合同指定价格的对价金额的有效预期（即，预计主体将提供价格折让）。视司法管辖区、行业或客户的不同，该要约可能被称为折扣、回扣、退款或抵免。
> b. 其他事实和情况表明主体在与客户订立合同时的意图为向客户提供价格折让。

在第一步中，主体应区分价格折让和可收回性。无法收回承诺的对价可能导致主体得出结论认为其未通过第一步，而价格折让可能导致可变对价，并允许主体以较低的交易价格进入第二步。关于区分价格折让与可收回性问题的进一步讨论请参见第3.1.5部分中的第一步。

ASC 606中的例2说明了当确定是否满足第一步中的标准时，主体如何考虑价格折让。其也说明了第一步和第三步中要求的相互关系，因为根据 ASC 606-10-25-1 (e) 的规定，主体需要确定交易价格（在此例中，由于价格折让交易价格是可变的）以确定其是否很可能收回预期有权取得的几乎所有对价。

> **例2——对价并非所列明的价格——隐含的价格折让**
>
> **ASC 606-10-55-99**
>
> 主体以100万美元的已承诺对价向客户销售1000个单位的处方药。这是主体首次向一个新地区的新客户进行销售，而该地区现正经历严重的经济困难。因此，主体预计其将不能从该客户收回已承诺对价的全额。虽然存在不能全额收回款项的可能性，但主体预计该地区的经济将在未来2~3年内复苏，并确定主体与该客户之间的关系能够有助于其建立与该地区其他潜在客户的关系。
>
> **ASC 606-10-55-100**
>
> 在评估是否满足第606-10-25-1（e）段的标准时，主体同时考虑了第606-10-32-2段和第606-10-32-7（b）段。根据对具体事实和情况的评估，主体确定其预计将向该客户提供价格折让并接受该客户支付较低金额的对价。相应地，主体得出结论认为交易价格并非100万美元，因此已承诺对价是可变的。主体对可变对价进行了估计，并确定其预期有权收取40万美元。

ASC 606-10-55-101

主体考虑了客户支付对价的能力和意图,并得出结论认为,尽管该地区正经历经济困难,但其很可能从该客户收回40万美元。因此,基于可变对价的估计值40万美元,主体得出结论认为,该销售满足第606-10-25-1(e)段的标准。此外,根据对合同条款及其他事实和情况的评价,主体认为第606-10-25-1段的其他标准也得到了满足。据此,主体根据本主题的要求对该项客户合同进行会计处理。

估计可变对价金额

如果合同包括可变金额,主体应估计交易价格。

致同见解:什么时候主体不需要估计可变对价?

在有限的情况下,可能不要求主体估计可变对价的金额,包括当主体:
- 被允许适用开票权的实务简便操作方法(第7.1.3部分);
- 满足第6.5.1部分中描述的分摊目标,并且需要将可变对价完全分摊至构成一系列的一部分的可明确区分的商品或服务;
- 需要对知识产权许可适用"特许权使用费例外"(第8.5部分)。

为了估计合同中的可变对价,主体应当按照期望值或最可能发生金额确定可变对价的最佳估计数,具体取决于哪一种方法能更好地预测其有权收取的对价金额。换句话说,主体不能随意选择估计可变对价的方法,这也不是一项会计政策选择。

ASC 606-10-32-8

主体应当使用下列方法之一估计可变对价的金额(具体取决于主体预计哪一种方法能更好地预测其有权收取的对价金额):
a. 期望值——期望值是一系列可能发生的对价金额的概率加权金额的总和。如果主体拥有大量具有类似特征的合同,则期望值可能是可变对价金额的恰当估计。
b. 最可能发生金额——最可能发生金额是一系列可能发生的对价金额中最可能发生的单一金额(即,合同最可能产生的单一结果)。如果合同仅有两个可能结果(例如,主体能够实现或未能实现业绩奖金目标),则最可能发生金额可能是可变对价金额的恰当估计。

在估计可变对价时,主体应当对整项合同一致地采用同一种方法;但是,委员会和理事会在 ASU 2014-09 的 BC 202 指出，这并不意味着主体需要使用一种方法计量一项合同中的每一不确定性。而是，主体可以对一项合同中的不同不确定性使用不同的方法。

> **ASC 606-10-32-9**
>
> 在估计某项不确定性对主体有权收取的可变对价金额的影响时，主体应当对整项合同一致地采用同一种方法。此外，主体应当考虑其可合理获取的所有信息（历史信息、当前信息和预测信息），并应当识别合理数量的可能发生的对价金额。主体用以估计可变对价金额的信息通常与主体管理层在投标及递交建议书过程中及确定已承诺商品或服务的价格时所使用的信息类似。

以下示例说明了在估计合同中可变对价的金额时，期望值或最可能发生金额方法的应用。

> **估计可变对价**
>
> 某建筑公司与一客户订立一项建造生产设备的合同。主体确定合同包含一项在某一时段内履行的履约义务。
>
> 建造预计需要 18 个月完成，商定的价格为 2500 万美元。
>
> 如提前完工，主体有机会获得如下业绩奖金：
> - 如果 15 个月内完成，合同价格 2500 万美元的 15% 作为业绩奖金（可能性为 20%）；
> - 如果 16 个月内完成，合同价格 2500 万美元的 10% 作为业绩奖金（可能性为 50%）；
> - 如果 17 个月内完成，合同价格 2500 万美元的 5% 作为业绩奖金（可能性为 20%）。
>
> 除提前完工的潜在业绩奖金外，如果根据合同条款健康及安全检查将该设备评级为定义的金星级别，该建筑公司有权获得 200 万美元的质量奖金。该建筑公司得出结论认为，其获得质量奖金的可能性为 80%。
>
> 为了确定交易价格，该建筑公司分别估计每一变动性的可变对价，即提前完工奖金和质量奖金。
>
> 该建筑公司决定使用期望值法估计与提前完工奖金相关的可变对价，因为存在一系列可能的结果，并且主体拥有大量具有类似特征的合同，为其预测未来的结果提供了合理的基础。

借鉴过去的经验，建筑公司识别出以下因素可能影响其预测建造生产设备何时完工的能力：
- 在同一地理区域完成具有类似要求的项目；
- 与提前完成类似建筑项目的相同分包商进行合作；
- 依赖于相同的供应商；
- 在类似的天气条件下施工。

因此，主体预期此方法能够最好地预测与提前完工奖金相关的可变对价金额。建筑公司对提前完工奖金的最佳估计数为 225 万美元，计算方法如下表所示。

可能的奖金结果	可能性	概率加权金额
3750000 美元	20%	750000 美元
2500000 美元	50%	1250000 美元
1250000 美元	20%	250000 美元
0 美元	10%	0 美元
		2250000 美元

该建筑公司决定使用最可能发生金额估计与潜在质量奖金相关的可变对价，因为只有两个可能结果（200 万美元或 0 美元），而这种方法将最好地预测与质量奖金相关的对价金额。该建筑公司认为质量奖金最可能发生金额为 200 万美元。

主体接下来考虑对可变对价估计的限制的要求（第 5.1.1 部分），以确定交易价格是否应包括可变对价最佳估计数的一部分或全部。

委员会和理事会明确[①]在使用概率加权方法来估计期望值时，不要求主体考虑所有可能的结果，因为，在大多数情况下，使用有限数量的独立的结果和可能性对可能结果的分布提供了合理的估计。但是，使用期望值法时，主体应该拥有足够数量的类似交易或其他可靠的数据。

如果一个主体拥有大量相同商品或服务的客户合同，则可能存在足够数量的类似交易；然而，并非严格要求主体拥有一组同质交易以应用期望值法。在上面的示例中，虽然建筑公司只有一份客户合同用于建造此特定的生产设备，但其可以应用期望值法来估计提前完工奖金，因为其具有足够数量的历史客户合同，其中影响其实现提前完工奖励的能力的因素类似。

2015 年 7 月会议上[②]，大多数 TRG 成员同意使用期望值法估计的交易价格可能不是一项合同可能的结果产生的金额。随着主体在每一报告期末更新所估计的可变对

[①] BC 201，ASU 2014-09。
[②] TRG 文件 38，《组合实务简便操作方法及对可变对价估计的限制的应用》。

价（第 5.1.6 部分），期望值将趋近于可能的结果。

当主体特定的数据很少或没有时，主体可能难以估计交易价格。以下讨论包括可在这种情况下使用的其他可靠数据的示例。

> **致同见解：当主体没有特定的数据时，使用期望值法估计可变对价**
>
> 如果一个主体缺乏类似合同的样本，则将零默认为单个客户合同的估计可变对价金额是不合适的。相反，主体应该根据可用信息尽最大努力来估计可变对价的金额，包括：
> - 类似商品或服务的行业数据（例如，同一市场中的竞争对手合同）；
> - 投标和提案流程中内部所使用的信息，例如在协商销售价格时；
> - 产品开发过程中内部所使用的数据（例如，市场研究）；
> - 与外部利益相关者分享的信息。
>
> 当主体使用期望值法估计可变对价时，我们认为可变对价金额不大可能为零。虽然主体可以考虑将零可变对价作为可能性之一，因为期望值法基于多个可能结果的概率加权，我们预期该方法下的估计可变对价将大于零。
>
> 当没有主体特定的数据时，主体也可以质疑可变对价是否应该被限制为零。为了满足限制性指引的目标（参见第 5.1.1 部分），主体评估其可变对价估计的变化是否很可能不会导致对合同确认的累计收入金额进行重大下调。仅在很可能不会发生重大收入转回的情况下，主体可以在交易价格中包括可变对价的部分或全部估计。
>
> 虽然主体应谨慎应用限制性指引，但主体通常会与客户签订收入合同，并期望获得利润。因此，我们不认为可变对价仅仅由于缺乏主体特定的数据而被限制为零。
>
> 当合同的对价主要是可变的时，如果对价被限制为零，则可能会被质疑是否符合建立一项合同的标准，特别是合同是否具有商业实质。

5.1.1 对可变对价估计的限制

如果客户合同所承诺的对价金额是可变的，主体应评估是否限制可变对价的估计金额。限制的目的是使得主体确认的收入仅限于在相关不确定性消除时累计已确认收入极可能不会发生重大转回的金额。换句话说，包含部分或全部可变对价的交易价格，应当不超过在相关不确定性消除时累计已确认收入极可能不会发生重大转回的金额。见图表 5.2。

图表 5.2 可变对价及对可变对价估计的限制

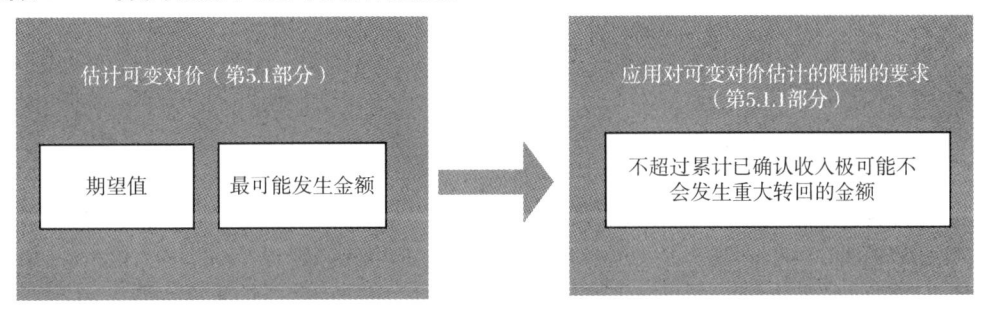

```
┌─────────────────────────────────┐      ┌─────────────────────────────────┐
│   估计可变对价（第5.1部分）      │      │  应用对可变对价估计的限制的要求  │
│                                 │      │         （第5.1.1部分）          │
│  ┌────────┐    ┌──────────────┐ │  →   │                                 │
│  │ 期望值 │    │最可能发生金额│ │      │  不超过累计已确认收入极可能不   │
│  └────────┘    └──────────────┘ │      │    会发生重大转回的金额         │
└─────────────────────────────────┘      └─────────────────────────────────┘
```

> **ASC 606-10-32-11**
>
> 仅在与可变对价相关的不确定性之后被消除时已确认的累计收入金额极可能不会发生重大转回的情况下，主体才应将根据第 606-10-32-8 段估计的部分或全部可变对价金额计入交易价格。

为了满足对可变对价估计的限制的要求的目标，主体应评估其对可变对价估计的变化是否"极可能"（即未来可能发生的事项）不会引起累计已确认收入发生重大转回。在进行该评估时，无论不确定事项是否发生，主体应同时考虑收入转回的可能性和金额量级相关的所有事实和情况。

委员会和理事会说明[①]，主体确定其估计是否满足"极可能"的标准而进行的分析很大程度上是定性的，并且需要判断。该评估也需要主体同时考虑收入转回的可能性和金额量级。

如果主体将可变对价的估计计入交易价格，ASC 606-10-32-12 包括可能增加收入重大转回可能性的因素。

> **ASC 606-10-32-12**
>
> 在评估与可变对价相关的不确定性一旦消除后已确认的累计收入金额是否极可能不会发生重大转回时，主体应当同时考虑收入转回的可能性和金额量级。可能增加收入转回的可能性或转回金额量级的因素包括但不限于下列各项：
>   a. 对价金额极易受到超出主体影响范围之外的因素影响。此类因素可能包括市场波动性、第三方的判断或行动、天气状况，以及已承诺商品或服务较高的过时风险。
>   b. 关于对价金额的不确定性预计在较长时期内均无法消除。

[①] BC 212，ASU 2014-09。

> c. 主体对类似类型合同的经验（或其他证据）有限，或相关经验（或其他证据）的预测价值有限。
> d. 主体在实务中对相似情形下的类似合同提供了较多不同程度的价格折让或不同的付款条款和条件。
> e. 合同具有大量且分布广泛的可能发生的对价金额。

在确定交易价格时，主体在合同层面应用对可变对价估计的限制的要求，而不是在履约义务层面，在应用该要求后将交易价格分摊至各单项履约义务。TRG 在其 2015 年 1 月会议上讨论了该要求应用的核算单元（即，合同层面还是履约义务层面）。

> **TRG 基本达成一致的问题：限制应当应用于合同层面还是履约义务层面？**
>
> ASC 606-10-32-11 规定，包含可变对价的交易价格应当不超过在相关不确定性消除时累计已确认收入极可能不会发生重大转回的金额。尽管该要求没有明确该评估应在哪一层面进行（即，在合同层面或在履约义务层面），但是该要求可能被解读为建议在履约义务层面进行该评估。[①]
>
> 2015 年 1 月会议[②]，TRG 成员与 FASB 和 IASB 工作人员基本达成一致，同意应在合同层面而不是履约义务层面确定交易价格。尽管对可变对价估计的限制的要求没有明确应用的核算单元，但是 BC[③] 已经明确第三步中其他对价的规定应在合同层面应用，例如识别重大融资成分。因此，TRG 和工作人员基本同意主体应在合同层面应用对可变对价估计的限制的要求。

虽然估计交易价格和考虑对可变对价估计的限制的要求看似为两个步骤，但是主体估计交易价格的过程可能已经包括了对可变对价估计的限制的考虑，因此主体可能一起完成这两个步骤。

下述示例说明了主体可能如何应用对可变对价估计的限制的要求。

> **应用对可变对价估计的限制的要求**
>
> 考虑上述第 5.1 部分中估计可变对价示例中的相同信息。
>
> 在确定是否应将估计的部分或全部可变对价金额，即提前完工奖金 225 万美元和质量奖金 200 万美元，计入交易价格中时，该建筑公司考虑可能预示收入重大转回的因素。评估是否应对奖金金额估计加以限制需要判断，并且主体可能单独评估每项奖金。

---

① BC 216 和 217，ASU 2014-09。
② TRG 文件 14，《可变对价》。
③ BC 234，ASU 2014-09。

建筑公司考虑以下因素：
- 该项目与过去项目非常类似，并且该建筑公司拥有大量的按照健康和安全标准建造设备的经验，并一直能够获得金星评级。
- 该评级与主体理解的目标标准一致，并且其已完成的项目通常符合该目标标准。

根据事实和情况，建筑公司得出结论认为，很可能不会发生与质量奖金相关的累计收入金额的重大转回。

主体可能得出结论，如果同时满足以下条件，在相关不确定性消除时（即，项目完工时）与提前完工奖金相关的累计已确认收入极可能不会发生重大转回：
- 主体拥有大量的在该地区建造此类设备的历史经验，并且没有与该项目相关的额外风险与其历史经验相悖。
- 项目进展在很大程度上取决于一年中某些时点的有利天气条件，但在审查了工作期间的历史温度和降雨量后，该主体得出结论认为施工中断发生的概率应该极小。
- 主体并未在实务中对相似情形下的类似合同提供较多不同程度的价格折让或不同的付款条款和条件。

另一方面，主体可能确定其不能将估计的部分或全部与提前完工奖金相关的可变对价计入交易价格，因为其不能得出结论认为累计已确认收入极可能不会发生重大转回。如果建造项目极易受到超出主体影响范围之外的因素影响，就可能是这种情况。例如，建造可能极易受到不利天气影响而延期，或主体可能很大程度上依赖于第三方承包人进行建造工作。

5.1.2 数量折扣

阶梯定价条款或数量折扣（以下简称"数量折扣"）在客户合同中很普遍。根据这类条款，单位商品或服务的价格随着客户购买数量的增加而改变（通常降低）。例如，主体以单价100美元/件的价格向客户销售商品，但是客户购买总数超过1000件时，商品单价变更为90美元/件。数量折扣的会计处理取决于数量折扣是否会引起价格变动的追溯调整，还是价格变动仅适用未来的定价。

追溯调整价格变动的数量折扣

如果合同包含追溯调整价格变动的数量折扣，则合同包括可变对价，因为交易价格取决于客户的购买总数。主体对这类安排的会计处理方法与回扣类似。即，主体估计预期的购买总数，使用相应的价格，并在确定合同（包含追溯调整价格变动的数量折扣）的交易价格时考虑对可变对价估计的限制的要求。在上述段落的示例中，合同单价为100美元/件，但是如果客户在一个公历年内购买总数超过1000件，则追溯调整单价降至90美元/件。在此例中，如果主体估计采购量将超过1000件，其使用单价 90 美元/件作为交易价格，并且对于以单价 100 美元/件向客户开具账单的商品，需要将返还的 10 美元/件确认为负债，因为主体预期将该金额返还给客户。

如果主体不能合理估计客户将购买商品或服务的总数，其应在合同开始日使用最低单价确定交易价格，这与对可变对价估计的限制的要求保持一致。在确定交易价格时，如果客户最终购买了足够数量的商品或服务，并获得了最低单价，则将更高的单价计入交易价格可能导致收入确认金额的重大转回。在合同期内，随着更可靠信息的取得，主体将更新其估计的交易价格。

ASC 606 中的例 24 说明了对追溯调整价格变动的数量折扣的会计处理方法。

例 24——数量折扣激励

ASC 606-10-55-216

主体于 20×8 年 1 月 1 日与客户订立一项出售产品 A 的合同（单价为 100 美元/件）。该合同规定，如果该客户在一个公历年内购买超过 1000 件产品 A，产品单价将追溯调整为 90 美元/件。因此，合同的对价是可变的。

ASC 606-10-55-217

在截至 20×8 年 3 月 31 日止的第一季度中，主体向该客户售出了 75 件产品 A。主体估计该客户在本公历年内的购买总数不会超过可获得数量折扣的指定门槛（1000 件）。

ASC 606-10-55-218

主体考虑了第 606-10-32-11 至 32-13 段中有关可变对价估计限制的要求，包括第 606-10-32-12 段所述的因素。主体认为其拥有关于产品 A 和该客户购买模式的大量经验。因此，主体得出结论认为，在不确定性消除时（即在获悉购买总量时），已确认收入的累计金额（即，100 美元/件）极可能不会发生重大转回。因此，主体在截至 20×8 年 3 月 31 日止的季度确认的收入金额为 7500 美元（75 件×100 美元/件）。

ASC 606-10-55-219

20×8 年 5 月，主体的客户收购了另一家公司。在截至 20×8 年 6 月 30 日止的第二季度中，主体向该客户售出了另外 500 件产品 A。鉴于这一新的事实，主体估计该客户在本公历年内的购买总数将超过可获得数量折扣的指定门槛（1000 件）。因此，产品单价须予以追溯调整并减至 90 美元/件。

> **ASC 606-10-55-220**
>
> 因此,主体在截至 20×8 年 6 月 30 日止的季度确认的收入金额为 44250 美元。该金额是以 500 件产品 A 的销售金额 45000 美元（500 件×90 美元/件）减去与截至 20×8 年 3 月 31 日止的季度所售出件数相关的收入减少所导致的交易价格变动金额 750 美元（75 件×10 美元的价格折扣）后计算得出的（参见第 606-10-32-42 至 32-43 段）。

值得注意的是,在上述例 24 中,主体仍以单价 100 美元/件向客户出具产品 A 的账单,并且客户仍以单价 100 美元/件向主体支付产品 A 的货款,直至客户的购买总量达到指定门槛（1000 件）。主体还需要就一旦客户购买总量达到指定门槛（1000 件）时预期向客户返还的金额确认一项相应的退款负债（即,10 美元/件）。

适用未来价格变动的数量折扣

对于包含适用未来价格变动的数量折扣的合同,主体必须对其进行评估以确定折扣是否向客户提供了一项重大权利。为了确定折扣是否向客户提供了一项重大权利,主体将该折扣与向其类似客户提供的折扣（该客户取得的折扣独立于其与主体之前订立的合同）进行比较。

如果主体确定向客户未来购买提供的折扣与向其他类似客户提供的价格具有可比性,则可能表明提供的折扣与当前的合同是独立的。换句话说,折扣并不是通常向类似大客户提供的折扣以外的增量折扣,因此其不是一项重大权利。在此情形下,主体提供了一项促销要约,应仅在客户行使权利购买额外商品或服务时进行会计处理。

但是,如果主体确定向客户提供的数量折扣与通常向其他类似客户提供的价格（该价格独立于客户与主体之前订立的合同）不具有可比性,这可能表明客户前期支付的较高价款（阶梯定价中的高定价）的一部分实际是之后以较低价格（阶梯定价中的低定价）购买的预付款。换句话说,折扣向客户提供了一项重大权利,主体应将该重大权利作为单项履约义务进行会计处理,应将交易价格的一部分分摊至该重大权利,这将使得前期收到的付款额中的一部分递延确认。当该权利项下的未来商品或服务转让给客户时,主体确认该递延收入。

TRG 讨论了主体可能如何确定适用未来价格变动的数量折扣向客户提供了一项重大权利。

> **TRG 基本达成一致的问题：主体如何确定适用未来价格变动的数量折扣向客户提供了一项重大权利？**

当合同单价基于购买数量而在未来的购买中降低时，是否存在重大权利？2016年4月的会议中①，TRG成员基本同意FASB工作人员分析文件中提出的框架。该框架建议，独立于现有客户合同存在的客户选择权不构成履约义务。即，该等选择权不是重大权利。

该分析通过多个示例进行了说明，包括下述带有适用未来价格变动的阶梯定价安排：

一制造商生产适用于众多客户各类需求的零部件。这些零部件是可以互换的，并且不是为任何特定客户定制的。主体与客户1订立了长期供应主协议，协议约定合同后续年度零部件的定价取决于当前年度的购买数量。例如，第1年主体向该客户收取的单价为1美元/件，如果客户1在第1年的购买量超过100000个，则第2年的单价降为0.9美元/件。向客户1提供的阶梯定价（数量折扣）与向该主体多数客户提供的条款相似。

当评估主体与客户1之间的合同是否包含重大权利时，主体首先评估第2年客户取得折扣0.1美元/件的选择权是否独立于第1年购买零部件的合同而存在。

为了作出该判断，主体将客户1提供的折扣与向其类似大客户提供的典型折扣（该客户取得的折扣独立于其与主体之前订立的合同）进行比较。

主体考虑了另外一个大客户——客户2，该客户与主体订立了一个购买105000件零部件的单独订单。客户2过往向主体购买过零部件，但是根据其与主体之间的过往合同，其并没有产生将来以特定价格购买零部件的预期（并且没有产生主体将来以特定价格销售零部件的预期）。

由于重大权利指引的目标是确定客户选择权是否独立于现有的客户合同而存在，主体没有将向客户1提供的第2年的购买价格与向其他客户提供的基于前一年购买数量确定的购买价格进行比较。进行该比较不能帮助主体确定如果客户1没有与主体订立第1年购买零部件的合同，其是否能够在第2年取得相同的购买价格。

如果主体确定向客户1提供的第2年的购买价格与向客户2及其他类似客户通常提供的购买价格具有可比性，这可能表明向客户1提供的购买价格独立于其与主体订立的合同而存在。换句话说，该折扣不是向类似大客户通常提供的折扣以外的增量折扣，因此，该折扣不是一项重大权利。在此情形下，主体提供了一项促销要约，应仅在客户行使权利购买额外商品或服务时进行会计处理。

---

① TRG文件54，《在评估客户选择权是否产生一项重大权利时考虑客户的类型》。

如果主体确定向客户1提供的第2年的购买价格与向客户2及其他类似客户通常提供的购买价格不具有可比性，这可能表明客户1在第1年支付的零部件价款的一部分是第2年购买零部件的预付款。换句话说，折扣提供了一项重大权利，主体应将该重大权利作为单项履约义务进行会计处理，将第1年销售零部件的部分收入递延，将该递延收入分摊至该选择权，并在未来转让商品或服务时确认收入。

> **致同见解：当主体不存在用于比较的单一大客户时**
>
> 2016年4月18日TRG会议讨论的TRG文件54为确定数量折扣是否向客户提供了一项重大权利提供了众多示例。该文件建议，主体应将数量折扣与通常向类似大客户提供的折扣（该折扣独立于主体与客户之前订立的合同而存在）进行比较。
>
> 文件54中的上述示例包含一个假设，即制造商拥有另一个大客户与主体订立了一份购买105000个零部件的单独订单。但是，如果主体不存在另一个大客户呢？或如果主体所有的合同均包含阶梯定价条款呢？
>
> 如果主体没有其他独立于之前订立的购买合同的产品销售的类似定价的证据，则表明该折扣是一项重大权利。如果主体拥有其他独立于之前订立的购买合同的产品销售的类似定价的证据，则表明该折扣不是一项重大权利。该评估可能需要重大判断。如果主体所有的合同均包含类似的阶梯定价条款，应注意主体不能简单地假设不存在重大权利。

由于效率提高引起的价格下降

在一些合同中，未来单价由于企业预期效率提高而下降。下述示例说明了如何评估此类安排是否包含一项重大权利。

> **评估由于效率提高引起的价格下降**
>
> **效率提高引起的价格下降反映了单独售价**
>
> 一制造业主体与一汽车制造商订立了一项多年合同。根据合同，基于制造过程中预期的效率提高，每年单价降低5%。在合同期内单价降低的做法是该行业的惯例。定价安排如下：
> 第1年：100美元/件
> 第2年：95美元/件
> 第3年：90美元/件
> 主体需要评估合同是否包含一项重大权利。

主体从分析其历史数据和成本预测而获得充分的证据以证明，接下来的三年里每一年单价的降低与预期效率提高后传导至客户的单独售价（使用成本加成法）保持一致。因为客户有权以反映预期单独售价的价格购买零部件，所以该选择权没有向客户提供一项重大权利。

效率提高引起的价格下降不反映单独售价

一制造业主体与一移动电话制造商订立了一项多年合同，以生产专门的零件。在合同期内向客户提供逐渐降低后单价的做法是该行业的惯例。定价安排如下：

> 第1年：100美元/件
> 第2年：90美元/件
> 第3年：81美元/件

由于与初始年份相比，客户能够以较低的价格购买第2年和第3年的零件，因此该主体评估合同中是否包含一项重大权利。

该主体在评估下降的定价是否与三年中每一年的单独售价一致时，会考虑现有的证据。该主体采用成本加成法确定单独售价，考虑其直接人工补偿预测、与供应商签订的合同中组件的实际投入成本是否同期在下降，以及由于当前的研究和开发活动而提高效率的可行性。该主体得出结论认为，与第1年相比，第2年和第3年的组件的预期单独售价没有下降。

在考虑这些事项后，主体认为合同价格不反映单独售价。在这种情况下，由于客户可以选择以不反映预期单独售价的价格购买零件，且独立于先前的合同（即早期年份的合同），因此该选择权为客户提供了一项重大权利。

5.1.3 退货权

零售商和制造商通常向客户提供退货权，客户可以取得全部或部分返还已支付的对价、可与货款抵免或换取另一产品。退货权可能已在客户合同中明确列示，或是隐含条款。

以一个产品换取同一类型、质量、状况及价格的另一产品（例如，以一件外套换取另一种颜色的同款外套）不视为退货，不适用本部分的要求。并且，客户可退回有瑕疵产品以换取正常产品的合同，应根据第4.6部分中关于质量保证的要求进行评价。

接下来，本部分讨论退货权的会计处理。

ASC 606-10-55-22

在某些合同中，主体在向客户转让对产品控制权的同时还赋予客户基于各类原因（如，对产品不满意）退回产品及取得以下各项的任一组合的权利：
  a. 全部或部分返还已支付的对价；
  b. 可与已欠或将欠主体的金额相抵扣的抵免；
  c. 换取另一产品。

大体上，主体按如下方法对此类安排确认收入，不包含预期退回部分：
- 按照因向客户转让商品而预期有权收取的对价金额（不包含预期因销售退回将退还的金额）确认收入（确定预期因销售退回将退还的金额时使用可变对价的要求）；
- 按照预期因销售退回将退还的金额确认退款负债；
- 按照预期将退回商品转让时的账面价值，扣除收回该商品预计发生的成本后的余额，确认为一项资产，并相应调整销售成本。

每个报告期末，主体应当根据新信息对退款负债的估计进行更新，并相应调整收入。

ASC 606-10-55-23

为对转让附带退货权的产品（以及某些可予退款的服务）进行会计处理，主体应当确认下列各项：
  a. 按照主体预计有权收取的对价金额，确认转让产品所形成的收入（因此，对于预计退回的产品不会确认收入）；
  b. 确认一项退款负债；
  c. 就结算退款负债时向客户收回产品的权利确认一项资产（并相应调整销售成本）。

ASC 606-10-55-24

主体在退货期内随时准备接受所退回产品的承诺，不应作为提供退款的义务之外的履约义务进行会计处理。

ASC 606-10-55-25

主体应当应用第 606-10-32-2 至 32-27 段的要求（包括第 606-10-32-11 至 32-13 段中针对可变对价估计限制的规定），来确定主体预计有权收取的对价金额（即，不包括预计退回的产品）。对于主体预计其无权收取的已收（或应收）金额，主体在向客户转让产品时不应当确认收入，而是应当将此类已收（或应收）金额确认为一项退款负债。主体应在后续的每一个报告期末，更新其对因转让产品而预计有权收取的金额所作的评估，并相应变更交易价格，进而变更已确认的收入金额。

ASC 606-10-55-26

主体应当在每个报告期末，按照预计退款金额的变动，对退款负债的计量进行更新。主体应将相应的调整确认为收入（或收入的减少）。

ASC 606-10-55-27

根据结算退款负债时，主体向客户收回产品的权利所确认的资产应参照产品（例如，存货）的原账面金额减去收回该产品的预计成本（包括对主体而言所退回产品价值的可能减少）进行初始计量。在每一个报告期末，主体应当根据退回产品的预计变动，对该资产的计量进行更新。主体应将该资产与退款负债分开列报。

ASC 606 中的例 22 说明了主体应如何对附有退货权的销售进行会计处理。

例 22——退货权

ASC 606-10-55-202

主体与客户订立 100 项合同，每项合同涉及以 100 美元销售一个产品（共 100 个产品×100 美元 = 总对价 10000 美元）。主体在对产品的控制转移时取得现金。主体的商业惯例为允许客户在 30 天内退回任何未使用的产品并获得全额退款。主体就每个产品所发生的成本为 60 美元。

ASC 606-10-55-203

主体对这 100 项合同的组合应用本主题的要求，因为根据第 606-10-10-4 段，主体合理预计与对该组合中的单个合同应用本主题相比，对该组合应用相关要求将不会对财务报表产生显著不同的影响。

ASC 606-10-55-204

由于合同允许客户退回产品，因此向客户收取的对价是可变的。为估计主体将有权收取的可变对价，主体决定使用期望值法［参见第 606-10-32-8（a）段］，因为主体预计该方法能更好地预测其有权收取的对价金额。在使用期望值法时，主体估计 97 个产品将不会被退回。

ASC 606-10-55-205

主体同时考虑了第 606-10-32-11 至 32-13 段中有关可变对价估计限制的要求，以确定是否能够将估计的可变对价金额 9700 美元（100 美元 × 预计不会被退回的 97 个产品）计入交易价格。主体考虑了第 606-10-32-12 段所述的因素，并确定尽管退货超出主体的影响范围，但其拥有关于估计该产品及该客户群退货的大量经验。此外，不确定性将在短期（即 30 天的退货期）内消除。因此，主体得出结论认为，随着不确定性的消除（即在退货期内），已确认的累计收入金额（即 9700 美元）极可能不会发生重大转回。

ASC 606-10-55-206

主体估计收回产品所发生的成本并不重大，且预计被退回的产品可重新出售并获利。

ASC 606-10-55-207

在 100 个产品的控制权转移时，主体并未就其预计将被退回的 3 个产品确认收入。因此，根据第 606-10-32-10 段和第 606-10-55-23 段，主体确认下列各项：

现金 10000 美元	（100 美元 × 100 个转让的产品）
收入 9700 美元	（100 美元 × 预计不会被退回的 97 个产品）
退款负债 300 美元	（100 美元的退款 × 预计将被退回的 3 个产品）
销售成本 5820 美元	（60 美元 × 预计不会被退回的 97 个产品）
资产 180 美元	（60 美元 × 3 个产品，反映主体在结算退款负债时向客户收回产品的权利）
存货 6000 美元	（60 美元 × 100 个转让的产品）

重大选择：退货权

根据 ASC 606，除资产负债表按总额确认退款义务和收回产品的权利确认的资产外，退货权的会计处理与原准则下的要求类似。并且，与收回产品的权利相关的资产一旦确认，应根据 ASC 606 的要求进行减值测试，而不是根据 ASC 330 中关于存货减值测试的要求。

如果主体没有满足估计退货的限制性标准，原准则要求将所有与退货相关的收入递延。在存在退货权时，ASC 606 的要求可能引起较早确认收入，因为管理层将按期望值（概率加权金额的总和）或最可能发生金额更好地对退货予以估计，并根据对可变对价估计的限制的要求确认收入（不包含预计退回的产品）。

5.1.4 区分可变对价和额外购买商品或服务的选择权

区分附有额外购买商品和服务的选择权的合同和包含基于可变数量的可变对价的合同（例如，基于实际使用收费）可能是充满挑战的。这是一个很重要的区分，因为额外购买选择权和可变对价的会计处理和披露要求都是不同的。

如第4.4部分所讨论的，当主体得出结论认为，合同中的选择权并未向客户提供一项重大权利，主体在确定交易价格时不考虑与客户额外购买选择权相关的需要转让的额外商品或服务，直到客户行使该选择权。

相反，如第5.1部分所讨论的，当合同包含可变对价，由于不确定的数量、折扣、业绩奖金、罚款、退款或其他类似项目引起对价金额的改变，主体应估计因向客户转让商品或服务而预期有权收取的对价金额。主体应采用第5.1.1部分关于对可变对价估计的限制的要求，将估计的可变对价计入交易价格，但应仅在相关不确定性消除时累计已确认收入金额极可能不会发生重大转回的情况下。

披露方面，如果客户行使未来的选择权，主体不需要披露对预期有权收取的对价的估计；但是，当主体得出结论认为，合同包括可变对价时，其必须披露分摊至本报告期末尚未履行（或部分履行）履约义务的剩余交易价格，及上述金额确认为收入的预计时间的信息，除非其满足特定的实务简便操作方法。[①] 披露要求在下文第13部分详细讨论。

TRG讨论了主体可能如何区分额外购买选择权和可变对价。

> **TRG 基本达成一致的问题：主体如何区分额外购买选择权和可变对价？**
>
> 在2015年11月会议上[②]，TRG基本达成一致，认为主体需要运用判断区分附有客户购买额外的商品或服务的选择权的合同和包括可变对价的合同。
>
> TRG基本同意，该评估取决于承诺的性质，及在现有合同下可执行的权利和义务。合同包括可变对价的一个迹象是，现有合同使供应商负有转让所承诺的商品或服务的义务，并且客户负有为这些商品或服务付款的义务，以及引起额外对价的客户未来的行为或事项在控制权转移时（或控制权转移后）发生。在此情况下，客户的行为没有使主体负有向其转让额外可明确区分的商品或服务的义务。
>
> 或者，合同附有额外的商品和服务的选择权的一个迹象是，客户拥有现时合同权利选择购买额外可明确区分的商品或服务的数量（即，这是一项单独的购买决定）。在客户行使该权利前，供应商不负有提供这些商品或服务的义务；而是，客户行使额外购买选择权的行为产生了供应商转让额外可明确区分的商品或服务的新义务。

[①] ASC 606-10-50-13 至 50-14。
[②] TRG 文件48，《客户对购买额外的商品和服务的选择权》。

TRG 文件 48 包括下述示例，帮助区分可变对价和额外的商品或服务的购买选择权。

可变对价的示例

一交易处理商与客户订立了一项 10 年的协议，为客户提供持续使用其系统及代客户处理所有交易的服务。客户负有使用交易处理商系统处理其所有交易并基于交易量付费的义务；但是，交易的最终数量无法确定，且不在交易处理商和客户的控制范围内。客户在主体履约的同时即取得并消耗系统所带来的经济利益，因此，主体在某一时段内确认收入。

TRG 基本同意，客户无法控制处理的交易数量，且主体承诺的性质是向客户提供持续使用处理平台的服务。因为交易处理商已负有提供持续使用平台的服务的义务，引起额外付款额的事项不是转让额外商品或服务的义务，即表明该合同包括可变对价，而不是客户额外购买选择权。

额外的商品或服务购买选择权的示例

一供应商与一客户订立了一项 5 年独家供应主协议，使该供应商负有生产和销售按客户要求定制的零部件的义务。该合同不包括任何最低购买量的要求，但是客户极可能自该供应商采购零部件。每个零部件都是可明确区分的，并在某一时点转让给该客户。

TRG 基本同意，此示例中承诺的性质是交付零部件，而不是提供随时可以交付的服务。此示例中，合同向客户提供了一项选择额外可明确区分商品的数量的权利，与上一示例中客户持续使用交易平台的服务，且控制权以这种形式转让给客户不同。换句话说，供应商不负有转让任何零部件的义务，直到客户提交采购订单，而在上一示例中，即使客户没有作出额外决定，交易处理商也负有确保交易平台能为客户所用（承诺的服务）的义务。

TRG 文件 48 提醒，不是所有的交易处理活动和供应主协议均应按上述示例进行会计处理。确定合同是包括可变对价还是附有额外购买选择权取决于承诺的性质以及每一情形下具体的事实和情况。

5.1.5 最低购买承诺

主体经常在其合同中包含最低购买承诺，或称为"保底"，确保最低金额的收入。一些"照付不议"合同也是为了达到同样的目的。所产生的问题是在合同期内按比例确认保底收入是否恰当。

附有最低购买承诺的合同（或"保底"条款）

第1部分：满足最低购买承诺时

一制造主体与一客户订立一项3年的主供应协议，于20×0年1月1日生效，该合同使其成为该客户所需零部件A、B和C的独家供应商。主供应协议明确，零部件A、B和C的价格分别是100美元、150美元和200美元。该主体确定合同定价基于每一单独零部件的单独售价。主供应协议还明确，3年合同期内的最低购买要求为30000美元。在3年合同期内，客户将提交单独采购订单明确其需要购买的零部件A、B和C的组合及数量。在首张订单提交后，主体得出结论认为，其通过了收入确认模型中的第一步，并且每一零部件都是可明确区分的。主体在某一时点将零部件的控制权转移给该客户。

3年内，该制造主体在主供应协议下的销售如下：

年末	年销售额
20×0-12-31	8000美元
20×1-12-31	15000美元
20×2-12-31	10000美元
合计	33000美元

在确定如何对该合同进行会计处理时，主体考虑了TRG于2015年11月会议的讨论[①]，并确定其向客户承诺的性质为交付零部件。该主体不负有转让任何零部件的义务，直到客户提交采购订单明确其需要采购的零部件A、B和C的数量。换句话说，该合同包含额外商品的额外购买选择权，而不是可变对价。因为额外零部件的定价是单独售价，该主体得出结论认为，该合同不包含一项重大权利。

因此，该主体在零部件的控制权转移给客户时确认收入，第1年确认8000美元，第2年确认15000美元，第3年确认10000美元。TRG文件48的第41段说明，客户在主供应协议下的采购不同于随时准备提供商品的义务。当客户提交采购订单时，其就特定数量可明确区分的商品订立了一项合同，新的采购订单对于供应商产生了一项新的履约义务。

[①] TRG文件48，《客户对购买额外的商品和服务的选择权》。

第 2 部分：不满足最低购买承诺时，可强制执行保底条款

除 3 年内该制造主体在主供应协议下的下述销售情况外，假定其他信息与第 1 部分中的情况相同：

年末	年销售额
20×0-12-31	1000 美元
20×1-12-31	5000 美元
20×2-12-31	10000 美元
合计 16000 美元	

由于不存在重大权利，主体在第 1 年确认收入 1000 美元，第 2 年确认收入 5000 美元，第 3 年确认收入 10000 美元。20×2 年 12 月 31 日，客户在主供应协议下以特定价格购买零部件 A、B 和 C 的额外购买选择权失效，主体确认最低购买承诺中剩余部分的收入 14000 美元。该主体在客户额外购买选择权失效前不确认该剩余部分的收入，因为其对剩余部分的 14000 美元不拥有现时权利，直到额外购买选择权失效日。

5.1.6 可变对价的重估

每一报告期末，主体更新对可变对价金额的估计（包括对可变对价估计的限制的应用），以反映事实和情况的变化。可变对价金额发生变动的，主体应当根据第 5.5 部分的讨论对交易价格的变动进行会计处理。

> **ASC 606-10-32-14**
>
> 在每一报告期末，主体应当更新所估计的交易价格（包括更新其对可变对价的估计是否受到限制的评估），以如实反映报告期末存在的情况及报告期内情况的变化。主体应当根据第 606-10-32-42 至 32-45 段对交易价格的变动进行会计处理。

如果主体之前确定应计入合同交易价格的可变对价为 100 美元，而在之后的报告期末估计合同的可变金额为 200 美元，这一整体交易价格的变动应遵循第 5.1.1 部分关于对可变对价估计的限制的要求。为得出将交易价格调增至 200 美元的结论，主体应认为基于更新估计交易价格时存在的事实和情况，后续可变对价估计变更时累计已确认收入金额极可能不会发生重大转回。

> **致同见解：评估所估计交易价格的变化是估计的变化还是差错更正**
>
> 事实和情况可能在整个合同期内发生变化，因而需要主体更新交易价格。例如，考虑一项收入交易中当某一事件引起了可变对价，并且在合同期间内相关的不确定性已得到解决。主体必须根据与可变对价估计相关的当前可用信息更新每个报告期间的交易价格。
>
> 相反，由于更正先前发布财务报表时已存在的监督或错用事实，或由于更正先前的计算错误或准则错用而导致的估计交易价格的变化，被视为差错更正。当交易价格的变化是由于差错更正时，主体应评估差错的重要性，并确定《ASC 250——会计变更和差错更正》中的列报和披露指引的适当应用。
>
> 评估所估计交易价格的变化是估计的变化还是差错更正可能需要运用判断。如果一个主体在做出原始估计时知道或可能知道与估计变化相关的事实，那么估计的变化可能是一个差错。或者，如果与估计变化相关的事实在之后发生，或者如果主体在作出原始估计时不知道这些变化，则估计的变化可能不是一个差错。
>
> 当估计的交易价格发生重大变化时，特别是在收入转回的情况下，主体也应该考虑：
> - 导致估计变化的事实，以及在收入转回的情况下，未来是否应进一步限制可变对价；
> - 主体是否需要对其估计过程进行更改以防止将来发生类似的差错；
> - 估计的变化是否表明控制存在缺陷。

5.2 重大融资成分

如果合同各方（以明示或隐含的方式）商定的付款时间包含重大融资成分，在确定交易价格时，主体应当反映货币的时间价值。就货币时间价值调整交易价格旨在使主体所确认的收入金额能够反映若客户在转让商品或服务时对该商品或服务支付现金的话，客户会支付的价格。合同任何一方均可能从融资成分中受益——即客户可能在主体履行其义务前支付款项（客户向主体提供借款），或客户可能在主体履行其义务后支付款项（主体向客户提供借款）。

在评估合同是否包含重大融资成分时，主体应当考虑所有相关的事实和情况，包括（但不限于）以下两个方面：
- 已承诺的对价金额与如果客户在商品或服务交付时支付的现金售价之间的差额（如有）。
- 下列两项的共同影响：转让商品或服务与收到付款之间的间隔期间；现行市场利率。

> **ASC 606-10-32-15**
>
> 如果合同各方（以明示或隐含的方式）商定的付款时间为客户或主体提供涉及向客户转让商品或服务的重大融资利益，则在确定交易价格时，主体应当就货币的时间价值影响对已承诺的对价金额作出调整。在这种情况下，合同包含重大融资成分。无论融资的承诺是在合同中明确列示或是隐含于合同各方商定的付款条款，重大融资成分均可能存在。
>
> **ASC 606-10-32-16**
>
> 就重大融资成分调整已承诺的对价金额旨在使主体所确认的收入金额能够反映若客户在已承诺的商品或服务转让时（或过程中）对该商品或服务支付现金的话，客户会支付的价格（即，现金售价）。在评估合同是否包含融资成分及该融资成分对合同而言是否重大时，主体应当考虑所有相关的事实和情况，包括以下两个方面：
>   a. 已承诺的对价金额与已承诺商品或服务的现金售价之间的差额（如有）；以及
>   b. 下列两项的共同影响：
>   1. 主体向客户转让已承诺商品或服务与客户就此类商品或服务进行支付之间的间隔期间的预计长度；
>   2. 相关市场的现行利率。

委员会和理事会澄清[①]主体仅在合同层面考虑融资成分是否重大，而不是在组合层面考虑融资成分是否重大。如果融资成分对单个合同而言影响并不重大，但对于一组类似合同的影响整体而言对于该主体是重大的，委员会和理事会认为在这种情形下，要求主体对融资成分进行会计处理会产生"过度的负担"。

尽管存在 ASC 606-10-32-15 和 32-16 的要求，如果存在下列三种情况的任何一种，则不存在重大融资成分：

- 客户预先就商品或服务进行支付，但这些商品或服务的转让时间由客户自行决定（例如，客户预先就商品进行支付，并且在其需要商品运输时通知供应商）。
- 对价金额很大一部分是可变的，且对价的变化是基于不受供应商或客户控制的因素（例如，基于使用情况的特许权使用费）。
- 已承诺对价与现金售价之间的差额是由提供融资以外的其他原因所致，且差额与产生差额的原因相称，例如，保护一方以防止另一方未能履约（例如，

[①] BC 234，ASC 2014-09。

通常保留全部付款额的特定比例，直到项目完工）。

> **ASC 606-10-32-17**
>
> 尽管须根据第 606-10-32-16 段进行评估，如果存在下列任一因素，则客户合同中不包含重大融资成分：
> a. 客户预先就商品或服务进行支付，且这些商品或服务的转让时间由客户自行决定。
> b. 客户所承诺的对价金额很大一部分是可变的，且对价的金额或时点是基于未来某一事件的发生或不发生，该事件几乎不受客户或主体控制（例如，如果对价是基于实际销售的特许权使用费）。
> c. 已承诺对价与商品或服务的现金售价（如第 606-10-32-16 段所述）之间的差额是由向客户或主体提供融资以外的其他原因所致，且该两项金额之间的差额与产生差额的原因相称。例如，付款条款可能向主体或客户提供保护以防止另一方未能依照合同充分履行其部分或全部义务。

下表说明了如何对普遍合同条款进行评估，以确定是否存在融资成分。

是否存在融资成分？

描述	分析
与客户订立建造房屋合同，预期 20 个月完工，客户在合同开始时支付全款	似乎存在融资成分，因为客户在主体完成其部分履约义务之前支付 100% 的对价，间隔时间超过 12 个月（即，建造在第 13～第 20 个月完成）。主体需要确定融资成分是否重大
主体用 3 年建造一房屋。客户每季度按进度付款，并且保留 10% 的对价直至房屋建造完工	已承诺对价与现金售价之间的差额是由提供融资以外的其他原因所致（即，保留对价），并且主体认为差额与产生差额的原因相称。因此，该合同中似乎不存在融资成分
主体同意为其客户生产一大型设备。主体确定控制权在客户取得该设备时转移。付款协议明确客户必须在取得设备后 24 个月向主体付款	似乎存在融资成分，因为客户在主体完成履约义务 12 个月以后付款。主体需要确定该融资成分是否重大

如果合同开始时，主体预计客户取得商品控制权与客户支付价款间隔不超过一年，委员会和理事会决定主体可以不考虑融资成分的影响。

ASC 606-10-32-18

为便于实务操作，如果在合同开始时主体预计向客户转让已承诺商品或服务与客户就此类商品或服务进行支付之间的间隔期间为一年或更短期间，则主体无须就重大融资成分的影响调整已承诺的对价金额。

下表说明了如何评估融资成分的实务简便操作方法是否适用。

融资成分的实务简便操作方法

描述	分析
客户在合同开始时支付全额费用，用于建造预计在合同开始20个月后完工的建筑物。施工在整个20个月期间进行	融资成分的实务简便操作方法不适用，因为客户在主体履行履约义务之前超过12个月已支付了100%的对价。该主体需要确定融资成分是否重大。该主体忽略了这样一个事实，即某些工作是在合同开始后的一年内完成的
一个主体在三年内建造一座建筑物。客户按进度季度付款，以便在每个季度末支付的累计金额与商定的完工进度成比例	虽然合同履行发生在三年之内，但融资成分的实务简便操作方法适用，因为客户按完工进度进行季度付款

如果一笔付款额是针对多项履约义务，且一个或多个履约义务是在不超过一年的时间内履行，而其他履约义务在一年以上的时间内履行，利益相关者询问主体是否可以使用这一实务简便操作方法。TRG于2015年3月会议讨论了一个此类问题。

TRG基本达成一致的问题：当对于多项履约义务统一付款时，主体如何确定能否应用实务简便操作方法？

TRG于2015年3月会议考虑了下述示例[①]：

主体与客户订立一项24个月的合同，包括在合同开始时交付一台设备，并提供24个月的相关服务。主体得出结论认为，设备和服务是可明确区分的。承诺的对价金额（设备和服务的整合金额）为2400美元，24个月每月分期支付100美元。假定交易价格分摊到设备的为500美元，分摊到服务的为1900美元（79美元/月）。

---

① TRG文件30，《重大融资成分》。

假定该安排包括重大融资成分，TRG 讨论了实务简便操作方法是否可以适用。TRG 基本同意，缺少证据表明付款是针对哪项履约义务的，为确定实务简便操作方法是否适用，主体应将对价按比例分摊至合同中的履约义务。例如，合同条款可能提供证据支持将付款分摊至特定的履约义务。

假定主体先转让设备，并确认 500 美元的收入。每个月主体提供服务，并确认 79 美元的收入。假定现金付款额不与设备直接相关，主体将每月的对价按比例分摊到设备和服务。因此，每个月主体将对价分摊到服务 79 美元，分摊到设备 21 美元。与服务相关的对价在每月月底全部结算。但是，因为主体在 24 个月分期收到设备的全部对价（在 24 个月收取 21 美元/月），主体得出结论认为，交付设备和收取相关对价的间隔期间超过 1 年。即在此情况下，不能应用实务简便操作方法，主体应就货币的时间价值调整交易价格。

同样在 2015 年 3 月会议上，TRG 讨论了零售商提供的"零利率融资"相关的某些促销活动。ASC 606-10-35-16 规定，在评估合同是否包含重大融资成分时，主体应考虑已承诺的对价金额与已承诺商品或服务的现金售价之间的差额（如有）。但是，例如当客户可以在交易日支付 2000 美元或在 3 年内支付 2000 美元时，分析结果可能会让人困惑。当现金售价与承诺的对价金额相等时，可能存在重大融资成分。

> **TRG 基本达成一致的问题：如果承诺的对价金额与现金售价相等，是否存在融资成分？**

在 2015 年 3 月会议上[①]，TRG 讨论了下述示例：

> 家具零售商为金额 2000 美元的餐厅组合家具提供了一项促销。客户可以选择参与这项特别促销活动，获取 3 年的零利率融资，或在购买时支付全部价款。

TRG 基本同意，当定价、现金售价和承诺的对价均相等时，主体不应自动假定不存在重大融资成分。在评估是否包含重大融资成分时，已承诺的对价金额与现金售价之间的差额（如有）是一个（但不是唯一的）考虑因素。主体应考虑所有相关的事实和情况，并在评估合同是否包含重大融资成分时应用判断。如果示例中主体向购买时支付全部价款的客户在定价基础上提供折扣，可能表明该交易包括融资成分。

另一方面，如果定价、现金售价和承诺的对价实际上是相等的，可能表明不存在融资成分（或，如果存在融资成分，也不是重大融资成分）。

ASC 606 中的例 26 说明了包括重大融资成分的合同的会计处理。

---

① TRG 文件 30，《重大融资成分》。

例26——重大融资成分和退货权（摘录）

ASC 606-10-55-227

主体向客户销售一个产品，121 美元的价款须在交货后的 24 个月内支付。客户在合同开始时获得对该产品的控制。合同允许客户在 90 天内退回产品。该产品是一个新产品，且主体没有任何相关的产品退货历史证据或任何其他可获得的市场证据。

ASC 606-10-55-228

该产品的现金售价为 100 美元（代表在合同开始时若按相同条款和条件出售相同产品，于交货时客户须支付的金额）。主体就该产品发生的成本为 80 美元。

ASC 606-10-55-229

主体并未在产品的控制权转移给客户时确认收入。这是因为存在退货权并且缺乏相关的历史证据，这意味着根据第 606-10-32-11 至 32-13 段主体无法得出结论认为已确认的累计收入金额极可能不会发生重大转回。因此，主体在 3 个月后退货权失效时确认收入。

ASC 606-10-55-230

根据第 606-10-32-15 至 32-17 段，该合同包含重大融资成分。这可由已承诺对价 121 美元与商品转让给客户之日的现金售价 100 美元之间的差额得到证明。

5.2.1 就重大融资成分作出的调整

在就重大融资成分调整对价金额时，主体应使用其与客户在合同开始时进行的单独融资交易所反映的折现率。该折现率应反映合同中取得融资一方的信用风险（例如，如果递延付款，应使用反映客户信用风险的折现率；如果提前付款，应使用反映主体信用风险的折现率）。

ASC 606-10-32-19

在就重大融资成分调整已承诺的对价金额时，为符合第 606-10-32-16 段所述的目标，主体应当使用主体与其客户在合同开始时进行的单独融资交易所反映的折现率。该折现率应反映合同中取得融资一方的信用特征以及客户或主体提供的担保品或抵押，包括合同所转让的资产。主体可能能够通过识别将已承诺对价的名义金额折现为商品或服务转让予客户时（或过程中）客户会支付的现金价格的利率来确定该折现率。在合同开始后，主体不应就利率或其他情况（如，客户的信用风险评估结果）的变化更新折现率。

ASC 606 中的例 29 说明主体应如何对合同中包含的重大融资成分进行会计处理。

例29——预付款和对折现率的评估

ASC 606-10-55-240

主体与客户订立一项出售资产的合同。对资产的控制权将于两年后转移给客户（即履约义务将在某一时点履行）。合同包括两种可供选择的付款方式：在两年后当客户获得对资产的控制权时支付 5000 美元，或在合同签订时支付 4000 美元。客户选择在合同签订时支付 4000 美元。

ASC 606-10-55-241

鉴于客户就资产进行付款与主体将资产转让给客户之间的时间间隔及现行市场利率，主体得出结论认为该合同包含重大融资成分。

ASC 606-10-55-242

该交易内含的利率为 11.8%，这是为使这两种可供选择的付款方式从经济角度而言等价而需采用的利率。但是，主体认为根据第 606-10-32-19 段，在调整已承诺对价时应采用 6% 的利率（这是主体的增量借款利率）。

ASC 606-10-55-243

下述会计分录说明了主体如何对该重大融资成分进行会计处理：
a. 就在合同开始时取得的 4000 美元付款确认一项合同负债：

现金 4000 美元
　　合同负债 4000 美元

b. 自合同开始至转让资产的两年期间内，主体（根据第 606-10-32-20 段）对已承诺的对价金额作出调整，并按 6% 确认两年期内 4000 美元产生的利息并增加合同负债：

利息费用 494 美元[a]
　　合同负债 494 美元

(a) 494 美元 = 合同负债 4000 美元 ×（两年内每年 6% 的利息）。

c. 确认转让资产产生的收入：

合同负债 4494 美元
　　收入 4494 美元

> **TRG 基本达成一致的问题：对于包含重大融资成分的安排，主体应如何计算收入的调整额？**
>
> 在 2015 年 3 月会议上[①]，TRG 注意到 ASC 606 没有对如何计量利息收入/费用及后续的会计处理提供指引。主体应根据《ASC 835-30——广泛交易：利息》来确定合适的会计处理方法。

5.2.2 列报

识别重大融资成分的规定旨在将融资收入/费用与客户合同收入区分开来。这些融资活动不构成收入，因此应区分开来以更好地反映主体真正产生收入的活动。主体应在综合收益表中将融资影响（利息收入/费用）与收入分开列报。

> **ASC 606-10-32-20**
>
> 主体应当在综合收益表（业务活动情况表）中将融资影响（利息收入或利息费用）与客户合同收入分开列报。仅在对客户合同进行会计处理时确认了合同资产（或应收款）或者合同负债的情况下，才应确认利息收入或利息费用。在对货币时间价值影响进行会计处理时，主体应当考虑子主题 835-30 中关于后续计量的规定，尤其是第 835-30-45-1A 至 45-3 段关于折扣和溢价在财务报表中的列报的规定，及第 835-30-55-2 至 55-3 段关于利息方法应用的规定。

5.3 非现金对价

有时客户承诺以非现金的形式对商品或服务付款，例如普通股股票或其他权益工具、广告或设备。当确定交易价格时，主体在合同开始时计量非现金对价的估计公允价值。

> **ASC 606-10-32-21**
>
> 为确定客户承诺支付非现金形式对价的合同的交易价格，主体应当在合同开始时计量非现金对价的估计公允价值（即，第 606-10-25-1 段条件满足的日期）。

估计公允价值的起点是非现金对价本身；但是，如果主体不能合理估计非现金对价的公允价值，主体应参照根据合同为获取该对价而承诺向客户转让商品或服务的单独售价。

---

① TRG 文件 30，《重大融资成分》。

> **ASC 606-10-32-22**
>
> 如果无法合理估计非现金对价的公允价值，主体应当参照为获取该对价而承诺向客户（或客户类别）转让商品或服务的单独售价间接计量该对价。

见图表 5.3。

图表 5.3 非现金对价

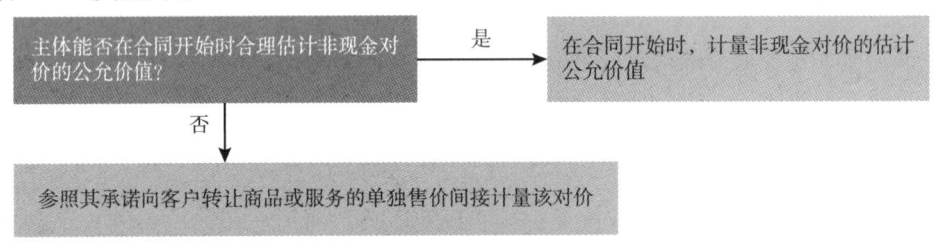

主体能否在合同开始时合理估计非现金对价的公允价值？
- 是 → 在合同开始时，计量非现金对价的估计公允价值
- 否 → 参照其承诺向客户转让商品或服务的单独售价间接计量该对价

ASC 606 中的例 31 说明了主体如何对因转让商品或服务而换取的非现金对价进行会计处理。

> **例 31——获得非现金对价的权利**
>
> **ASC 606-10-55-248**
>
> 主体与客户订立一项合同，约定在一年内每周向客户提供服务。合同于 20×1 年 1 月 1 日签订且相关工作立即开始。主体根据第 606-10-25-14（b）段得出结论认为该服务是单项履约义务，因为主体提供一系列实质相同且转让模式相同的、可明确区分的服务（该服务在一段时间内向客户转让，并使用相同的方法来计量履约进度，即基于时间计量履约进度）。
>
> **ASC 606-10-55-249**
>
> 为换取服务，客户承诺就每周的服务提供其 100 股普通股（即针对该合同共提供 5200 股股票）。合同条款规定股票必须在每周服务成功完成时交付。
>
> **ASC 606-10-55-250**
>
> 为确定交易价格（及应确认的收入金额），主体在合同开始日（即，20×1 年 1 月 1 日）计量 5200 股股票的估计公允价值。主体根据已完成履约义务计量其履约进度，并在每周服务完成时确认收入。主体并未在交易价格中反映 5200 股股票

公允价值在合同开始日以后的任何变动。但是，主体评估任何相关的合同资产或应收款项是否发生减值。收到非现金对价后，主体采用与非现金对价形式相关的规定，以确定合同开始日以后的公允价值变动是否以及如何进行确认。

非现金对价包括根据 ASC 606-10-25-25 的规定，供应商取得控制权的由客户提供的商品或服务。通常，客户可能会向供应商提供商品或服务，但是供应商未取得这些商品或服务的控制权。即便如此，客户可能将商品或服务的控制权（而不是现金）转移给供应商，以协助主体履行其合同中的义务。例如，汽车制造商的客户可能向其供应商之一投入设备或材料，以供该供应商为其生产最终产品使用。如果该供应商取得此类提供的商品或服务的控制权，则应将这些提供的商品或服务作为收取的非现金对价进行会计处理。

ASC 606-10-32-24

如果客户投入商品或服务（例如，材料、设备或人工）以协助主体履行合同，主体应当评估其是否取得了对此类投入商品或服务的控制。如是，则主体应当将这些投入的商品或服务作为从客户收取的非现金对价进行会计处理。

下述示例说明了客户投入工具，以供主体在制造客户定制的零部件时使用的会计处理。常见工具类别包括模具、压模和切具。

投入商品或服务

一家主题活动公司同意为其客户（电影制片厂）的电影关机派对准备食品并提供侍应生服务。客户同意为食品和服务支付 20 万美元。客户要求该活动公司准备和提供食物并以电影为主题装饰场地。电影制片厂为该活动公司提供价值 50000 美元的道具、服装和装饰品，用于举办活动。

该活动公司可自行决定派对的布置，并在活动结束后获得道具、服装和装饰品的所有权，并预期能够在未来的活动中重复使用投入的许多商品。该活动公司得出结论认为，其根据 ASC 606-10-25-25 获得了商品的控制权。

因此，在合同开始日，主体将投入商品的公允价值计入交易价格，确定交易价格为 250000 美元。

5.3.1 非现金对价的后续计量

如 ASC 606 中例 31 所示，如果合同开始之后非现金对价的公允价值因对价的形式而发生变动，主体不因对价公允价值的变动调整交易价格。

例 31 中，对价的形式为客户的普通股，并且股票的价值可能发生变动。主体不因客户普通股市场价格的变动而调整交易价格。

如果事实情况与例 31 中的情况略有不同，非现金对价的公允价值因对价形式之外的原因而发生变动（例如，如果主体根据合同的履约行为满足特定的质量评级，主体可能取得额外的 100 股股票），在确定交易价格时，主体需要采用关于可变对价及对可变对价估计的限制的规定，考虑业绩奖金。

> **ASC 606-10-32-23**
>
> 合同开始之后非现金对价的公允价值可能因对价的形式而发生变动（例如，主体有权向客户收取的股票价格的变动）。合同开始之后非现金对价的公允价值因对价的形式而发生的变动不计入交易价格。如果客户承诺支付的非现金对价的公允价值因对价形式之外的原因而发生变动（例如，股票期权的行权价格因主体的履约行为而发生变动），主体应当应用第 606-10-32-5 至 32-14 段关于可变对价的要求。如果非现金对价的公允价值因对价的形式和对价形式之外的原因而发生变动，主体应仅对于对价形式之外的原因而发生的变动应用第 606-10-32-5 至 32-14 段关于可变对价的要求。

下述示例说明了当非现金对价的公允价值因对价形式之外的原因而发生变动的情形。

> **非现金对价的公允价值因对价形式之外的原因而发生变动**
>
> 建造主体订立一项合同，为房地产主体建造一幢办公楼，工期 18 个月。房地产主体同意为该项目支付对价 5000 万美元。如果建造主体能在 1 年内完成办公楼的建造，其将收到房地产主体的 10000 股普通股作为奖金。假定合同开始时股票公允价值为 100 美元/股。
>
> 建造主体可能收到的普通股的最终价值可能因两个原因而发生变化：（1）主体是否取得该普通股奖励；（2）每股普通股的公允价值可能在合同期内发生变化。在确定交易价格时，建造主体会反映其预期能够取得的普通股数量的变化。但是，建造主体不会反映每股普通股公允价值的变化。换言之，在这个合同期内均用 100 美元/股的价格考虑潜在奖金的价值。
>
> 因此，如果建造主体取得奖金，其取得的对价总额为 5100 万美元，即收入金额为 5000 万美元加价值为 100 美元/股的 10000 股普通股的总额。

5.4 应付客户对价

"应付客户对价"规定的内在逻辑是主体不应将购买客户的商品或服务而退回给客户的金额计入其销售额以增大收入。例如,产品制造商与零售商订立一项合同,以 20 美元/件的单价向零售商销售 100000 件产品,但是零售商要求制造商向其支付 10000 美元作为订立合同的激励。因为制造商没有从零售商处取得可明确区分的商品或服务,其不应确认 200 万美元的收入;而是,交易价格为 199 万美元。

应付客户对价包括主体向客户支付或预计支付的金额,并且可以以多种形式出现,包括现金、抵免或可与欠主体的金额相抵扣的其他项目。应付客户对价可能包括(但不限于)下述项目:

- 进场费;
- 合作广告安排;
- 参与业务付费;
- 返利或优惠券。

对应付客户对价恰当的会计处理的关键是确定应付客户对价是否为取得可明确区分的商品或服务。当主体自客户取得商品或服务时,其采用第二步识别合同中的履约义务(第 4.2 部分)使用的 ASC 606-10-25-18 至 25-22 段的规定,确定该商品或服务是否可明确区分。

当主体得出结论认为,应付客户对价是为了取得可明确区分的商品或服务时,只要应付客户对价没有超过取得的可明确区分的商品或服务的公允价值,主体采用与向供应商的其他采购相一致的方式核算该可明确区分的商品或服务。当应付客户对价超过取得的可明确区分的商品或服务的公允价值,超过金额抵减交易价格。

另一方面,如果主体得出结论认为,应付客户对价不是为了取得可明确区分的商品或服务,主体将应付或已欠客户的金额抵减交易价格。

ASC 606-10-32-25

应付客户对价包括主体向客户(或向客户购买主体商品或服务的其他方)支付或预计支付的现金金额。应付客户对价还包括可与欠主体(或向客户购买主体商品或服务的其他方)的金额相抵扣的抵免或其他项目(例如,优惠券或兑换券)。主体应当将应付客户对价作为交易价格(以及收入)的抵减处理,除非向客户支付的款项是为了取得客户向主体转让的可明确区分的商品或服务(如第 606-10-25-18 至 25-22 段所述)。如果应付客户对价包括可变金额,主体应当根据第 606-10-32-5 至 32-13 段对交易价格(包括评估可变对价的估计是否受到限制)进行估计。

ASC 606-10-32-26

如果应付客户对价是对来自客户的可明确区分的商品或服务进行的支付，则主体应当按其对向供应商进行的其他采购相同的方式对该商品或服务的购买进行会计处理。如果应付客户对价金额超出主体从客户取得的可明确区分的商品或服务的公允价值，则主体应当将该超出的部分作为交易价格的抵减处理。如果无法合理估计从客户取得的商品或服务的公允价值，主体应当将应付客户的所有对价作为交易价格的抵减处理。

见图表5.4。

图表 5.4　应付客户对价

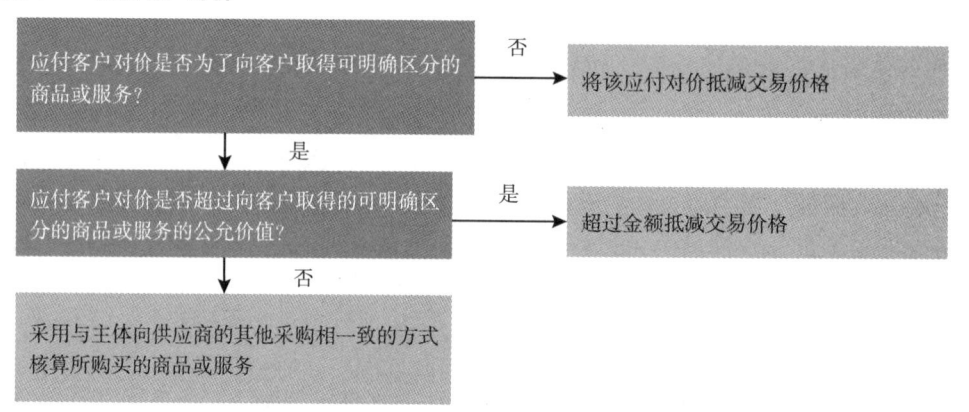

```
┌─────────────────────────┐      否     ┌──────────────────────┐
│应付客户对价是否为了向客户 │────────────→│将该应付对价抵减交易价格│
│取得可明确区分的商品或服务？│             └──────────────────────┘
└─────────────────────────┘
            │是
            ▼
┌─────────────────────────┐      是     ┌──────────────────────┐
│应付客户对价是否超过向客户 │────────────→│超过金额抵减交易价格    │
│取得的可明确区分的商品或服 │             └──────────────────────┘
│务的公允价值？             │
└─────────────────────────┘
            │否
            ▼
┌─────────────────────────┐
│采用与主体向供应商的其他采 │
│购相一致的方式核算所购买的 │
│商品或服务                │
└─────────────────────────┘
```

在应用上述规定后，如果主体确定其向客户支付或承诺支付的对价是交易价格的抵减，该抵减应在以下二者较晚的时点进行确认：（1）确认该商品或服务的收入，或（2）支付（或承诺支付）客户对价。

ASC 606-10-32-27

相应地，如果应付客户对价是作为交易价格的抵减处理，主体应当在以下两者中较晚发生的事件发生时（或过程中）确认收入的减少：

a. 主体确认向客户转让相关商品或服务的收入。
b. 主体支付或承诺支付对价（即使支付取决于未来事件）。该承诺可能隐含于主体的商业惯例之中。

进场费

在 ASC 606 的例 32 中（如下所示），制造商向零售商支付了进场费。因为该费用为"应付客户对价",主体考虑该费用是否为取得可明确区分的商品或服务。由于主体得出结论认为,该费用不是为了取得可明确区分的商品或服务,主体在二者较晚的时点将该费用抵减交易价格:(1)确认向客户转让相关商品或服务的收入,或(2)支付(或承诺支付)该对价。在此例中,较晚的时点是主体向客户转让商品的时间。

例32——应付客户对价

ASC 606-10-55-252

某消费品制造商主体订立一项向一家全球大型连锁零售店客户销售商品的一年期合同。客户承诺在年内购买至少价值 1500 万美元的产品。合同同时规定主体须在合同开始时向客户支付 150 万美元的不可返回款项。该笔 150 万美元的款项旨在就客户需更改货架以使其适合放置主体的产品向客户作出补偿。

ASC 606-10-55-253

主体考虑了第 606-10-32-25 至 32-27 段的要求,并得出结论认为,向客户支付的该笔款项并非旨在取得客户向主体转让的可明确区分的商品或服务。这是因为主体并未取得对客户货架任何相关权利的控制。因此,主体确定,根据第 606-10-32-25 段,该 150 万美元的付款额为交易价格的抵减。

ASC 606-10-55-254

主体应用第 606-10-32-27 段的要求并得出结论认为,该应付对价应在主体确认转让商品的收入时作为交易价格的抵减进行会计处理。因此,主体在向客户转让商品时,将每一商品的交易价格减少 10%(150 万美元÷1500 万美元)。因此,在主体向客户转让商品的第一个月,主体确认了 180 万美元的收入(发票金额 200 万美元 – 应付客户对价 20 万美元)。

参与业务付费

主体可能向其客户或潜在客户进行支付以吸引业务或刺激未来业务。这些付款可能也是为客户补偿其更换供应商产生的成本,包括向当前供应商支付的终止合同罚款。TRG 讨论了此类付款的恰当会计处理的问题。

> **TRG 基本达成一致的问题：当预付款与当前合同和预期合同同时相关时，主体应如何进行会计处理？**
>
> 在 2016 年 11 月会议上[①]，TRG 考虑了下述两个示例：
>
> 示例 1：供应商与一目标客户协商一份 3 年期专属供应合同，向该目标客户提供生产主要产品所需的特别零部件，作为协商的一部分，供应商向潜在客户支付 100 万美元。该付款是对客户的激励，也为了补偿客户更换现有供应商发生的成本，包括终止合同费用和其他成本。该目标客户提供了无约束力的供应需求预测，预计总购买量为 100000 件零部件，单价为 100 美元/件（总额为 1000 万美元）。供应商以前未与该潜在客户订立合同。
>
> 示例 2：除供应商在向客户付款的同时取得 20000 件零部件的采购订单外，假定其他情况与示例 1 中的情况相同。
>
> TRG 讨论了供应商应如何对 2 个示例中的预付款进行会计处理，并一致认为，取决于与预付款相关的特定事实和情况，对客户的付款可能确认为一项资产并将其随后的摊销额抵减收入或作为一项费用，特别是在示例 1 中，在支付款项时合同并不存在。
>
> 在考虑了付款相关的具体事实和情况以及 FASB《财务会计概念公告第 6 号——财务报表要素》中的规定后，主体可能得出结论认为，示例 1 和示例 2 中对于客户的付款构成资产。
>
> 示例 1 中，如果主体不能合理预期未来客户将与其订立合同，其可能不会向客户支付 100 万美元。在此情况下，主体需要在后续期间评估资产是否发生减值。TRG 成员注意到，减值评估应基于自该客户取得的预期未来收入的基础上进行。但是，基于特定情形的事实和情况，主体可能得出结论认为，在向客户进行付款时确认为费用是最合适的。如果没有当前合同（例如，主体向客户付款以预期客户将与其订立一项购买合同），这种会计处理可能是合适的，并且主体认为该付款不构成一项资产。
>
> TRG 成员同意，确定向客户的付款构成一项资产还是费用不是一项会计政策选择；然而，主体需要考虑与付款相关的事实和情况，应用判断，并进行恰当的披露。

合作广告

主体可能同意向其客户支付特定金额取得客户为其商品或服务提供广告服务。在此情况下，主体需要对合同进行评估，以确定根据 ASC 606-10-32-25 至 32-27 段的规定，其是否通过支付该对价取得了可明确区分的商品或服务。

---

① TRG 文件 59，《对客户的付款》。

> **合作广告安排**
>
> 制造水槽的主体将其产品销售给家具家装产品零售商。主体与零售商订立合同明确，主体将以 1000 美元/个的单价交付 5000 个水槽，并就零售商在商店的传单中为其产品做广告而授予零售商 100000 美元的抵免。主体收到一份零售商的传单，能够证明零售商为其提供的广告，并得出结论认为，广告的公允价值近似于 100000 美元。
>
> 主体评估 ASC 606-10-32-25 至 32-27 段中的条件，以确定该广告是否可明确区分。主体得出结论认为，广告本身能够明确区分。并且，在基于相关合同进行考虑时广告也是可明确区分的，因为广告没有对转让水槽的承诺作出定制或修订，而且转让水槽的承诺也没有对广告作出定制或修订。此外，也不存在重大整合服务，并且由于广告和转让水槽的服务没有在很大程度上受彼此的影响，因此广告和转让水槽之间不存在高度依赖或高度关联。
>
> 因此，主体采用与向供应商的其他采购相一致的方式对广告付款进行会计处理（在此例中，计入销售和管理费用）。

> **重大选择：应付客户对价**
>
> 与原准则不同，ASC 606 没有包括应付客户对价应抵减收入的推定。而是，如果主体向客户付款，其需要确定该付款是否为了取得可明确区分的商品或服务。如果主体得出结论认为，付款是为了取得可明确区分的商品或服务，并且付款额与取得的商品或服务的公允价值相近，主体应采用与向供应商的其他采购相一致的方式核算所购买的商品或服务。如果付款不是为了取得可明确区分的商品或服务，或付款超过取得的可明确区分的商品或服务的公允价值，则付款额或超过金额应抵减交易价格。

5.5 交易价格的变动

合同期内，事实和情况可能发生变化，这就要求主体更新交易价格。例如，某一事项引起可变对价，且相关的不确定性在合同期内消除。当合同期内出现这些情况时，主体必须更新交易价格。

ASC 606-10-32-42

在合同开始后,交易价格可能因各种原因而发生变动,这些原因包括不确定事项的消除或导致主体预计因交付已承诺商品或服务而有权获得的对价金额改变的环境的其他变化。

主体需要区分交易价格的变动和由于合同修订而引起的变动。合同修订引起的变动在第10部分讨论。但是,主体应采用本部分的规定对合同修订后发生的交易价格变动进行会计处理,相关规定如下所述。

ASC 606-10-32-45

主体应按照第606-10-25-10至25-13段对合同的修订所导致的交易价格变动进行会计处理。但是,对于合同修订后发生的交易价格变动,主体应当应用第606-10-32-42至32-44段的规定,采用下列方式中更为适用的一种来分摊交易价格的变动:

a. 如果交易价格变动归属于合同修订前已承诺的可变对价金额,并且合同的修订按照第606-10-25-13(a)段进行会计处理,则主体应将交易价格的变动分摊至合同修订前已识别的合同中的履约义务。
b. 在合同的修订依据第606-10-25-12段不作为单独合同进行会计处理的所有其他情况下,主体应将交易价格的变动分摊至修订后的合同中的履约义务(即,合同修订时全部或部分未履行的履约义务)。

5.6 销售税金及其他类似税金

交易价格不包括企业代第三方收取的款项。此外,主体可以选择不将所有销售税金及其他类似税金计入交易价格,只要其对此选择的会计政策进行披露。在此情况下,在确定包含在交易价格中的适当金额时,主体不需要以每一司法管辖区域为基础评估销售税金及其他类似税金的法规,以确定主体是主要责任人还是代理人。

ASC 606-10-32-2A

主体可以进行会计政策选择,对于政府部门针对特定产生收入的交易征收并与交易同时发生的由主体向客户收取的所有税费(例如,销售税、使用税、增值税及某些消费税),不计入交易价格的计量。基于主体的总收入征收的税费或在存货采购过程中征收的税金应被排除在此选择范围之外。采用该选择的主体应将该选择范围内的全部税金排除在交易价格之外,并遵循适用的会计政策规定,包括第235-10-50-1至50-6段中的披露要求。

如果主体没有进行该会计政策选择,将符合要求的税金以净额为基础列报,其应以每一司法管辖区域为基础采用主要责任人还是代理人的规定,以确定自客户收取的这些税款是否应计入交易价格。参见第 9 部分关于主要责任人还是代理人判断的考虑。

> **重大选择:销售税金(及其他类似税金)会计政策选择的范围**
>
> 此会计政策选择的范围与《ASC 605-45——收入确认:主要责任人与代理人的考虑》的范围相同,不计入交易价格的税费为政府部门针对特定产生收入的交易征收并与交易同时发生的所有税费。主体应注意到,基于主体的总收入缴纳的税费或在存货采购过程中征收的税费应不在 ASC 606 会计政策选择权的范围之内。

6 将交易价格分摊至履约义务

分摊交易价格的目标是使主体分摊至各单项履约义务的交易价格能够最好地反映其因向客户转让已承诺的相关商品或服务而预期有权收取的对价金额。通常来说，实现这一目标的最佳方法是主体按照在第二步中识别的各单项履约义务的单独售价的相对比例，将交易价格分摊至各单项履约义务。委员会和理事会认为在大多数情况下，将交易价格基于单独售价进行分摊真实反映了每项向客户承诺的商品或服务的不同毛利。①

对于分摊交易价格的指引存在两项例外：分摊合同折扣（见第6.4部分）和分摊可变对价（见第6.5部分）。在这些例外情况下，有确凿证据表明合同折扣或可变对价与这些特定的履约义务相关时，主体将交易价格不成比例地分摊至特定的履行义务。

> **致同见解：将合同折扣和/或可变对价分摊至一项或多项履约义务，而非全部履约义务**
>
> 需要注意的是，委员会和理事会决定基于单独售价的相对比例分摊交易价格可以增强主体内部和不同主体之间的可比性，并且基于单独售价的相对比例是分摊交易价格的"默认"方法。② 即便如此，委员会和理事会承认，在某些情况下，可能有证据表明合同折扣或可变对价应完全分摊至合同中的一项或多项履约义务，而非全部履约义务。因此，ASC 606 包括在满足某些条件时分摊合同折扣和可变对价的具体指引。

> **ASC 606-10-32-28**
>
> 分摊交易价格旨在使主体能够按反映主体因向客户转让已承诺的商品或服务而预期有权收取之对价金额的金额将交易价格分摊至各单项履约义务（或可明确区分的商品或服务）。

---
① BC 266，ASU 2014-09。
② BC 280，ASU 2014-09。

ASC 606-10-32-29

为实现这一分摊目标，主体应按照第 606-10-32-31 至 32-35 段基于单独售价的相对比例将交易价格分摊至在合同中识别的各单项履约义务；但第 606-10-32-36 至 32-38 段（关于分摊合同折扣）及第 606-10-32-39 至 32-41 段（关于分摊可变对价）所规范的特殊情况例外。

第四步中的指引仅适用于主体识别出合同中包含多项履约义务的情况。但是，如果主体根据 ASC 606-10-25-14（b）段中"一系列商品或服务"的规定识别出作为单项履约义务的一系列可明确区分的商品或服务，本指引可能同样适用。

ASC 606-10-32-30

第 606-10-32-31 至 32-41 段的规定不适用于合同仅包含一项履约义务的情况。但是，如果主体承诺转让按照第 606-10-25-14（b）段识别为单项履约义务的一系列可明确区分的商品或服务且承诺的对价包含可变金额，则第 606-10-32-39 至 32-41 段可能适用。

6.1 确定单独售价

单独售价，是指主体向客户单独销售一项已承诺的商品或服务的价格。

主体应在合同开始时，确定每项履约义务中商品或服务的单独售价。ASC 606 将"单独售价"定义为主体向客户单独销售一项已承诺的商品或服务的价格。

在确定单独售价时，主体应最大限度地使用可观察输入值。即，如果主体可以获得在类似环境下向类似客户单独销售某商品或服务的价格，应作为确定该商品或服务的单独售价的最佳证据。

ASC 606-10-32-31

为基于单独售价的相对比例将交易价格分摊至单项履约义务，主体应在合同开始时确定合同内每一项履约义务所涉及的可明确区分的商品或服务的单独售价，并按照此类单独售价的比例分摊交易价格。

ASC 606-10-32-32

单独售价是指主体向客户单独出售一项已承诺的商品或服务的价格。单独售价的最佳证据是主体在相似情形下向类似客户单独出售一项商品或服务时该商品或服务的可观察价格。商品或服务的合同价格或标价可能是（但不应假定为）该商品或服务的单独售价。

重大选择：销售价格的"层级"

ASC 605-25 明确了在确定每项可交付的商品或服务的单独售价时的下述层级：
1. 卖方特定客观证据（VSOE）确定的售价；
2. 第三方证据确定的售价；
3. 最佳估计的售价。

根据 ASC 605-25，主体需要首先确定是否存在 VSOE，然后再评估是否存在第三方证据以确定售价，最后再使用提供商品或服务的最佳估计售价。

与此相反，ASC 606 没有具体指定用来确定商品或服务的单独售价的证据层级。即便如此，ASC 606-10-32-32 说明主体在类似环境下向类似客户单独销售商品或服务的价格应作为确定该商品或服务单独售价的最佳证据。而且，如果主体需要估计单独售价，指引要求主体使用可合理取得的全部信息，并最大限度地使用可观察输入值。

尽管在原准则下和 ASC 606 下单独售价可能没有重大差异，但是取得该金额的过程可能会有重大不同。

例如，由于主体未单独销售商品或服务，单独售价无法直接观察，主体应使用其能够合理取得的全部信息，最大限度地使用可观察输入值估计单独售价。

ASC 606-10-32-33

如果单独售价无法直接观察到，主体应当采用能够使交易价格的分摊符合第 606-10-32-28 段所述的分摊目标的金额来估计单独售价。在估计单独售价时，主体应考虑其可合理获得的所有信息（包括市场状况、主体特定因素，以及有关客户或客户类别的信息）。同时，主体应最大限度地使用可观察的输入值并对相似情形一致地应用估计方法。

"主体能够合理取得的全部信息"可能包括,[①] 但不限于下列事项:
- 合理取得的时点数据,例如商品或服务的单独售价、生产或提供商品或服务所发生的成本、相关的利润率、已公布的价格清单、第三方或行业定价以及同一合同中其他商品或服务的定价;
- 市场情况,例如市场内商品或服务的供求状况、竞争、限制和趋势;
- 主体特定因素,例如企业定价策略和实务;
- 有关客户或客户类型的信息,例如客户类型、所在地区和分销渠道。

评价用来估计单独售价的证据可能需要重大判断。

主体应当制定估计单独售价的政策和程序,并应当一致地将政策和程序应用于类似的履约义务。作为最佳实务操作,主体应当记录在估计单独售价时其对考虑的市场情况和主体特定因素的评估,包括其认为无关的因素以及原因。

委员会和理事会决定[②]不排除也不规定任何估计单独售价的方法,只要该方法可以提供公允反映主体单独向客户销售商品或服务的价格。虽然 ASC 606 没有规定估计方法,但表明当单独售价无法直接观察时,以下方法可用于估计单独售价:
- 市场调整法;
- 成本加成法;
- 余值法。

> **ASC 606-10-32-34**
>
> 用于估计商品或服务的单独售价的适当方法包括但不限于:
> a. 市场调整法——主体可评价其出售商品或服务的市场,并对该市场中客户愿意为此类商品或服务支付的价格作出估计。该方法还可能包括参照主体竞争对手的类似商品或服务的价格,并对此类价格作出必要调整以反映主体的成本及毛利。
> b. 成本加成法——主体可预测其因履行履约义务而预计发生的成本,再加上该商品或服务的适当毛利。
> c. 余值法——主体可通过参照交易价格总额减去合同所承诺的其他商品或服务的可观察单独售价总和后的余额来估计相关的单独售价。但是,根据第 606-10-32-33 段,主体仅在满足下列标准之一时才可采用余值法估计商品或服务的单独售价:
> 1. 主体(在同一时间或接近同一时间)以差异范围较大的金额向不同客户出售同一种商品或服务(即,售价的可变程度极高,因为无法从以往的交易或其他可观察的证据中识别出具有代表性的单独售价);

[①] BC 269,ASU 2014-09。
[②] BC 268,ASU 2014-09。

2. 主体尚未对该商品或服务进行定价，并且该商品或服务之前未曾单独出售过（即，售价尚不确定）。

6.1.1 市场调整法

在市场调整法下，主体对其销售商品或服务的市场进行评估，进而估计客户在该市场上购买其商品或服务所愿意支付的价格。主体也可以参考其竞争对手销售类似商品或服务的价格，并在此基础上进行必要调整以反映其成本及毛利。即，如果主体的产品不同于竞争对手的产品，这些差异可能表明主体不会以竞争对手的价格出售其产品。

6.1.2 成本加成法

在成本加成法下，主体预测其提供商品或服务预计发生的成本再加上合理的毛利。在确定销售价格分析中应包括哪些成本时，主体应制定并一贯采用一种方法，该方法考虑直接成本和间接成本，以及在其正常定价实务中考虑的其他相关成本，例如研究和开发成本。采用成本加成法时，确定毛利需要重大判断，特别是当主体不计划单独出售商品或服务时。此外，在许多情况下使用成本加成法可能不合适，例如当直接履约成本不易被识别，或当成本不是确定商品或服务价格的重要输入值时。

6.1.3 余值法

在余值法下，主体通过合同交易价格减去合同中其他商品或服务的可观察单独售价后的余额来估计某履约义务的单独售价。该方法仅在满足下列标准之一时才可采用：

- 售价的可变程度极高。这意味着主体（在同一时间或接近同一时间）以差异范围较大的金额向不同客户出售同一种商品或服务，因此无法识别出具有代表性的单独售价。
- 商品或服务的售价尚不确定。主体尚未对该商品或服务进行定价，并且该商品或服务之前未曾单独出售过。

重大选择：使用余值法

委员会和理事会强调[①] ASC 606 下的"余值法"不同于原准则中使用的"余值法"。

在 ASC 606 中，余值法用来确定可明确可区分的商品或服务的单独售价。因此，可明确区分的商品或服务的单独售价不能为零，因为根据定义可明确区分的商品或服务单独而言具有价值。

[①] BC 273，ASU 2014-09。

相反，原准则下商品或服务可能被分配的价值为零，因为原准则下的余值法是一种分配方法。委员会和理事会在 ASU 2014-09 的 BC 273 中指出，如果采用余值法导致分摊至某项商品或服务或一系列商品或服务的对价为零或几乎为零，则主体应考虑估计是否适当。

图表 6.1 列出了应用每一种方法来估计履约义务的单独售价是否适当的示例。

图表 6.1　估计单独售价的方法适用情况表

方法名称	简介	可能适用的情况	可能不适用的情况
市场调整法	主体根据相关的市场以确定商品和服务的单独售价	该商品或服务对于市场而言不是新的，有支持市场需求的足够数据	主体销售新产品或新服务
成本加成法	主体根据其特定因素，如商品或服务的成本基础	主体有支持其提供商品或服务的直接成本的数据支持	主体没有其提供服务或服务的直接成本的良好数据支持
余值法	主体根据合同交易价格减去合同中其他商品或服务可观察单独售价后的余额，确定剩余履约义务的单独售价	如果至少一个或其他已承诺的商品或服务有可直接观察的单独售价，主体确定合同中知识产权和其他无形产品的单独售价，或两个或多个商品或服务具有可变程度极高或不确定的单独售价	主体有可用于市场调整法或成本加成法的信息；主体单独销售该商品或服务，但不认为价格代表单独售价

6.1.4　采用多种综合方法

当合同中存在两项或多项商品或服务，其销售价格变动幅度较大或尚未确定时，主体可能需要采用多种方法相结合的方式对单独售价进行估计。

ASC 606-10-32-35

如果合同中两项或以上的商品或服务具有可变程度极高或不确定的单独售价，则可能需要结合采用多种方法来估计合同所承诺的商品或服务的单独售价。例如，主体可能采用余值法来估计此类单独售价可变程度极高或不确定的已承诺商品或服务的单独售价总和，然后再采用其他方法来估计按余值法确定的该单独售价总和估计值所涉及的个别商品或服务的单独售价。如果主体结合采用多种方法来估计合同所承诺的每一项商品或服务的单独售价，主体应当评价按此类单独售价估计值分摊交易价格的做法是否符合第 606-10-32-28 段所述的分摊目标以及第 606-10-32-33 段中关于估计单独售价的要求。

6.2 将交易价格分摊至履约义务

一旦主体确定了安排的交易价格,其将基于单独售价的相对比例将交易价格分摊至每项履约义务。本部分将具体说明根据第 6.1 部分的内容,主体如何基于单独售价的相对比例分摊交易价格。如前所述,基于单独售价的相对比例将交易价格分摊至履约义务是 ASC 606 规定的"默认"方法。

在 ASC 606 的例 33 中说明了主体可能如何基于每项商品或服务的单独售价将交易价格分摊至合同中的履约义务。该示例还说明了在第 6.4 部分中讨论的分摊合同折扣。

例 33——分摊方法

ASC 606-10-55-256

主体与客户订立一项合同,以 100 美元的价格出售产品 A、B 和 C。主体将在不同时点履行针对每项产品的履约义务。主体定期单独出售产品 A,因此单独售价可直接观察。产品 B 和 C 的单独售价不可直接观察。

ASC 606-10-55-257

由于产品 B 和 C 的单独售价不可直接观察,主体必须对其进行估计。为估计单独售价,主体针对产品 B 采用市场调整法,并针对产品 C 采用成本加成法。在作出相关估计时,该主体最大限度地使用可观察的输入值(根据第 606-10-32-33 段)。主体对单独售价的估计如下:

产品	单独售价	方法
产品 A	50 美元	可直接观察〔参见第 606-10-32-32 段〕
产品 B	25 美元	市场调整法〔参见第 606-10-32-34 (a) 段〕
产品 C	75 美元	成本加成法〔参见第 606-10-32-34 (b) 段〕
合计	150 美元	

ASC 606-10-55-258

由于单独售价之和(150 美元)超过所承诺的对价(100 美元),因此客户实际上是因购买一揽子商品而获得了折扣。主体考虑了其是否有关于全部折扣归属于哪一项履约义务的可观察证据(根据第 606-10-32-37 段),且得出其并没有相关可观察证据的结论。相应地,根据第 606-10-32-31 段和第 606-10-32-36 段将折扣在产品 A、B 和 C 之间按比例进行分摊。因此,该折扣的分摊和分摊后的交易价格如下:

产品	分摊后的交易价格	
产品 A	33 美元	（50 美元÷150 美元×100 美元）
产品 B	17 美元	（25 美元÷150 美元×100 美元）
产品 C	50 美元	（75 美元÷150 美元×100 美元）
合计	100 美元	

6.2.1 基于估计的单独售价的区间分摊交易价格

ASC 606 并没有涉及使用估计的单独售价的区间。然而，我们认为只要该区间最大化地使用可观察的输入值，使用该区间不会与步骤 4 的目标不一致——将交易价格分摊至每项履约义务，以使主体分摊至每项履约义务的交易价格能够反映其转让已承诺的商品或服务而预期有权收取的对价金额。如果主体认为区间代表了其对单独售价的估计，该区间应该范围足够小，这样该区间内的任何价格都代表主体将商品或服务单独定期销售将接受的价格。主体建立时点估计值，然后通过将该时点估计值作为有限区间价格的任一节点计算单独售价是不合适的。主体可能得出结论认为，多个时点数据，根据市场和主体特定因素进行调整，提供有限区间内有效的时点价格。

如果履约义务的合同价格在确定的适用区间内，则合同价格被视为近似于主体估计的单独售价。如果合同中履约义务的合同规定价格不在估计的单独售价区间内，则主体不应将合同规定价格作为估计的单独售价，而应使用区间内的价格对交易价格进行分摊，如下述示例所示。

> **使用估计的单独售价的区间**
>
> 主体 A 向各行业客户销售制造的设备。主体 A 签订合同向客户销售传送系统，总对价为 100 万美元。该合同包括以下履约义务和合同规定价格：传送机——875000 美元，安装——117000 美元，8 天的培训——8000 美元。
>
> 主体 A 估计每项履约义务的单独售价的有限区间如下：
>
> | 传送机 | 825000 美元至 890000 美元 |
> | 安装 | 100000 美元至 125000 美元 |
> | 培训 | 每天 975 美元至 1000 美元 |
>
> 由于所有的合同规定价格均在主体 A 确定的单独售价区间内，因此合同规定价格被用来将交易价格分配至履约义务，并且不需要进一步的分摊。
>
> 现在假设相同的实际情况，但是履约义务的合同规定价格为传送机——865000 美元，安装——90000 美元，以及培训——9000 美元，总对价为 964000 美元。
>
> 由于安装和培训的合同规定价格在各自单独售价区间之外，主体 A 将以单独

售价的相对比例分摊交易价格。在这些情况下，主体 A 的政策是使用最接近合同规定价格的区间节点作为估计的单独售价。因此，主体 A 分摊交易价格如下。

	单独售价	比例	分摊价格
传送机	865000 美元	88.9%	857000 美元
安装（区间的最低值）	100000	10.3	99075
培训（区间的最高值）	8000	0.8	7925
	973000 美元	100.0%	964000 美元

> **致同见解：使用单独售价的区间时的政策选择**
>
> 在上述示例中，安装和培训的合同规定价格超出了主体 A 所确定的各自单独售价的区间。主体 A 声明其政策是使用最接近合同规定价格的区间节点作为估计的单独售价。
>
> 我们认为，如果主体实务中使用估计单独售价的区间，其必须清晰地制定政策以识别当合同金额超出该区间时所使用的单独售价。例如，主体可以使用最接近合同规定价格的区间节点，如上述主体 A 的情况，或区间的中点，或其他合理的方法。我们认为主体应清晰说明其政策，并在其使用区间估计商品或服务的单独售价的每种情况下一致地应用该政策。

区间越广，区间在估计单独售价时越不相关。如果存在更广的区间，主体可能希望考虑是否将其交易分层以实现估计单独售价的目的。

6.3 估计选择权的单独售价

如果主体确定客户选择权构成重大权利，因此应被确认为单项履约义务（第 4.4 部分），则主体为了将交易价格分摊至该履约义务，必须确定该选择权的单独售价。如果单独售价不能直接观察到，对于选择权通常是这种情况，必须估计选择权的单独售价。该估计应反映顾客在行使选择权时将获得的折扣，并根据客户不行权可能取得的折扣和行权的可能性进行调整。

> **ASC 606-10-55-44**
>
> 第 606-10-32-29 段要求主体基于单独售价的相对比例将交易价格分摊至履约义务。如果客户取得额外商品或服务的选择权的单独售价无法直接观察到，则主体应

对其作出估计。该估计应当反映客户在行使该选择权时可获得的折扣,并就下列两项进行调整:

    a. 客户无须行使选择权即可获得的折扣;
    b. 行使选择权的可能性。

> **分摊至续约选择权的单独售价**
>
> 高尔夫球场为新会员提供假日促销,授予新会员在两年内以折扣价续约其年度会员资格的选择权。高尔夫球场每年的会员费为5000美元,但新会员可以选择在第二年和第三年以每年4000美元的价格续约。根据历史数据,该球场预计在推广期间将有20人参加该促销。在最初的会员年后,其预计第二年会有50%的续约,并且在第三年续约将再下降50%。
>
> 高尔夫球场得出结论认为续约选择权为客户提供了一项重大权利,并且该选择权没有直接可观察的单独售价。
>
> 为估计选择权的单独售价,主体进行了下述分析:
>
> | 履约义务 | 单独售价 | 描述/计算 |
> | --- | --- | --- |
> | 一年的会员费 | 100000美元 | 预计20人在促销期间以5000美元的单独售价购买 |
> | 续约选择权1000美元的折扣 | 15000 | 预计20人加入,每年约比率为50%,(10+5)=15个年度续约×1000美元每年折扣 |
> | 合计 | 115000美元 | |
>
> | 履约义务 | 单独售价 | 描述/计算 |
> | --- | --- | --- |
> | 会员费 | 86957美元 | (100000美元÷115000美元)×100000美元 |
> | 续约选择权 | 13043 | (15000美元÷115000美元)×100000美元 |
> | 合计 | 100000美元 | |
>
> 因此,高尔夫球场将86957美元分摊至初始会员费,将13043美元分摊至续约选择权。
>
> **第二年末的情况**
>
> | 履约义务 | 所分摊的交易价格 | 描述/计算 | |
> | --- | --- | --- | --- |
> | 会员费 | 41565美元 | 收到的现金:4000美元(续费价格)×8 | 32000美元 |
> | | | 行使续约选择权所确认的收入:869.50美元(13043美元÷15原预计续约年限)×8(续约人数) | 6956 |
> | | | 预计不再行使的续约选择权所确认的收入:869.50美元×3(2自第2年起+1自第三年起) | 2609 |
> | | | | 41565美元 |

· 119 ·

续表

履约义务	所分摊的交易价格	描述/计算	
续约选择权	3478 美元	合同负债的余额（869.50 美元×4）或（13043 美元 – 6956 美元 – 2609 美元）	3478 美元

因此，高尔夫球场在第二年确认的会员费收入为 41565 美元，选择权确认的负债为 3478 美元，将在第三年或续约选择权到期时确认为收入。

6.3.1 估计选择权单独售价的实务替代方法

ASC 606 提供了一种实务替代方法，可以用于客户在原合同条款下拥有购买与合同中原商品或服务类似的未来商品和服务的重大权利。本指引通常适用于客户按事先约定的条款续订合同的权利。实务替代方法允许主体参考预期将提供的商品或服务和相关的预计对价，将交易价格分摊至可选的商品或服务。

> **ASC 606-10-55-45**
>
> 如果客户享有取得未来商品或服务的重大权利，未来商品或服务类似于合同中的原商品或服务，且未来商品或服务按原合同条款提供，则主体可以（作为估计选择权单独售价的一种可选实务操作方法）通过参照预计提供的商品或服务及相应的预计对价将交易价格分摊至可选的商品或服务。通常，此类选择权是以续约为目的。

使用实务替代方法估计续约选择权

假设与上述关于高尔夫球场会员促销的示例中的实际情况相同。

高尔夫球场得出结论认为会员折扣选择权为客户提供了一项重大权利，并且该选择权没有直接可观察到的单独售价。主体使用实务替代方法估计该选择权第一年的单独售价，如下表所示。在第一年末和第二年末将进行类似的更新计算。

描述	金额	计算
预计总对价	160000 美元	(20 个会员×5000 美元) + (10 个会员×4000 美元) + (5 个会员×4000 美元)
分摊至每个会员期间	4571 美元	160000 美元÷35 个会员期间（20+10+5）
第一年收入	91420 美元	4571 美元×20 个会员期间
第一年续约选择权的负债	8580 美元	100000 美元收到的对价-91420 美元已确认收入

当无须退还的费用产生一项重大权利时选择权的估计

软件公司为其客户提供一个软件平台。该主体在合同成立时为初始活动收取无须退还的 20000 美元费用，并收取每月 1000 美元的费用。最初的合同期限为三年。客户可以选择以每月 1000 美元的价格再续约 3 年，而无须再次支付初始费用 20000 美元。该主体预期客户将行使其续约选择权。

该主体确定其管理软件平台的承诺是根据 ASC 606-10-25-14（b）段提供的确认为单项履约义务的一系列可明确区分的单独服务（包括每月的时间增量）。该主体认为 20000 美元的初始费用与承诺的商品或服务的转让无关。

该主体下一步考虑预付的初始费用是否为客户提供了与续约选择权相关的重大权利。在作出这一决定时，该主体考虑如下：

- 续约价格（每月 1000 美元 ×12 个月 ×3 年 =36000 美元）远低于新客户为相同服务将支付的价格（每月 1000 美元 ×12 个月 ×3 年 +20000 美元初始费用 = 56000 美元）。
- 客户无法取得类似的替代服务（例如，在不支付激活费用的情况下，客户不能从其他供应商处取得实质上相同的服务）。
- 客户的平均寿命为 6 年（表明初始费用激励客户续约）。

因为客户续约时无须支付初始费用，初始费用为客户提供了其不签订初始合同无法取得的增量折扣，主体得出结论认为初始费用为客户提供了与作为单项履约义务的续约选择权相关的重大权利。

接下来，主体使用实务可选方法估计选择权的单独售价。

描述	金额	计算
初始费用	20000 美元	
首次三年的服务费	36000	1000 美元每月 ×36 个月
第二次三年的服务费（续约期）	36000	
合计	92000 美元	
每月总对价	1278 美元	92000 美元 ÷72 个月（6 年）

因此，将按下表分摊前三年服务收取的总对价 56000 美元。

履约义务	分摊	计算
管理费（首次合同期间）	46000 美元	1278 美元每月 ×36 个月
续约选择权	10000 美元	收取的 56000 美元减去分摊至初始合同期的金额

在前三年，该主体在其履行服务时每月确认收入 1278 美元，并将分摊至选择权的 10000 美元递延，因为该金额实质上是对续约期间将提供的服务的预付款。

在合同的第二个三年期间（续约期间），该主体每月确认收入 1278 美元。即从客户收到的 36000 美元（1000 美元每月×36 个月）+ 与选择权相关的 10000 美元÷36 个月。

退一步说，该主体得出结论认为会计处理反映了其承诺在整个 6 年期间转让一系列相同服务的性质。因此，其每月确认相同金额的服务收入与收入准则的核心原则是一致的。

6.4 分摊合同折扣

本部分指引通常适用于包含三个或多个履约义务的合同。如果承诺的商品或服务的单独售价之和高于合同交易价格，超额部分是需要分摊至履约义务的合同折扣。除非主体有确凿证据表明合同折扣仅与合同中一项或多项（而非全部）履约义务相关，主体应根据相应的单独售价按比例将合同折扣分摊至合同中的所有履约义务。

ASC 606-10-32-26

如果合同所承诺的商品或服务的单独售价之和超过合同所承诺的对价，则客户因购买一揽子商品或服务而取得了一项折扣。除非主体有第 606-10-32-37 段所述的可观察证据，其表明全部折扣仅与合同中的一项或多项（而非全部）履约义务相关，否则主体应将该折扣按比例分摊至合同中的所有履约义务。导致在这种情况下按比例分摊折扣的原因在于，主体需基于相关可明确区分的商品或服务单独售价的相对比例将交易价格分摊至每一项履约义务。

当没有确凿证据表明合同折扣与一揽子商品或服务中并非全部的履约义务相关时，在上述第 6.2 部分中所示的 ASC 606 例 33 中的分摊方法应被使用。但是，如果同时满足下述条件，主体应将合同折扣分摊至特定的履约义务（或特定的多项履约义务），而非全部履约义务：

- 主体经常将各项可明确区分的商品或服务单独销售。
- 主体经常将其中部分可明确区分的商品或服务以组合的方式按折扣价格单独销售。
- 归属于每一组合的商品或服务的折扣与该合同中的折扣基本相同，且有可观察的证据表明应将该合同的整体折扣归属于某项履约义务。

在 ASC 606 下，如果主体满足上述将合同折扣整体分摊至一项或多项履约义务的条件，其应在使用余值法估计商品或服务的单独售价之前分摊折扣。

> **ASC 606-10-32-37**
>
> 如果符合下列所有标准，则主体应将折扣全部分摊至合同中的一项或多项（而非全部）履约义务：
> a. 主体经常单独出售合同中每一项可明确区分的商品或服务（或每项可明确区分的一揽子商品或服务）。
> b. 主体也经常将其中部分可明确区分的商品或服务作为一揽子商品或服务单独出售，其售价相对于该一揽子商品或服务中各项商品或服务的单独售价而言是一个折扣价。
> c. 第（b）段所述的归属于每项一揽子商品或服务的折扣与合同中的折扣基本相同，且针对每项一揽子商品或服务中的商品或服务所作的分析就合同的全部折扣归属于哪一项（或哪几项）履约义务提供了可观察的证据。
>
> **ASC 606-10-32-38**
>
> 如果主体按照第 606-10-32-37 段将折扣全部分摊至合同中的一项或多项履约义务，则主体应当在根据第 606-10-32-34（c）段采用余值法估计商品或服务的单独售价之前分摊该折扣。

见图表 6.2。

图表 6.2 分摊合同折扣

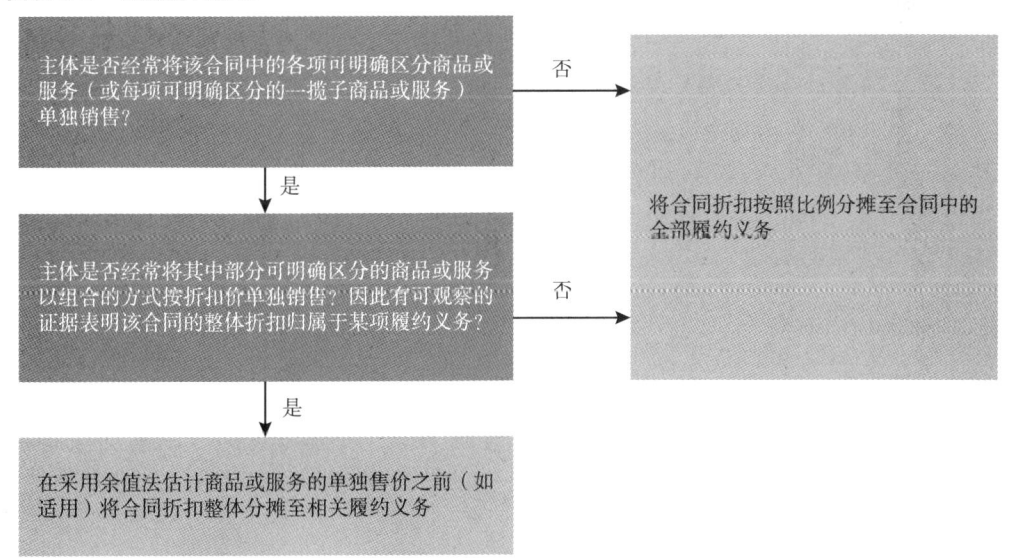

```
┌─────────────────────────────────┐
│ 主体是否经常将该合同中的各项可明确   │   否    ┌──────────────────────┐
│ 区分商品或服务（或每项可明确区分的 │────────▶│                      │
│ 一揽子商品或服务）单独销售？        │         │ 将合同折扣按照比例分摊 │
└─────────────────────────────────┘         │ 至合同中的全部履约义务 │
              │ 是                           │                      │
              ▼                              │                      │
┌─────────────────────────────────┐   否    │                      │
│ 主体是否经常将其中部分可明确区分的  │────────▶│                      │
│ 商品或服务以组合的方式按折扣价单独  │         └──────────────────────┘
│ 销售？因此有可观察的证据表明该合同 │
│ 的整体折扣归属于某项履约义务？      │
└─────────────────────────────────┘
              │ 是
              ▼
┌─────────────────────────────────┐
│ 在采用余值法估计商品或服务的单独售价│
│ 之前（如适用）将合同折扣整体分摊至  │
│ 相关履约义务                       │
└─────────────────────────────────┘
```

ASC 606 为该指引的应用提供了示例。

例34——分摊折扣

ASC 606-10-55-259

主体定期单独出售产品 A、B 和 C，从而确定单独售价如下：

产品	单独售价
产品 A	40 美元
产品 B	55
产品 C	45
合计	140 美元

ASC 606-10-55-260

此外，主体定期以 60 美元的价格将产品 B 和 C 一同出售。

案例 A——将折扣分摊至一项或多项履约义务
ASC 606-10-55-261

主体与客户订立一项合同，以 100 美元的价格出售产品 A、B 和 C。主体将在不同时点履行针对每项产品的履约义务。

ASC 606-10-55-262

该合同包含针对整项交易的折扣 40 美元，如按单独售价的相对比例分摊交易价格（根据第 606-10-32-36 段），这一折扣将按比例分摊至全部三项履约义务。但是，由于主体定期以 60 美元的价格将产品 B 和 C 一同出售，且以 40 美元的价格出售产品 A，因此主体有证据证明应当根据第 606-10-32-37 段将全部折扣分摊至转让产品 B 和 C 的承诺。

ASC 606-10-55-263

如果主体在同一时点转移对产品 B 和 C 的控制，则主体在实务上可将该两个产品的转让作为单一履约义务进行会计处理。也就是说，主体可将 60 美元的交易价格分摊至这项单一履约义务，并在产品 B 和 C 同时转让给客户时确认 60 美元的收入。

ASC 606-10-55-264

如果合同要求主体在不同时点转移对产品 B 和 C 的控制，则 60 美元的分摊金额应单独分摊至转让产品 B（单独售价为 55 美元）和产品 C（单独售价为 45 美元）的承诺，具体如下：

产品	已分摊的交易价格	
产品 B	33 美元	（55 美元÷100 美元单独售价总额×60 美元）
产品 C	27	（45 美元÷100 美元单独售价总额×60 美元）
合计	60 美元	

案例 B——适用余值法
ASC 606-10-55-265

如同案例 A，主体与客户订立一项出售产品 A、B 和 C 的合同。合同同时包含转让产品 D 的承诺。合同的总对价为 130 美元。由于主体向不同客户出售产品 D 的价格差异范围较大（从 15 美元至 45 美元不等），因此产品 D 的单独售价可变程度极高［参见第 606-10-32-34（c）(1) 段］。据此，主体决定采用余值法估计产品 D 的单独售价。

ASC 606-10-55-266

在采用余值法估计产品 D 的单独售价前，主体根据第 606-10-32-37 段和第 32-38 段确定是否应将折扣分摊至合同中的其他履约义务。

ASC 606-10-55-267

如同案例 A，由于主体定期以 60 美元的价格将产品 B 和 C 一同出售，且以 40 美元的价格出售产品 A，因此主体有可观察的证据证明应当根据第 606-10-32-37 段将 100 美元分摊至这三种产品，并将 40 美元的折扣分摊至转让产品 B 和 C 的承诺。通过采用余值法，主体估计产品 D 的单独售价为 30 美元，具体如下：

产品	单独售价	方法
产品 A	40 美元	直接可观察（参见第 606-10-32-32 段）
产品 B 和 C	60	直接可观察且有折扣（参见第 606-10-32-37 段）
产品 D	30	余值法［参见第 606-10-32-34（c）段］
合计	130 美元	

ASC 606-10-55-268

主体认为相应分摊至产品 D 的 30 美元是在其可观察的售价范围（15～45 美元）之内。因此，相应的分摊（请参见上表）符合第 606-10-32-28 段的分摊目标及第 606-10-32-33 段的要求。

案例 C——不适用余值法
ASC 606-10-55-269

案例 C 与案例 B 的情况相同，但交易价格为 105 美元而非 130 美元。相应地，采用余值法将导致产品 D 的单独售价为 5 美元（交易价格 105 美元减去分摊至产品 A、B 和 C 的 100 美元）。主体得出结论认为 5 美元不能如实反映主体因履行转让产品 D 的履约义务而预计有权获得的对价金额，因为 5 美元并不接近产品 D 的单独售价，产品 D 的单独售价在 15 美元至 45 美元的范围之内。所以，主体复核其可观察数据（包括销售和利润报告），以采用其他合适的方法估计产品 D 的单独售价。主体根据第 606-10-32-28 至 32-35 段使用这些产品单独售价的相对比例将 105 美元的交易价格分摊至产品 A、B、C 和 D。

6.5 分摊可变对价

可变对价可能与整个合同相关，也可能仅与合同中的某一特定组成部分有关，如特定的履约义务或一系列可明确区分商品或服务中的特定商品或服务。例如，一项合同可能包括两项履约义务：建筑物的建造和提供建造完成后与建筑物持续维护相关的服务。但提前完工将可能只与建筑物的建造相关。

ASC 606-10-32-39

合同所承诺的可变对价可能归属于整项合同或者合同的特定部分，例如以下任一项：

a. 合同中的一项或多项（而非全部）履约义务（例如，是否获得奖金可能取决于主体是否在指定时期内转让某项已承诺的商品或服务）；

b. 在构成第 606-10-25-14（b）段所述的单项履约义务的一部分的一系列可明确区分的商品或服务中，已承诺的一项或多项（而非全部）可明确区分的商品或服务（例如，为期两年的保洁服务合同承诺第二年的对价将根据指定的通货膨胀指数变动而提高）。

如果同时满足下列两项条件，ASC 606 要求主体将可变对价全部分摊至某项履约义务（或者构成单项履约义务的一系列可明确区分的商品或服务中的某项商品或服务）：

- 可变付款额专门针对主体为履行该项履约义务或转让该项可明确区分的商品或服务所作的努力。
- 将可变金额全部分摊至该项履约义务（或可明确区分的商品或服务）符合分摊交易价格的一般原则。

在评估分摊是否符合分摊交易价格的一般原则时，按单独售价的相对比例进行分摊不是必需的；但是，这可能有助于确定分摊的合理性（参见第 6.5.1 部分中的 TRG 讨论）。

ASC 606-10-32-40

如果同时满足下列两项条件，则主体应将可变金额（及该金额的后续变动）全部分摊至一项履约义务或构成第 606-10-25-14（b）段所述的单一履约义务的一部分的一项可明确区分的商品或服务：
a. 有关可变付款额的条款专门针对主体为履行该履约义务或转让该可明确区分的商品或服务所作的努力（或履行该履约义务或转让该可明确区分的商品或服务所导致的特定结果）；
b. 在考虑合同中的全部履约义务及付款条款后，主体认为将对价的可变金额全部分摊至该履约义务或可明确区分的商品或服务符合第 606-10-32-28 段所述的分摊目标。

ASC 606-10-32-41

主体应当应用第 606-10-32-28 至 32-38 段的分摊要求来分摊不满足第 606-10-32-40 段所述标准的剩余交易价格金额。

ASC 606 中的例 35 说明了如何以及何时将可变对价分摊至合同中的一项或多项履约义务。

例 35——分摊可变对价

ASC 606-10-55-270

主体与客户订立一项针对两项知识产权许可证（许可 X 和 Y）的合同，主体确定该合同代表两项履约义务，每项履约义务均在某一时点履行。许可 X 和 Y 的单独售价分别为 800 美元和 1000 美元。

案例 A——可变对价全部分摊至一项履约义务
ASC 606-10-55-271

合同针对许可 X 所规定的价格为固定金额 800 美元，而针对许可 Y 所规定的对价则是客户销售使用了许可 Y 的产品的未来销售额的 3%。在进行分摊时，主体根据第 606-10-32-8 段估计其基于销售的特许使用费（即，可变对价）为 1000 美元。

· 127 ·

ASC 606-10-55-272

为分摊交易价格，主体考虑了第 606-10-32-40 段的条件，并得出可变对价（即基于销售的特许使用费）应当全部分摊至许可 Y 的结论。主体基于以下原因得出满足第 606-10-32-40 段的条件的结论：

a. 可变付款额明确地与转让许可 Y 的履约义务的结果相关（即客户后续销售使用许可 Y 的产品）。

b. 将预计特许使用费金额 1000 美元全部分摊至许可 Y 符合第 606-10-32-28 段的分摊目标。这是因为主体对基于销售的特许使用费的估计值（1000 美元）接近许可 Y 的单独售价，且固定金额 800 美元接近许可 X 的单独售价。主体根据第 606-10-32-41 段将 800 美元分摊至许可 X。这是因为，基于对与两项许可相关的事实和情况的评估，在全部可变对价之外，再分摊部分固定对价至许可 Y 并不符合第 606-10-32-28 段的分摊目标。

ASC 606-10-55-273

主体在合同开始时转让许可 Y，并在一个月后转让许可 X。在转让许可 Y 时，由于分摊至许可 Y 的对价是基于销售的特许使用费形式，所以主体并不确认收入。因此，根据第 606-10-55-65 段，主体在发生后续销售时确认基于销售的特许使用费收入。

ASC 606-10-55-274

当转让许可 X 时，主体将分摊至许可 X 的 800 美元确认为收入。

案例 B——基于单独售价分摊可变对价

ASC 606-10-55-275

合同针对许可 X 所规定的价格为固定金额 300 美元，而针对许可 Y 所规定的对价则是客户销售使用了许可 Y 的产品的未来销售额的 5%。主体根据第 606-10-32-8 段估计其基于销售的特许使用费（即，可变对价）为 1500 美元。

ASC 606-10-55-276

为了分摊交易价格，主体应用第 606-10-32-40 段的要求以确定是否将可变对价（即基于销售的特许使用费）全部分摊至许可 Y。在应用这些要求时，主体得出虽然可变付款额明确地与转让许可 Y 的履约义务的结果相关（即客户后续销售使用许可 Y 的产品）的结论，但将可变对价全部分摊至许可 Y 将不符合分摊交易价格的原则。将 300 美元分摊至许可 X 并将 1500 美元分摊至许可 Y 未能反映出基于许可 X 和许可 Y 的单独售价（分别为 800 美元和 1000 美元）对交易价格进行的合理分摊。据此，主体应用第 606-10-32-31 至 32-35 段所述的一般分摊要求。

ASC 606-10-55-277

主体基于单独售价的相对比例（分别为 800 美元和 1000 美元）将交易价格 300 美元分摊至许可 X 和许可 Y。主体同时基于单独售价的相对比例对与基于销售的特许使用费相关的对价进行分摊。但是，根据第 606-10-55-65 段，如果主体提供知识产权许可并以基于销售的特许使用费形式收取对价，则直至以下两者中较晚发生的事件发生之前，主体不得确认收入：（1）发生后续销售，或（2）履约义务得到履行（或部分得到履行）。

ASC 606-10-55-278

许可 Y 在合同开始时转让给客户，而许可 X 则在三个月后转让。在转让许可 Y 时，主体将分摊至许可 Y 的 167 美元（1000 美元÷1800 美元×300 美元）确认为收入。在转让许可 X 时，主体将分摊至许可 X 的 133 美元（800 美元÷1800 美元×300 美元）确认为收入。

ASC 606-10-55-279

在第一个月，由客户的首月销售所产生的特许使用费为 200 美元。据此，主体应将分摊至许可 Y（已转让给客户，因此是已履行的履约义务）的 111 美元（1000 美元÷1800 美元×200 美元）确认为收入。主体应针对分摊至许可 X 的 89 美元（800 美元÷1800 美元×200 美元）确认一项合同负债。这是因为尽管主体的客户已发生后续销售，但分摊特许使用费的履约义务尚未得到履行。

6.5.1 分摊可变对价至一系列可明确区分的商品或服务

ASU 2014-09 BC 285 的讨论中澄清，当可变对价全部分摊至一系列可明确区分的商品或服务中的某项商品或服务时，主体不需要估计可变对价总额，因为对价的不确定性已经在该系列中的每项可明确区分的商品或服务转移给客户时得到解决。相反，如果同时满足下列两项条件，主体将可变对价（以及其后续变动额）全部分摊至一系列可明确区分的商品或服务中的某项商品或服务：
- 可变对价的条款专门针对主体为履行该项履约义务或转让该项可明确可区分商品或服务所作的努力。
- 当考虑合同中全部履约义务和支付条款时，将合同对价中的可变金额全部分摊至该项可明确区分商品或服务符合 ASC 606-10-32-28 中的分摊目标。

主体满足将可变对价全部分摊至一系列可明确区分商品或服务中的某项商品或服

务的要求（见第 4.3 部分）应遵循 ASC 606-10-32-40 的指引。即，在这种情况下主体不能进行会计政策选择，因为该指引不是可选的。

ASC 606 的例 25 对将可变对价摊至一系列可明确区分商品和服务中的某项商品或服务的指引进行了说明。

例 25——管理费应遵循对可变对价估计的限制

ASC 606-10-55-221

主体于 20×8 年 1 月 1 日与客户订立一项提供为期五年的资产管理服务的合同。主体基于截至每季度末所管理的客户资产价值收取每季度 2% 的管理费。此外，若在该五年内该基金的回报超过可观察市场指数的回报，则主体可获得相当于基金超额回报 20% 的基于业绩的奖励费。因此，合同中的管理费和业绩奖励费均为可变对价。

ASC 606-10-55-222

主体根据第 606-10-25-14（b）段将该服务作为单一履约义务进行会计处理，因为其提供实质上相同并且按相同模式转让的一系列可明确区分的服务（这些服务在某一时段内向客户转让，并使用相同的方法来计量履约进度，即基于时间计量履约进度）。

ASC 606-10-55-223

在合同开始时，主体考虑了第 606-10-32-5 至 32-9 段中有关估计可变对价的规定，以及第 606-10-32-11 至 32-13 段中有关可变对价估计限制的要求，包括第 606-10-32-12 段所述的因素。主体认为已承诺的对价取决于市场，因此极易受到超出主体影响范围之外的因素影响。此外，与奖励费相关的可能的对价金额数量多且分布广泛。主体同时确定，尽管其拥有针对类似合同的经验，但该经验在确定未来市场业绩方面不具有预测价值。因此，在合同开始时，主体无法得出结论认为如果将估计的管理费或奖励费纳入交易价格，已确认收入的累计金额极可能不会发生重大转回。

ASC 606-10-55-224

在每一个报告日，主体更新其对交易价格所作的估计。因此，在每一季度末，主体认为其能够将实际收取的每季度管理费金额纳入交易价格，因为相关的不确定性已消除。但是，主体确定其无法在每一季度末将估计的奖励费纳入交易价格。这是因为自合同开始以来相关评估并未发生变化——奖励费的变化是以市场指数为基础，这表明主体无法得出结论认为如果将估计的奖励费纳入交易价格，已确认收入的累计金额极可能不会发生重大转回。在 20×8 年 3 月 31 日，主体管理的客户资产价值为 1 亿美元。因此，相应的季度管理费和交易价格为 200 万美元。

ASC 606-10-55-225

在每一季度末，主体按照第 606-10-32-39（b）段和第 606-10-32-40 段将每季度的管理费分摊至该季度内提供的可明确区分的服务。这是因为管理费特别与主体在该季度内转让服务的工作相关，这些工作与其他季度内提供的服务可明确区分开来，并且该分摊与第 606-10-32-28 段所述的分摊目标相一致。因此，主体在截至 20×8 年 3 月 31 日止的季度确认 200 万美元的收入。

> **附有固定和可变费用的软件即服务（SaaS）安排**
>
> 某 SaaS 供应商与客户签订一年期合同向客户提供访问其平台的权利，合同的固定费用为 12000 美元。客户每次从平台打印一份报告时还需支付 10 美元的费用。主体得出结论认为其未向客户转让许可，因此这是一项服务安排。
>
> 主体识别合同中的承诺：每月访问系统。在评估了第二步标准之后，主体识别出一项履约义务：其提供连续访问软件的服务，构成一系列可明确可区分的服务（每个月的服务是可明确区分的）。
>
> 在确定交易价格时，主体认为其有权取得固定对价（对平台的年度访问费用 12000 美元），及根据客户使用平台打印报告的数量的可变对价。主体将与打印报告相关的可变对价全部分摊至每月的时间增量（构成单项履约义务的可明确区分的服务），因为这样做与 ASC 606-10-32-28 中的分摊目标一致。因此，主体不需要估计与报告打印相关的可变对价总额。

TRG 讨论了主体是否应以单独售价为基础将可变对价分摊至一系列可明确区分商品或服务中的某项商品或服务，以满足 ASC 606-10-32-40（b）中要求的 ASC 606-10-32-28 的分摊目标。

> **TRG 基本达成一致的问题：主体是否需要以单独售价为基础将可变对价分摊至一系列可明确区分商品或服务中的单项商品或服务？**
>
> 为将可变对价全部分摊至某项履约义务，或者构成单项履约义务的可明确区分的商品或服务，需要满足下列两项条件：（1）可变对价的条款必须专门针对主体为履行该项履约义务或转让该项可明确区分商品或服务所作的努力；（2）将可变对价全部分摊至该项履约义务或该项明确可区分商品或服务符合第四步的整体分摊

目标。利益相关者询问是否需要以单独售价为基础将可变对价分摊至一系列可明确区分商品或服务中的某项商品或服务,以满足后者的需求。

在2015年7月的会议上①,TRG成员基本同意主体不需要使用单独售价来分摊可变对价,但是这样做是提供关于分摊合理性证据的一个可接受的方法。当将可变对价全部分摊至一系列可明确区分商品或服务中的单项商品或服务时,需要判断是否符合分摊的目标。

考虑文件39中的示例A:

IT供应商和IT客户执行一项10年的IT外包安排,其中IT供应商在合同期限内连续提供外包活动。每月开票总额根据相关活动所消耗的不同单位计算。例如,账单总额可能基于计算能力的每秒百万指令(MIPs),应用软件的使用数量,或支持的员工人数和每种类型活动的不同单价。

IT供应商收取的单价在合同期限内递减。合同开始时商定的价格被认为反映了市场价格。随着完成任务所需工作的降低,价格下降反映了合同期限内相关成本的降低。开始时任务由更为高级别的人员进行,而这些活动需要进行更多的工作。在合同后期,活动所需的工作降低,任务由较低级别的人员执行。该合同包括一项价格基准条款,即IT客户聘请第三方基准公司在合同期限内的特定时点,将合同定价与市场价格进行比较。如果基准价格明显低于IT供应商的价格,价格自动进行未来调整。

IT供应商得出结论认为合同包含一项在某一时段内履行的履约义务,因为客户在其提供服务的同时取得并消耗其履约所带来的经济利益。

在此示例中,产生可变对价的事项在整个合同中是一样的,但是单价每年下降。即使价格下降,如果定价是以市场条件为基础,或者价格变动是实质性的并且与主体履约成本变化或向客户提供的价值相关联,也能够满足分摊目标。在本例中,合同包含一项价格基准条款,即IT客户方聘请第三方基准公司将合同定价与当前市场价格进行比较,当将可变对价分摊至合同中的每项可明确区分的服务(时间增量)时,这可能有助于支持满足分摊目标。

主体应运用合理的判断,并考虑合同的具体事实和情况,以确定可变对价的分摊是否得出了合理的结果。

6.6 分摊合同折扣和分摊可变对价的关系

当合同既包括可变对价也包括合同折扣时,主体在考虑分摊合同折扣的指引之前,需首先应用分摊可变对价的指引。

---

① TRG文件39,《一系列准备的应用及可变对价的分摊》。

> **TRG 基本达成一致的问题：分摊合同折扣和分摊分摊可变对价指引之间的关系是什么？**
>
> ASC 606 中将合同折扣分摊至合同中一项或多项（而非全部）履约义务的条件不同于将可变对价分摊至一项或多项（而非全部）履约义务的条件。
>
> 2015 年 3 月会议①，TRG 成员基本同意如果折扣是可变的，主体应首先确定该可变折扣是否满足 ASC 606-10-32-39 和 32-40 段中分摊可变对价的指引。如果不满足，主体将考虑是否满足 ASC 606-10-32-36 至 32-38 段中分摊合同折扣的条件。如果折扣不是可变的，主体仅需要考虑是否满足分摊合同折扣的条件。

6.7 交易价格的后续变动

合同开始之后，交易价格可能因各种原因而发生变化，例如引起可变对价的不确定性或其他事项已经消除。

> **ASC 606-10-32-42**
>
> 在合同开始后，交易价格可能因各种原因而发生变动，这些原因包括不确定事项的消除或导致主体预计因交付已承诺商品或服务而有权获得的对价金额改变的环境的其他变化。

当交易价格发生变化时，主体应按照在合同开始日所采用的基础将该后续变动金额分摊至合同中的履约义务，除非合同已经修改，如第 10 部分所述。换句话说，主体不得因合同开始之后单独售价的变动而重新分摊交易价格。如果重新分摊使得主体向已履行的履约义务进行分摊，分摊至已履行履约义务的金额应确认为交易价格变动期间的收入或收入的减少。

> **ASC 606-10-32-43**
>
> 主体应当运用在合同开始时所采用的基础将交易价格的后续变动分摊至合同中的履约义务。因此，主体不应重新分摊交易价格以反映单独售价在合同开始后的变动。在交易价格发生变动的期间，分摊至已履行的履约义务的金额应确认为收入或收入的减少。

---

① TRG 文件 31，《分摊交易价格——合同折扣和可变对价》。

在因交易价格发生变化重新分摊对价时，如果继续满足 ASC 606-10-32-40 中的条件，主体根据第 606-10-25-14（b）段继续将可变对价全部分摊至某项履约义务或构成单项履约义务的某项可明确区分的商品或服务。

> **ASC 606-10-32-44**
>
> 仅在满足第 606-10-32-40 段中的分摊可变对价的标准时，主体才应将交易价格变动全部分摊至一项或多项（而非全部）履约义务或构成第 606-10-25-14（b）段所述的单一履约义务的一部分的一系列商品或服务中可明确区分的已承诺商品或服务。

如果交易价格变化由合同变更引起，主体需要遵循合同变更的指引（第 10 部分）。

但是，当交易价格在合同变更后发生变化时，如果同时满足下列两项条件，主体应将交易价格变化分摊至合同变更前已识别的履约义务：

- 交易价格后续变动与合同变更前已承诺的可变对价相关。
- 合同变更作为原合同的终止和新合同的订立进行会计处理。

只要合同变更按照 ASC 606-10-25-12 未作为单独合同进行会计处理，主体就将交易价格的全部变动分摊至合同变更后的履约义务。

> **ASC 606-10-32-45**
>
> 主体应按照第 606-10-25-10 至 25-13 段对合同的变更所引起的交易价格变动进行会计处理。但是，对于合同变更后发生的交易价格变动，主体应当应用第 606-10-32-42 至 32-44 段的规定，采用下列方式中更为适用的一种来分摊交易价格的变动：
>
> a. 如果交易价格变动归属于合同变更前已承诺的可变对价金额，并且合同的变更按照第 606-10-25-13（a）段进行会计处理，则主体应将交易价格的变动分摊至合同变更前已识别的合同中的履约义务。
> b. 在合同的变更依据第 606-10-25-12 段不作为单独合同进行会计处理的所有其他情况下，主体应将交易价格的变动分摊至变更后的合同中的履约义务（即，合同变更时全部或部分未履行的履约义务）。

如果满足 ASC 606-10-32-40 中分摊可变对价的标准，交易价格的后续变动应当全部分摊至构成单项履约义务的一系列可明确区分的商品或服务中的一项或多项（而非全部）商品或服务。

> **交易价格后续变动的分摊**
>
> 2月1日，某顾问签署了一项协议向客户提供尽职调查、评估和软件实施服务，合同对价200万美元。如果顾问在8月1日前完成软件实施，可获得200000美元的奖金，或在10月1日前完成软件实施，可获得100000美元奖金。
>
> 尽职调查、评估和软件实施服务是可明确区分的，因此被作为单项履约义务进行会计处理。顾问根据单独售价的相对比例分摊交易价格如下，不考虑可能获得的奖金：
>
> | 尽职调查 | 800000 美元 |
> | --- | --- |
> | 评估 | 200000 美元 |
> | 软件实施 | 1000000 美元 |
>
> 在合同开始时，顾问认为其将在11月1日之前完成软件实施。在考虑了ASC 606-10-32-12 中的因素后，顾问不能得出结论认为在不确定性消除时，累计已确认的收入极可能不会发生重大转回，因为其缺乏完成类似项目的经验。因此，顾问在合同成立时未将提前完工奖金包括在预计的交易价格中。
>
> 5月1日，顾问注意到该项目进展得比预期好，并认为根据更新的预测软件实施将在8月1日前完成。因此，顾问更新了预计的交易价格以反映奖金200000美元。
>
> 在复核其截至5月1日的进展之后，顾问确定其尽职调查和评估的履约义务已100%完成，软件实施的履约义务已完成60%。
>
> 5月1日，顾问将200000美元奖金分摊至软件实施的履约义务，累计分摊至该履约义务的总对价为120万美元，并将迄今为止软件实施服务的累计收入调整为720000美元（120万美元的60%）。

6.8　分摊重大融资成分

如果一份合同包含重大融资成分，在收入模型第三步计算交易价格时应排除重大融资成分的影响，因为融资（利息收入或利息费用）的影响并不是为了交换承诺的商品或服务。当收入合同包含一项以上的履约义务和重大融资成分时，主体可能就是否应将重大融资成分归属于一项或多项而非全部履约义务存在疑问，TRG 在 2015 年就此问题进行了讨论。

> **TRG 基本达成一致的问题：重大融资成分是否可能归属于一项或多项而非全部履约义务？**
>
> 在新收入模型下，在主体确定交易价格后，其将交易价格分摊至履约义务。通常，交易价格基于相对单独售价分摊至各单项履约义务，但是如果满足特定条件，折扣或可变对价可能基于非相对单独售价的其他基础进行分摊。在 2015 年 3 月的会议上①，TRG 基本达成一致地认为，主体类推应用分摊可变对价或折扣的指引，将重大融资成分归属于交易中一项或多项而非全部履约义务是合理的。这样做需要判断，并且主体可能考虑在评估分摊折扣或可变对价时使用的类似因素。

分摊重大融资成分

主体与客户签订一份销售产品 A 和产品 B 的合同。产品 A 的单独售价为 1000 美元，并且主体在合同第一年的年初将产品 A 的控制权转移给客户。产品 B 的单独售价为 200 美元，并且主体在合同第三年的年初将产品 B 的控制权转移给客户。客户为取得这两项商品，在 10 年内每年年末支付 120 美元。主体确定允许客户在 10 年内就产品 A 和 B 付款，其向客户提供了重大融资利益。主体在收入模型第三步确定交易价格时排除了重大融资成分。

主体在确定是否应将重大融资成分分摊至产品 A 和产品 B 时，考虑了下述事实：

- 由于产品 A 的高售价，主体通常在单独销售产品 A 时不要求在 24 个月内付款，仅在之后每年要求付款。当单独销售产品 B 时，主体的惯例是在交付时收取全款。
- 合同交付和付款的结构与为产品 A 提供的融资计划更为紧密关联，因为产品 A 在合同开始时交付，而总付款额的大部分在 24 个月后到期。此外，基于相对单独售价基础，产品 A（83% = 1000 美元/1200 美元）的单独售价较产品 B（17% = 200 美元/1200 美元）的单独售价更为重大。

主体可能得出结论认为，重大融资成分应仅归属于产品 A；但是，如果其未得出这一结论，主体通常按比例分摊重大融资成分至产品 A 和产品 B。

---

① TRG 文件 30，《重大融资成分》。

7 履行履约义务时（或履约过程中）确认收入

收入确认的时间是最重要的，这也是为什么在新收入确认的五步法模型中第五步是非常关键的。模型中第五步是当主体转让合同中承诺的商品或服务时或者在转让过程中确认收入。主体转让承诺的商品或服务的时点或者过程中，客户获得商品或服务的控制权。客户获得资产的控制权时或者控制过程中，能够主导资产的使用并从中获得几乎全部的经济利益。

> **ASC 606-10-25-23**
>
> 主体应当在其通过向客户转让已承诺的商品或服务（即，一项资产）来履行履约义务时（或履约过程中）确认收入。一项资产是在客户获得对该资产的控制时（或过程中）被转让的。

新收入模型的关键部分是对于一些履约义务控制权是在某一时段内转移的，而对于另一些履约义务控制权是在某一时点转移的概念。ASC 606 对要求主体首先确定合同中的每一项履约义务的控制权是否在某一时段内转移的顺序进行了详细规定。如果商品或服务的控制权不是在某一时段内转移，则控制权在某一时点转移。

> **ASC 606-10-25-24**
>
> 对于根据第 606-10-25-14 至 25-22 段所识别的每一项履约义务，主体应当在合同开始时确定其是在某一时段内履行履约义务（根据第 606-10-25-27 至 25-29 段）还是在某一时点履行履约义务（根据第 606-10-25-30 段）。如果主体并非在某一时段内履行履约义务，则履约义务是在某一时点履行。

图表 7.1 说明了确定商品或服务的控制权是否在某一时段内转移给客户的三条标准。如果满足其中任一标准，主体应该采用能最好描述商品或服务控制权转移给客户的最合适的方法在某一时段内确认商品或服务的收入。如果不满足三条标准中的任意一条，主体在某一时点确认商品或服务的收入。本部分的下述内容详细讨论了说明控制权在某一时段内转移的每一标准，以及当不满足三条标准的任意一条时控制权转移时间的深入分析（即，在哪一时点）。

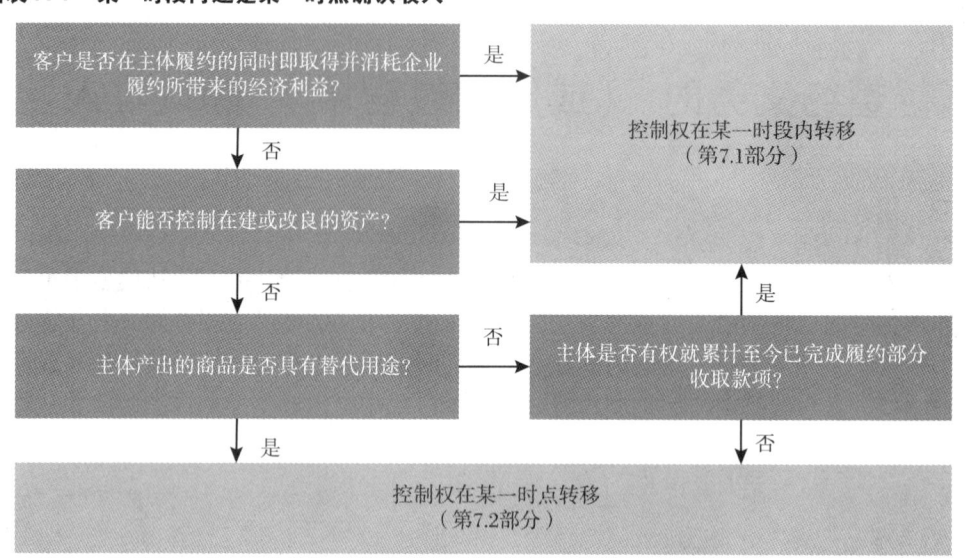

图表 7.1　某一时段内还是某一时点确认收入

```
客户是否在主体履约的同时即取得并消耗企业         是
履约所带来的经济利益？        ──────→

        │ 否
        ▼
客户能否控制在建或改良的资产？    是
                        ──────→    控制权在某一时段内转移
                                    （第7.1部分）
        │ 否
        ▼                                        ↑ 是
主体产出的商品是否具有替代用途？   否    主体是否有权就累计至今已完成履约部分
                        ──────→         收取款项？

        │ 是                                    │ 否
        ▼                                        ▼
            控制权在某一时点转移
            （第7.2部分）
```

新的控制模型和在某一时段内确认收入的新标准将引起特定履约义务收入确认时间的变化。因此，所有主体应该重新审视其合同和履约义务，以确定每一项履约义务是否满足在某一时段内确认收入的三条标准的任意一条。如果不满足，主体应该在某一时点确认履约义务的收入。

> **TRG 基本达成一致的问题：在原准则下主体在某一时点确认的收入，根据新收入准则能否被要求在某一时段内确认收入？**
>
> 在 2016 年 11 月的会议上[①]，TRG 基本同意对于主体在原准则下在某一时点确认收入的特定履约义务，根据新收入准则可能被要求在某一时段内确认收入。
>
> 例如，制造商基于客户的特定要求设计生产产品的合同。如果其履约过程中所产出的资产具有不可替代用途，且制造商有权就累计至今已完成的履约部分收取款项，制造商将在某一时段内确认收入，而原准则下对于销售此类商品其可能在某一时点确认收入。

由于新模型是基于控制权的模型，而不是基于风险和报酬的模型，记住控制权的概念很重要。在 ASC 606 中，"控制权"是指主导资产的使用并获得资产几乎所有经济利益的能力。"资产的经济利益"是能够直接或间接从资产获得的潜在的现金流量，例如通过如下方式：

---

① TRG 文件 56，《在某一时段内确认收入》。

- 使用资产生产商品或提供服务，提高其他资产的价值或用来结算负债或减少费用；
- 出售或交换资产；
- 使用资产担保贷款；
- 持有该资产。

在 ASC 606 中，控制权的概念还包括阻止其他主体直接使用资产并从中获得利益的能力。

7.1 某一时段内转移控制权

主体在合同开始日确定每一个单项履约义务是在某一段时间内履行（即，控制权转移）还是在某一时点履行。

满足下列标准之一的，控制权在某一时段内转移：
- 客户在主体履约的同时即取得并消耗主体履约所带来的经济利益；
- 客户能够控制主体履约创造或改良的资产（例如，在产品）；
- 主体履约过程中所产出的资产具有不可替代用途，且该主体在整个合同期间内有权就累计至今已完成的履约部分收取款项。

如图表 7.1 所示，如果主体不满足三条标准中的任意一条，控制权在某一时点转移。

> **ASC 606-10-25-27**
>
> 如果符合下列标准之一，则主体是在某一时段内转移对商品或服务的控制，从而在某一时段内履行履约义务及确认收入：
> a. 客户在主体履约行为的同时取得及消耗主体履约所提供的经济利益（见第 606-10-55-5 至 55-6 段）；
> b. 主体的履约行为创造或改良了客户在资产被创造或改良时就控制的资产（例如，在产品）（见第 606-10-55-7 段）；
> c. 主体的履约行为并未创造一项可被主体用于其他替代用途的资产（见第 606-10-25-28 段），并且主体具有就迄今为止已完成的履约部分获得客户付款的可执行权利（见第 606-10-25-29 段）。

每一个条件在下文详细阐述。

7.1.1 在某一时段内确认收入的条件

客户在主体履约的同时即取得并消耗主体履约所带来的经济利益

"客户在主体履约的同时即取得并消耗主体履约所带来的经济利益"这一条件适

用于主体履约行为立即被客户消耗的合同。例如，典型的服务合同，客户同时获得并消耗主体产生的资产（即使该资产仅瞬间存在），表明只要主体履约，客户即获得对主体产出的控制。因此，主体的履约义务在某一时段内履行。

> **ASC 606-10-55-5**
>
> 对于某些类型的履约义务，评估客户是否在主体履约取得主体履约行为的利益并在取得利益的同时消耗这些利益是较为直观的。相关例子包括常规或经常性服务（如，保洁服务），在此类服务中较容易确定客户取得并同时消耗主体履约的利益。

如果另一主体能够介入并为客户完成剩余的履约义务，且不需要重新履行迄今为止主体已经完成的义务，客户也是即时获得并消耗主体履约的经济利益。当确定另一主体是否需要重新履行迄今为止已完成的工作，主体应该：
- 不考虑潜在的合同约束或现实的限制。
- 假定其他主体完成剩余的履约义务不会获得任何在产品的利益。

> **ASC 606-10-55-6**
>
> 对于其他类型的履约义务，主体可能无法容易地确定客户是否在主体履约的同时取得及消耗主体履约行为产生的利益。在此类情况下，如果主体确定另一主体在向客户履行剩余的履约义务时无须在实质上重新执行主体迄今为止已完成的工作，则履约义务是在某一时段内履行。在确定另一主体是否无须在实质上重新执行主体迄今为止已完成的工作时，主体应当作出以下两项假设：
> a. 不考虑可能会使主体无法向另一主体转移剩余履约义务的潜在合同限制或实际限制。
> b. 假定履行剩余履约义务的另一主体将不会享有主体现时控制且如果履约义务转移给另一主体后仍将保持控制的资产的利益。

主体不考虑潜在合同限制或现实限制的原因是，目标是确定商品或服务的控制权是否已经转移给客户。通过假设来评估另一主体承担剩余履约义务需要做什么来完成该目标。

主体履约时客户是否收到并消耗其履约带来的经济利益？

情景 1

一家运输公司和客户签订合同将商品从洛杉矶运到波士顿。其仅识别一项履约义务，即为客户提供运输服务。在评估该履约义务是否满足在某一时段内确认收入的三个条件之一时，运输公司首先考虑是否在公司履约时客户收到并消耗运输服务带来的经济利益。

因为如果商品仅被运到半路（如，从洛杉矶运到芝加哥），另一主体实质上不需要重新履行主体已经完成的工作，运输公司得出结论认为主体履约时客户收到其服务带来的经济利益。

因此，运输公司在某一时段内确认收入。

情景 2

一家咨询公司和一家厂商签订合同为其提供业务流程改进服务。作为合同的一部分，咨询公司将在客户三条主要业务线花费大量时间和人力，并且最终提供关于如何简化流程，提高效率以及削减成本的建议。咨询公司确定其履约义务是在合同期末提供一份报告，总结其改进建议。咨询公司并不提供中期建议，因为其认为只有认真研究了三条业务线才能提出合适的建议。咨询公司考虑客户是否在其履约时收到或消耗其履约带来的经济利益。

咨询公司确定其履约时厂商并没有获得对其咨询服务的控制。然后其考虑如果另一主体中途介入并通过合同来履行剩余履约义务，另一主体是否需要实质上重新执行迄今为止其已经完成的工作。由于另一主体履行剩余履约义务将缺少前期研究、面谈和其他由咨询公司控制的工作成果的利益，咨询公司得出结论认为另一主体需要实质性地重新执行迄今为止已完成的工作。因此，在咨询公司履约时客户没有获得和消耗其履约带来的利益。

咨询公司接下来评估其履约行为是否创造了一项不具有替代用途的资产，如果是，其是否有权就迄今为止完成的履约部分收款。

例 13——客户同时取得及消耗利益

ASC 606-10-55-159

主体与客户订立一项为期一年的提供月度工资处理服务的合同。

ASC 606-10-55-160

所承诺的工资处理服务根据第 606-10-25-14（b）段作为单独履约义务进行会计处理。根据第 606-10-25-27（a）段，该履约义务是在某一时段内履行，因为客户在主体处理每一项工资交易时及过程中，同时取得及消耗主体履约（处理每一项交易）所提供的利益。另一主体无须重新执行主体迄今为止已提供的工资处理

> 服务这一事实也表明客户在主体履约的同时取得及消耗主体履约所提供的利益。（主体并未考虑对转移剩余履约义务的任何实际限制，包括另一主体需实施的准备活动。）主体根据第 606-10-25-31 至 25-37 段和第 606-10-55-16 至 55-21 段，通过计量该履约义务的履约进度在某一时段内确认收入。

客户控制在建或改良中的资产

这一条件适用于如果主体履约创造或改良的资产在建造过程中客户能够控制的情形。由于客户控制在建商品，客户在主体履约时就取得了控制，因此主体在某一时段内确认收入。

适用于这一条件的合同包括但不限于下列合同：
- 在客户的土地上建造资产的建造合同和其他合同；
- 与政府签订的合同，政府有权控制在产品。

> **ASC 606-10-55-7**
>
> 在根据第 606-10-25-27（b）段确定客户在资产被创造或改良时是否控制资产时，主体应当应用第 606-10-25-23 至 25-26 段以及第 606-10-25-30 段中关于控制的要求。被创建或改良的资产（例如，在建资产）可以是有形资产，也可以是无形资产。

客户在资产被创建或改良时是否控制该资产？

情景 1

建筑公司与客户签订合同在客户的土地上建造房子。因为客户控制主体履约产生的任何在产品，主体确定在其履约时控制权已转移，因此其在某一时段内确认收入。

情景 2

国防事务承包商与美国政府签订合同建造导弹。如果承包商因任何原因停止履约，合同授予美国政府享有任何在产品。因此，承包商确定在其履约时控制权已转移，并在某一时段内确认收入。

商品具有不可替代用途且主体有权就累计至今已完成的工作收取款项

三个条件的最后一个表明同时满足以下两条时商品或服务的控制权在某一时段内转移：
- 主体履约过程中所产出的资产具有不可替代用途。
- 主体有权就累计至今已完成的履约部分收取款项。

委员会制定上述两个标准帮助主体评估对客户的特定服务控制权的转移，例如最终产生一项专业建议的咨询服务，以及特定有形资产或无形资产的创建，例如通过合同限制的定制商品或房地产。

上述两个标准背后的逻辑是如果主体产出了具有不可替代用途的资产，表明按照客户的标准有效地创建了一项资产，并且在客户终止合同时可能得到经济补偿。当客户承担就累计至今以完成的履约部分进行支付的义务时，这表明客户获得了主体履约带来的经济利益，因此在某一时段内确认收入是合适的。

ASC 606-10-25-28

如果由于合同限制主体在资产创建或改良过程中不能将其轻易用于其他用途，或由于实际限制不能将完工的资产轻易用于其他用途，主体履约创建了具有不可替代用途的资产。在合同开始日需进行资产是否对于主体具有不可替代用途的评估。除非合同各方批准合同修改导致履约义务发生实质改变，否则后续不应对资产是否具有不可替代用途进行重新评估。第 606-10-55-8 至 55-10 段对评估资产对主体是否具有不可替代用途提供了指引。

ASC 606-10-25-29

根据第 606-10-25-27（c）段，在评估主体是否具有法定的就累计至今已完成的履约部分收取款项的权利时，主体应考虑合同条款以及适用于该合同的法律。就累计至今已完成的履约部分的收取款项的权利不需要是固定金额。但是，在整个合同期间内，如果合同由于非主体不能按约定履约的原因被客户或其他方终止，主体须有权至少就累计至今已完成的履约部分获得补偿。第 606-10-55-11 至 55-15 段对评估是否存在该强制性的收款权利及主体是否有权就累计至今已完成的履约部分收取款项提供了指引。

下述讨论详细分析了第三个条件中的两个部分（"不可替代用途"和"就累计至今已完成的履约部分具有强制收款的权利"）。

不可替代用途

主体仅在合同开始日评估是否某一特定资产对于主体具有不可替代用途。除非合同被修改才需重新评估。此外，在考虑资产是否具有替代用途时，主体考虑最终转移给客户的资产的特征，而不是生产中的资产的特征（参见下文 2016 年 11 月 TRG 的讨论）。

虽然 ASC 606-10-55-6 指引要求在考虑主体履约时客户是否即取得并消耗相应经济利益时，忽略合同限制和实际限制，但 ASC 606-10-55-8 指引特别说明在确定资产能否不需要发生重大成本重新加工该资产被另一客户使用时，应考虑实际限制和合同限制，即赋予产品新的用途的成本或者由另一客户使用的成本。委员会和理事会[①]决定在评估资产是否具有替代用途时，定制化可能是考虑的一个有帮助的因素，但是不应是决定性因素。委员会和理事会解释，在某些情况下一项资产可能是标准化的，但是仍然可能具有不可替代的用途，因为合同限制主体重新指定资产的使用（例如，房地产合同约束主体向客户交付资产）。见图表 7.2。

图表 7.2 考虑现实限制和合同限制

在某一时段内确认收入的条件	考虑实际限制和合同限制？
在主体履约的同时客户即取得并消耗主体履约所带来的经济利益	不考虑——忽略
主体履约过程中所产生的资产具有不可替代用途	考虑——考虑实际限制和实质性的合同限制

如果主体将资产用于另一用途将发生重大成本则存在实际限制。为特定客户定制的高度定制化资产很可能具有不可替代用途，因为主体将会发生重大成本重新改造该商品以满足另一客户的需求，或者发生重大损失才能将该资产出售。只要主体具有就累计至今已完成的履约部分收取款项的可执行权利，客户实质上取得了主体履约的经济利益，因此在主体履约时取得了商品或服务的控制。另一方面，客户通常不能控制标准化的商品，因为其不具有限制主体将其用于其他客户的能力。在后一种情形下，主体有能力将商品用于不同的客户，资产被认定为具有替代用途。

如果实质性的合同条款限制了主体在创建和改良资产的过程中将资产用于另一客户，这项资产对主体而言具有不可替代用途，因为主体承担法定义务将该特定资产转移给该客户。在不动产合同中，合同限制普遍存在，因为客户明确指定了其希望购买的地块或单元。

然而，为客户提供保护性权利的合同限制不足以得出限制是实质性的结论。如果主体可以将另一个不同的资产转移给客户仍然满足合同条款，则该条款不是实质性的。当主体违反合同约定没有将资产转移给客户时，这样的条款可以保护客户，但这并不表明客户控制正在生产的资产。

---

① BC 137，ASU 2014-09。

ASC 606-10-55-8

在根据第 606-10-25-28 段评估资产是否可被主体用于替代用途时，主体应当考虑对主体能否轻易将资产用于另一用途（如，向另一客户出售该资产）的合同限制及实际限制的影响。在评估主体能否轻易将资产用于另一用途时，与客户之间的合同被终止的可能性并非相关考虑因素。

ASC 606-10-55-9

约束主体将资产用于另一用途的能力的合同限制，对于导致资产不可被主体用于替代用途，必须是实质性的。如果在主体试图将资产用于另一用途时，客户可以行使其对已承诺资产的权利，合同限制就是实质性的。与此相反，某些情况下合同限制不具有实质性，例如一项资产很大程度上可与其他资产相互替换，主体可以在不违反合同且不发生原本不会发生的与该合同相关的重大成本的情况下，向另一客户转让该资产。

ASC 606-10-55-10

如果主体将资产用于另一用途将发生重大经济损失，则主体将该资产用于另一用途的能力受到实际限制。产生重大经济损失可能因主体资产发生重大返工成本，或只能在承担重大损失的情况下出售资产。例如，如果资产的设计规格符合某一客户的独特要求或资产位于偏远地区，则主体将该资产用于另一用途将受到实际限制。

如前义所述，TRG 对主体在确定资产是否具有替代用途时主体应考虑已完工的资产还是在产品进行过讨论。讨论的汇总见下文。

TRG 基本达成一致的问题：主体在判断资产是否具有替代用途时应考虑已完工的资产还是在产品？

在 2016 年 11 月的会议上①，TRG 讨论了下述示例：

主体与客户签订合同建造一项设备。主体从事为各种客户建造定制的设备。当生产过程完成 75% 左右时，产生设备的定制化。换言之，假定没有合同限制，大约 75% 的制造过程中的在产品可以用于满足另一客户的设备订单。但是，不发生重大经济损失不能将设备以其完工状态销售给另一客户。设备设计的规格是针对特定客户的，主体只能承担重大损失才能将完工的设备出售。

---

① TRG 文件 56，《在某一时段内确认收入》。

> TRG 基本达成一致，即主体应在合同开始日评估是否存在将完工状态的资产轻易用于其他用途的合同限制和实际限制。除非合同发生修改，主体不需要重新评估。由于主体不发生重大经济损失不能将完工的设备出售给另一客户，主体将完工的装备用于其他用途的能力受到实际限制，因此资产具有不可替代用途。但是，主体还应评估其是否具有收取款项的可执行权利，才能得出收入应在某一时段内确认的结论。
>
> TRG 还一致认为，如果主体将资产用于其他用途的能力被合同限制或者存在实际限制，那么资产具有不可替代用途，无论最终资产具有何特征。

ASC 606 中的例 15 说明了如何应用评估一项资产是否具有替代用途的指引。

例 15——资产不可被主体用于替代用途

ASC 606-10-55-165

主体与政府机构客户订立一项建造专用卫星的合同。主体为各类客户（例如政府和商业主体）建造卫星。基于每一客户的需求及卫星所使用的技术类型，每一卫星的设计和建造均存在显著差异。

ASC 606-10-55-166

在合同开始时，主体根据第 606-10-25-27 段评估其建造卫星的履约义务是否为在某一时段内履行的履约义务。

ASC 606-10-55-167

作为该评估的一部分，主体考虑卫星在建造完成后可否被主体用于替代用途。尽管合同并未禁止主体将建造完成的卫星提供给另一客户，但若将该资产提供给另一客户，主体会就重新设计及修订卫星功能等发生重大返工成本。因此，鉴于卫星特定于客户的设计限制了主体轻易地将该资产用于另一客户的实际能力，该资产不可被主体用于替代用途［参见第 606-10-25-27（c）段，第 606-10-25-28 段和第 606-10-55-8 至 55-10 段］。

ASC 606-10-55-168

对于主体建造卫星是在某一时段内履行的履约义务，第 606-10-25-27（c）段还要求主体具有就迄今为止已完成的履约部分获得付款的可执行权利。本例并未就这一条作出说明。

> **致同见解：评估"具有不可替代用途"条件时需考虑的因素**
>
> 　　为了评估资产是否具有不可替代用途，主体应考虑实际限制和合同限制，以评估该资产是否在不发生重大返工成本的情况下用于满足另一客户的需求。
> 　　在某些特定行业，客户可能协商达成一项保护性权利，即合同限制主体将资产在某一特定时段内用于满足其他客户需求。在很多情况下，保护性权利不是实质性的，但是如果特定时段足够长，使得其有效限制主体改变资产用途，资产可能具有不可替代用途。例如，如果资产具有有限期限或在特定时段结束前资产技术过时，则资产可能具有不可替代用途。
> 　　在其他情况下，主体可能能够将资产用于满足另一客户的需求，但第二项交易的利润可能不如与原客户达成的交易的利润高，例如当资产通过拍卖或清算时出售。如果主体只能以重大损失将资产出售，则存在实际限制。如果主体预期能够收回成本或收回成本并获得减少的利润，则资产具有替代用途。

就累计至今已完成的履约部分收取款项的可执行权利

　　为了判断主体是否具有就累计至今已完成的履约部分收取款项的可执行权利，主体考虑如果合同在完成前由于除其不能履约的其他原因终止，主体是否具有就累计至今已完成的履约部分要求或保留客户付款的可执行权利。

　　对主体累计至今已完成的履约部分进行补偿的金额大约是累计至今已转移的商品或服务的销售价格（例如，成本加合理的毛利）。合理的毛利并非是合同完全履行获得的毛利，但应授权主体如下之一的权利。

- 合同中合理地反映了主体履约程度的预期毛利率的一定比例。
- 类似合同的主体资本成本的合理回报率，如果特定合同的毛利高于类似合同的普遍回报。

　　仅是补偿主体失去的利益的金额不足以使主体得出结论认为其有权就累计至今已完成的履约部分收取款项。

ASC 606-10-55-11

　　根据第 606-10-25-29 段，如果主体或另一方因非主体未能按承诺履约之外的其他原因终止合同的情况下，有权获得至少补偿其迄今为止已完成的履约部分的金额，则主体具有就迄今为止已完成的履约部分获得付款的权利。补偿主体迄今为止已完成的履约部分的金额应接近于迄今为止已转让的商品或服务的售价（例如，主体能够收回在履行履约义务时已发生的成本加上合理的毛利），而不是仅就合同终止后主体可能发生的利润损失作出补偿。补偿的合理毛利无须与若合同按承诺履行的预计毛利相等，但是，主体应当有权获得下列两个金额之一的补偿：

a. 合理反映主体在客户（或另一方）终止合同前的合同履约程度的合同预计毛利的比例份额；
b. 在特定合同的毛利高于主体通常从类似合同获得的回报的情况下，主体类似合同的资本成本的合理回报（或主体类似合同通常的经营毛利）。

ASC 606-10-55-11 中的指引明确，合理的毛利不一定等于合同开始日的预期毛利，但是，其也澄清仅收回成本不足以满足该要求。最终，可能需要做出重要的判断，以确定由除非主体不履约的其他原因导致的合同终止的支付是否满足有权就累计至今已完成的履约部分收取款项的条件。ASU 2014-09 的 BC 144 澄清主体应关注合同终止时其有权取得的金额，而不是最终经过协商可能得到的结算金额。最后，如果合同条款对于合同终止的支付问题没有提及或者不清楚，主体可能需要咨询内外部的顾问以确定自身的权利。

收回成本的权利

主体与客户签订合同为其订制一台机器。如果在合同成功完成前由于非主体未履约以外的原因导致合同终止，书面合同条款没有提及合同各方的权利和义务。公司的法务主管认为在该情形下主体有权要求收回其成本。

合同并没有满足 ASC 606-10-55-11 中定义的"有权就累计至今已完成的履约部分收取款项"的条件，因为主体没有获得补偿其累计至今已完成的履约部分的权利。补偿主体累计至今已完成的履约部分的金额相当于累计至今已转让的商品或服务的售价金额（例如，成本加合理毛利）。仅能收回成本不足以满足此要求。

致同见解：比较"无替代用途"中的经济回收率定性阈值和"获得付款的可强制执行权利"的标准

对资产是否具有替代用途的经济阈值的考虑，与用于评估主体是否拥有对迄今为止已完成的履约部分获得付款的可强制执行权利的阈值不同。

在评估资产是否具有替代用途时，如果主体将资产重新转至其他用途会造成重大经济损失，则存在实际的限制。

在评估是否存在可强制执行的获得付款的权利时，该主体考虑的是合同售价范围内的付款金额，而不考虑因迄今为止已完成的履约部分而获得的补偿是否会造成损失。ASC 606-10-55-11 声明：

如果合同由于主体不能按约履约以外的原因被客户或其他方终止时，其有权获得的付款金额至少能补偿迄今为止已完成的履约部分，则主体拥有就迄今为止已完成的履约部分获得付款的可强制执行权利。补偿主体迄今为止已完成的履约部分的金额应接近于迄今为止已转让的商品或服务的售价（例如，主体能够收回在履行履约义务时已发生的成本加上合理的毛利），而不是仅就合同终止后主体可能发生的利润损失作出补偿。

因此，在评估其是否拥有可强制执行的获得付款的权利时，主体将需要确定，如果客户终止合同，其有权获得的付款金额是否与迄今为止已转让的商品或服务的售价接近。该指引的逻辑是，如果客户终止合同，创建没有替代用途的资产的主体可能希望得到经济上的保护。

ASC 606 中的例 14 说明了如何应用指引评估资产是否具有替代用途以及是否有权就累计至今已完成的履约部分收取款项。

例14——评估替代用途及获得付款的权利（摘录）

ASC 606-10-55-161

主体与客户订立一项提供咨询服务的合同，服务的结果为主体向客户提供的专业意见。专业意见与该客户特有的事实和情况相关。如果客户基于并非主体未能按承诺履约之外的原因终止该咨询合同，合同要求客户按主体已发生的成本加上15%的毛利对主体作出补偿。该15%的毛利率近似于主体从类似合同赚取的毛利率。

ASC 606-10-55-163

主体的履约义务满足第 606-10-25-27（c）段的标准，并且因为下述两项因素是一项在某一时段内履行的履约义务：
  a. 根据第 606-10-25-28 段和第 606-10-55-8 至 55-10 段，形成专业意见并未创造一项可被主体用于替代用途的资产，因为专业意见与该客户特有的事实和情况相关。因此，主体轻易地将该资产用于另一客户的能力受到实际限制。
  b. 根据第 606-10-25-29 段和第 606-10-55-11 至 55-15 段，主体具有就迄今为止已完成的履约部分获得按已发生成本加上合理毛利率（其近似于其他合同赚取的毛利率）的付款的可执行权利。

ASC 606-10-55-164

据此，主体根据第 606-10-25-31 至 25-37 段和第 606-10-55-16 至 55-21 段，通过计量该履约义务的履约进度在某一时段内确认收入。

主体不需要具有在整个合同期内无条件收款的权利。而是，如果客户或其他方因非主体未履约的其他原因终止合同，主体需要具有就累计至今已完成的履约部分收取款项的可执行权利。

> **ASC 606-10-55-12**
>
> 主体就迄今为止已完成的履约部分获得付款的权利无须是获得付款的现时无条件权利。在许多情况下,仅当在议定的里程碑或履约义务全面得到履行后,主体才具有获得付款的无条件权利。在评估主体是否具有就迄今为止已完成的履约部分获得付款的权利时,主体应当考虑若合同因主体未能按承诺履约之外的其他原因在完成前终止,其是否具有索取或保留对迄今为止已完成的履约部分的付款的可执行权利。

一些合同允许主体继续履约,即使客户终止了合同。如果合同或法律允许主体继续向客户转让商品或服务,并且要求客户对这些商品或服务进行支付,主体具有就累计至今已完成的履约部分收取款项的可执行权利。

> **ASC 606-10-55-13**
>
> 某些合同规定,客户仅在合同存续期的指定时间有权终止合同,或者客户可能无权终止合同。如果客户在其无权终止合同时终止了合同(包括客户未能按承诺履行其义务),该合同(或其他法律)可能赋予主体继续向客户转让已承诺的商品或服务并要求客户支付以承诺的商品或服务交换对价的权利。在这种情况下,主体具有就迄今为止已完成的履约部分获得付款的权利,因为主体有权利继续依照合同履行其义务并要求客户履行相应义务(包括支付已承诺的对价)。

评估就累计至今已完成的履约部分收取款项的权利的存在性和可执行性时,主体应考虑合同条款、相关法律、判例和其商业惯例。

主体也应考虑是否地方性法规补充或优先于现有合同条款。类似地,主体不能忽略基于相关司法领域判例表明合同条款不具有执行性的证据。

> **致同见解:当无相关合同条款时评价收取款项的可执行权利**
>
> 当合同未明确涉及主体是否就其累计至今已完成的履约部分享有收取款项的可执行权利时,主体可能要考虑其他因素,例如过往实务、经营区域的法律和法律地位。实务中,主体可能很难证明是否存在收取款项的可执行权利,尤其是主体在不同地区经营,而不同地区的法律和法律判例不同时。
>
> 如果书面合同未明确当客户取消合同时主体是否享有收取款项的无条件权利,有观点推定在这种情况下不存在收取款项的可执行权利。FASB 工作人员在一份私人公司理事会备忘录[①]中确认此方法是合理的。

---

① 《私人公司理事会备忘录第 3 号——合同会计处理及短期制造的定义(收取款项的权利)》

主体不执行收取款项的权利的历史可能会影响确定合同是否满足 ASC 606-10-25-27（c）的标准。如果主体在合同终止事件中习惯性地放弃收取款项的权利，该权利在特定的司法领域可能属于法律上不可执行，因此合同不满足 ASC 606-10-25-27（c）的标准。然而，尽管主体有放弃权利的惯例，就累计至今已完成的履约部分收取款项的权利可能仍然可执行。

> **ASC 606-10-55-14**
>
> 在评估就迄今为止已完成的履约部分获得付款的权利是否存在和是否可执行时，主体应当考虑合同条款以及可补充或优先于这些合同条款的法规或法律先例。这包括评估下列事项：
> a. 法规、行政惯例或法律先例是否赋予主体就迄今为止已完成的履约部分获得付款的权利，即使与客户之间的合同并未列明这一权利。
> b. 相关的法律先例是否表明类似合同中就迄今为止已完成的履约部分获得付款的类似权利没有法律约束力。
> c. 主体选择不执行获得付款权利的商业惯例是否导致在当前法律环境下该权利无法执行。然而，尽管主体可能选择放弃其在类似合同中获得付款的权利，但如果在与客户之间的合同中，主体就迄今为止的履约部分获得付款的权利是可执行的，则主体仍具有获得付款的权利。

主体不应依赖合同中的付款安排支持其就累计至今已完成的履约部分享有收取款项的可执行权利，而是如上所述，主体应使用合同条款、公司先例和法律先例支持其法律地位。即使在整个合同期内累计付款额预期至少相当于补偿主体累计至今已完成的履约部分的金额，因主体未能按承诺履约之外的原因对价可能被要求退还。即便如此，如果主体在合同开始日收到不退还的整份合同对价，这表明主体具有就累计至今已完成的履约部分收取款项的可执行权利。

> **ASC 606-10-55-15**
>
> 合同列明的付款进度表不一定能够表明主体具有就迄今为止已完成的履约部分获得付款的可执行权利。尽管合同的付款进度表列示了客户应支付对价的时间和金额，但付款进度表不一定能够提供主体具有就迄今为止已完成的履约部分获得付款的权利的证据。其原因例如，合同可能会明确规定向客户收取的对价可因主体未能按合同承诺履约之外的其他原因而予以返还。

ASC 606 中的例 16 说明了付款进度表可能与补偿主体累计至今已完成的履约部分的金额无法对应。

客户合同收入
——ASC 606 和 ASC 340-40 实务指引

> **例 16——就迄今为止已完成的履约部分获得付款的可执行权利**
>
> **ASC 606-10-55-169**
>
> 主体与客户订立一项建造设备项目的合同。合同的付款进度表明确规定客户必须在合同开始时预先支付合同价格的 10%，在合同期内定期支付各期款项（合同价格的 50%），并在建造完成且设备已通过既定的性能测试时支付最后一笔付款（合同价格的 40%）。除非主体未能按承诺履约，否则上述款项不可返还。如果客户终止合同，主体仅有权保留已从客户收取的进度款。主体不具有向客户索取补偿的任何进一步权利。
>
> **ASC 606-10-55-170**
>
> 在合同开始时，主体根据第 606-10-25-27 段评估其建造设备的履约义务是否为在某一时段内履行的履约义务。
>
> **ASC 606-10-55-171**
>
> 作为该评估的一部分，主体根据第 606-10-25-27（c）段、第 606-10-25-29 段和第 606-10-55-11 至 55-15 段考虑若客户基于并非主体未能按承诺履约之外的其他原因终止合同时，其是否具有就迄今为止已完成的履约部分获得付款的可执行权利。即使客户支付的款项不可返还，但这些款项的累计金额预计并非在合同存续期内的任何时点均代表至少就主体迄今为止已完成的履约部分作出必要补偿的金额。这是因为在建造过程中的各个时点，客户累计支付的对价金额可能低于当时部分完工的设备项目的售价。因此，主体并不具有就迄今为止已完成的履约部分获得付款的可执行权利。
>
> **ASC 606-10-55-172**
>
> 由于主体并不具有就迄今为止已完成的履约部分获得付款的权利，根据第 606-10-25-27（c）段，主体的履约义务并非在某一时段内履行。因此，主体无须评估设备可否被主体用于替代用途。主体同时得出结论认为其并未满足第 606-10-25-27（a）段或第（b）段的标准，因此主体根据第 606-10-25-30 段将设备的建造作为在某一时点履行的履约义务进行会计处理。

ASC 606-10-25-27（c）的标准可能适用于销售多单元（住宅）业务和住宅房地产的建筑主体。这个行业的主体应该特别注意其管辖范围内的地方法律和法律先例。ASC 606 中的例 17 说明了开发多单元住宅建筑的主体如何判断其就累计至今已完成的履约部分是否具有收取款项的可执行权利。

例17——评估履约义务是在某一时点还是在某一时段内履行

ASC 606-10-55-173

主体正在建造一幢包含多个单元的住宅楼。某客户与主体订立一项针对指定在建单元的具有约束力的销售合同。每一住宅单元均具有类似的建筑平面图及类似的面积,但各单元的其他属性(例如,单元在住宅楼宇中的位置)则有所不同。

案例 A——主体并不具有就迄今为止已完成的履约部分获得付款的可执行权利
ASC 606-10-55-174

客户在订立合同时支付保证金,且该保证金仅在主体未能按合同完成该单元的建造时才可返还。剩余合同价格须在合同完成后客户实际取得该单元时支付。如果客户在该单元建造完成前违约,则主体仅有权保留已付的保证金。

ASC 606-10-55-175

在合同开始时,主体应用第 606-10-25-27(c)段以确定其建造并向客户转让住宅单元的承诺是否为在某一时段内履行的履约义务。主体确定其并不具有就迄今为止已完成的履约部分获得付款的可执行权利,因为直至单元建造完成前,主体仅有权保留客户已付的保证金。由于主体并不具有就迄今为止已完成的工作获得付款的权利,根据第 606-10-25-27(c)段,主体的履约义务并非在某一时段内履行的履约义务。相反,主体根据第 606-10-35-30 段将该住宅单元的销售作为在某一时点履行的履约义务进行会计处理。

案例 B——主体具有就迄今为止已完成的履约部分获得付款的可执行权利
ASC 606-10-55-176

客户在订立合同时支付不可返还的保证金,并须在住宅单元的建造过程中支付进度款。合同具有禁止主体将该单元转让给另一客户的实质性条款。此外,除非主体未能按承诺履约,否则客户无权终止合同。如果客户在进度款到期时未能履行其支付已承诺进度款的义务,则主体在已完成相关单元的建造的情况下有权获得合同规定的所有已承诺对价。此前的法律判例中,在开发商已履行其合同义务的情况下,开发商要求客户履约的类似权利得到了法院的支持。

ASC 606-10-55-177

在合同开始时,主体应用第 606-10-25-27(c)段以确定其建造并向客户转让住宅单元的承诺是否为在某一时段内履行的履约义务。主体确定其履约所创造的资产（单元）不可被主体用于替代用途，因为合同禁止主体将该指定单元转让给另一客户。主体在评估能否将该资产转让给另一客户时，并未考虑合同终止的可能性。

ASC 606-10-55-178

根据第 606-10-25-29 段和第 606-10-55-11 至 55-15 段，主体还具有就迄今为止已完成的履约部分获得付款的权利。因为如果客户未能履行其义务，主体在继续按承诺履约的情况下将具有获得合同规定的所有已承诺对价的可执行权利。

ASC 606-10-55-179

因此，合同条款和司法管辖区的法律实务表明主体具有就迄今为止已完成的履约部分获得付款的权利。因此，第 606-10-25-27（c）段的标准得到了满足，并且主体具有在一段时间内履行的履约义务。为针对在一段时间内履行的履约义务确认收入，主体根据第 606-10-25-31 至 25-37 段和第 606-10-55-16 至 55-21 段计量该履约义务的履约进度。

ASC 606-10-55-180

在建造包含多个单元的住宅楼的过程中，主体可能就住宅楼内个别单元的建造与多名个别客户订立了许多合同。主体每一项合同单独进行会计处理。但是，取决于建造的性质，主体实施初始建造工程（即构建地基及基本架构）及公共区域建造的履约情况可能需要在计量每一项合同的履约义务的履约进度时予以反映。

案例 C——主体具有就迄今为止已完成的履约部分获得付款的可执行权利

ASC 606-10-55-181

案例 C 与案例 B 的事实大致相同，唯一的区别是在客户违约时，主体可以要求客户按合同规定履约，或者主体也可以取消合同以取得在建资产及获得客户按合同价格比例支付的罚款的权利。

ASC 606-10-55-182

尽管主体可以取消合同（在这一情况下客户对主体的义务仅限于向主体转移对部分完工资产的控制，并按规定支付罚款），但主体具有就迄今为止已完成的履约部分获得付款的权利，因为主体也可以选择执行其依照合同获得全额付款的权利。只要主体要求客户按合同规定继续履约（即支付已承诺的对价）的权利是可执行的，则在违约的情况下主体可以选择取消合同的事实不会影响这一评估结果（参见第 606-10-55-13 段）。

ASC 606-10-25-29 要求"在整个合同期间的任何时点",如果合同被客户或者其他方因非主体未能履约的其他原因终止,主体必须有权获得至少能够补偿累计至今已完成的履约部分的金额。在定制商品的情况下,在开始定制化(即,为客户履约)之前主体不具有就累计至今已完成的履约部分收取款项的可执行权利,仍可能满足 ASC 606-10-26-27(c)。

ASC 606-10-25-29

主体在根据第 606-10-25-27(c)段评价其是否具有就迄今为止已完成的履约部分获得客户付款的可执行权利时,应当考虑合同条款及适用于合同的所有法律。就迄今为止已完成的履约部分获得客户付款的权利无须是固定金额。然而,在合同存续期内的任何时点,若合同因主体未能按承诺履约之外的其他原因而由客户或另一方终止,主体必须有权获得至少能补偿其迄今为止已完成的履约部分的金额。第 606-10-55-11 至 55-15 段就评估获得客户付款的权利是否存在和可执行以及主体获得客户付款的权利是否使主体有权就迄今为止已完成的履约部分获得支付提供了指引。

评估取得收款的可执行权利

情景 1:自合同开始日取得收款的可执行权利

基于 2016 年 11 月 TRG 会议讨论的文件 56 中的示例,主体与客户签订合同建造一项专用设备。当制造过程大约完成 75% 时才开始设备的定制化。换言之,对于大约制造过程 75% 的在产品可以被用于满足其他客户的设备订单要求,假设没有合同限制禁止主体将资产用于其他用途。然而,因为设备按照原始客户的需要进行了特殊设计,如果不发生重大经济损失主体不能将设备以其完工状态出售给其他客户。主体在合同开始日具有取得款项的可执行权利。

在合同开始日,主体确定资产以其完成状态是否具有替代用途,以及是否就合同约定的自定制时点开始的履约部分具有取得收款的可执行权利。

因为不发生重大经济损失,主体不能将完工的设备卖给另一客户,主体使用完工状态下的设备的能力受到实际限制。因此,该资产具有不可替代用途。此外,主体得出结论认为,其具有就累计至今已完成的履约部分收取款项的可执行权利,因而满足在某一时段内确认收入的标准。

> **情景 2：仅在定制化时点具有收取款项的可执行权利**
>
> 假设与情景 1 的情况相同，除了主体仅在定制化开始时才具有收取款项的可执行权利。
>
> 因为不发生重大经济损失，主体不能够将完工的设备出售给另一客户，主体使用完工状态的设备的能力受到实际限制。因此，该资产具有不可替代用途。
>
> 在此特定合同中，由于主体在定制化开始的时点具有收取款项的可执行权利（大约完工的 75%），其在定制化开始的时点具有就累计至今已完成的履约部分收取款项的可执行权利。因此，主体得出结论认为，其满足在某一时段内确认收入的标准。其选择了能够最好地描述将控制权转移给客户的方式来计量履约进度。

一些合同制造商的收入确认从在某一时点确认变为在某一时段内确认

2016 年 11 月的会议上[①]，TRG 表明在 ASC 605 下在某一时点确认收入的主体不应假定其在 ASC 606 下仍在某一时点确认收入。例如，考虑制造定制化商品的主体，其在 ASC 605 下在某一时点确认收入。在此情况下，主体可能得出结论认为，其履约义务并未创建一项具有替代用途的资产。此外，如果主体就累计至今已完成的工作具有收取款项的可执行权利，其可能得出满足 ASC 606-10-25-27（c）中在某一时段内确认收入条件的结论。[②]

> **当定制过程很短时评估不可替代用途和收取款项的可执行权利**
>
> 主体为一连锁酒店制造钢笔。直至钢笔印有该连锁酒店的标识时（该过程仅需几分钟），钢笔可用于满足其他客户的需求。协议约定，主体不能将该连锁酒店的定制钢笔授予其他方使用。主体得出结论认为，最终的产品（定制钢笔）是具有不可替代用途的资产，因为在定制化后主体不能将定制钢笔用于满足其他方的需求。
>
> 如果该连锁酒店终止了合同，其需要支付已印有其标记的钢笔的价款。此外，合同还表明如果该连锁酒店终止合同，任何在产品（即，主体为该连锁酒店的订单准备的未印有酒店标记的钢笔）将被印上标记成为产成品，并成为该连锁酒店由于终止协议必须支付的商品的一部分。
>
> 基于合同条款，在客户终止合同时，主体就在产品和产成品具有收取款项的可执行权利。因此，主体得出结论认为，其满足在某一时段内确认收入的条件，并选择最能反映向客户转移控制权的方法计量履约进度。

[①] TRG 文件 56，《在某一时段内确认收入》。
[②] 《私营公司委员会备忘录第 3 号——合同会计处理和短期制造的定义（收款的权利）》。

亏损合同中收取款项的可执行权利

主体可能由于各种战略原因将合同定价为亏损合同，例如，为了吸引新客户。对于亏损合同，主体可能就其是否就累计至今已完成的履约部分享有收取款项的可执行权利存在疑问。

ASC 606-10-55-11 将"近似累计至今已转移商品或服务的售价金额"及"成本加合理的毛利"作为代表累计至今已完成的履约部分售价金额的示例。尽管售价通常基于成本加毛利，如果合同以成本定价或为亏损合同，则售价将不含利润率。

尽管 ASC 606 将"成本加合理毛利"作为收取款项的可执行权利的示例，那是因为通常假定合同定价是盈利的，并且 FASB 并未打算禁止将亏损合同的收入在某一时段内确认。

因此，"收取款项的权利"这一标准的目标[①]是评估客户是否有义务就累计至今已完成的履约部分支付款项。这一分析应关注于主体是否有权取得反映其累计至今已完成的履约部分相关的成比例售价金额，而不是关注该金额是否大于或小于主体履行该合同的成本。因此，如果客户有义务支付合同价格成比例的金额，则能满足该目标。

ASC 606 并未包含亏损合同的指引。但是，FASB 在准则范围中保留了 ASC 606-35 关于建造类型合同和生产类型合同的亏损合同的指引，更新该内容以反映 ASC 606 的术语表。参见第 11.5.1 部分关于亏损合同的讨论。

亏损合同中收取款项的可执行权利

政府主体（客户）要求对一项高度定制的防御系统的设计进行投标。对于赢得该项设计合同投标的主体，客户预期在未来 10 年授予其上万个系统的后续合同。有 4 家建造商对此合同进行了投标。建造商 A 知道其必须以亏损价格进行投标以赢得该设计合同，但预期在未来 10 年的后续订单中获得价值补偿。

建造商 A 以 1 亿美元赢得了合同，并预期完成该合同的成本为 1.1 亿美元。该合同不能取消，但合同条款规定，如果客户终止合同，建造商 A 有权就累计至今已完成的工作收取款项。取消合同时的付款金额等于基于累计至今已完成的工作的成比例的合同价格。例如，在合同终止日，如果建造商 A 履行了 50% 的履约义务或发生了 5500 万美元的成本（总成本 1.1 亿美元的 50%），其将有权自客户处收取 5000 万美元的付款（合同价格 1 亿美元的 50%）。

建造商 A 得出结论认为，由于该防御系统的高度定制设计，其履约行为并未创建一项具有替代用途的资产。然后建造商 A 考虑其是否具有收取款项的可执行权利，以确认收入应在某一时段内确认还是在某一时点确认。

[①] BC 142 至 BC 144，ASU 2014-09。

因为建造商 A 在客户终止协议时有权收取合同价格成比例的金额，因此其有权就累计至今已完成的履约部分收取款项。评估收取款项的权利的原则是基于主体是否有权收取近似于销售价格的金额；因此，主体不需要盈利才能满足此要求。因此，亏损合同可能也满足 606-10-25-27（c）中在某一时段内确认收入的条件。

此示例未涉及建造商 A 是否需要就该合同确认预计损失。建造商 A 还需要评估该合同是否在 ASC 606-35 的范围内，及在合同开始日是否需要确认一项损失。

7.1.2 计量履约进度的方法

对于在某一时段内履行的履约义务，主体在该段时间内按照履约进度确认收入。指引并未要求或指定计量履约进度的特定方法，但是指出了计量的目标：与主体转移合同中相关商品或服务控制权的履约一致。选择计量履约进度的方法不是随意的选择[①]，而是主体应选择能够最佳反映其合同项下履约行为的方法。

> **ASC 606-10-25-31**
>
> 对于每一项符合第 606-10-25-27 至 25-29 段规定的在某一时段内履行的履约义务，主体应当通过计量该履约义务的进度在一段时间内确认收入。计量履约进度旨在反映主体向客户转让已承诺商品或服务的履约情况（即，主体履约义务的履行情况）。

ASC 606 讨论了适合计量主体履约进度的两种方法：产出法和投入法。在确定计量履约进度的最好方法时，主体必须考虑其承诺向客户转让的商品或服务的性质。

图表 7.3 提供了计量履约进度的投入法和产出法的描述、示例和缺点。关于方法的更多信息在下文介绍。

图表 7.3 计量履约进度可接受的方法

方法	描述	示例	缺点
产出法	直接根据累计至今已转让给客户的商品或服务对于客户的价值相对于剩余尚未转让的商品或服务的价值确认收入	实际测量的完工进度，评估已实现的结果，时间进度，已完工或交付的产品	有关产出指标的信息有时可能无法直接观察获得，以及应用产出法的信息不易获得
投入法	根据主体履行履约义务的付出或投入相对于预计总付出或投入的比例确认收入	消耗的资源，耗费的人工工时，发生的成本，时间进度，机器工时	投入指标与主体向客户转让商品或服务的控制权之间未必存在直接的对应关系

[①] BC 159，ASU 2014-09。

计量履约进度时应排除的项目

不论选择哪种方法，在计量履约进度时，主体仅包括已转让给客户的商品或服务。例如，当健身俱乐部与会员签订合同，其可能需要建立账户或进行管理活动，但是这些活动并未向客户转让商品或服务。因此，健身俱乐部计量履约进度时应扣除初始活动。

> **ASC 606-10-25-34**
>
> 在应用进度的计量方法时，主体对履约进度的计量不应包括任何主体尚未向客户转移对其控制的商品或服务。反之，主体对履约进度的计量应当包括主体在履行该履约义务时已向客户转移对其控制的商品或服务。

类似地，合同中可能包括不可退还的初始费用，用于补偿主体签订合同时所发生的成本。如果主体确定这些活动并未转移履约义务的控制权，在计量进度时主体不应考虑该活动（和成本），因为该活动没有反映向客户转让的服务。

> **ASC 606-10-55-53**
>
> 主体可能会收取一笔不可返还的费用，部分作为对合同准备过程中（或第606-10-25-17段所述的其他行政任务）所发生的成本的补偿。如果这些准备活动并未履行履约义务，则主体在按照第606-10-25-21段的规定计量履约进度时，应该忽略这些活动（及相关成本）。这是因为这些准备活动成本并未反映对客户的服务转让。主体应当评估在合同准备过程中所发生的成本是否形成一项按照第340-40-25-5段确认的资产。

产出法

产出法下，主体直接根据累计至今已转移给客户的商品和服务对于客户的价值确认收入（例如，已交付的产品，时间进度或已完工的产品）。虽然产出法可能最客观地反映履约进度，但是在应用该方法时面临些挑战。例如，有关产出指标的信息有时无法直接观察获得，主体为获得这些信息需要花费很高的成本。

> **ASC 606-10-55-17**
>
> 产出法，是对迄今为止已转让的商品或服务相对于合同剩余的已承诺商品或服务对于客户的价值的直接计量结果为基础，确认收入。产出法包括诸如：测量迄今为止已完成的履约行为、评价已实现的结果、已达到的里程碑、流逝的时间及已生产或已交付的商品或服务单位。在评价是否运用产出法计量履约进度时，主体应当

考虑所选择的产出能否如实反映主体履约义务的履约进度。如果所选择的产出无法计量某些控制权已转移给客户的商品或服务，则产出法不能提供对主体履约情况的如实反映。例如，如果在报告期末受客户控制的主体履约形成的在产品或产成品未包括在产出的计量中，则基于已生产单位或已交付单位的产出法无法如实反映主体对履约义务的履行。

ASC 606-10-55-19

产出法的不足之处在于，用于计量进度的产出可能无法直接观察到，以及主体取得运用产出法所必需的信息的成本可能过大。因此，可能有必要运用投入法。

ASC 606 中的例 18 对健身俱乐部如何计量其向客户提供服务的履约进度进行了分析。

例18——在商品或服务可供客户使用时计量履约进度

ASC 606-10-55-184

主体是多家健身俱乐部的所有者兼经营者，其与某位客户订立一项合同，约定客户可在一年内使用其任一家健身俱乐部提供的服务。客户可无限次使用健身俱乐部的服务并承诺每月支付 100 美元。

ASC 606-10-55-185

主体确定其向客户的承诺是提供一项使其健身俱乐部可供客户使用的服务。这是因为客户使用健身俱乐部的程度并不影响客户有权获得的剩余商品或服务的数量。主体得出结论认为，在通过使其健身俱乐部可供客户使用而履约的过程中，客户在主体履约的同时取得及消耗主体履约所提供的利益。据此，根据第 606-10-25-27（a）段，主体的履约义务是在某一时段内履行。

ASC 606-10-55-186

主体同时确定，客户可从主体提供的使其健身俱乐部可供客户使用的服务中获得的利益在全年是平均分布的（即，客户自健身俱乐部可供其使用中获益，不论其是否实际使用它）。因此，主体得出结论认为，对于该项在某一时段内履行的履约义务，计量履约进度的最佳方式是基于时间的计量，并且在年内按直线法确认每月 100 美元的收入。

在产品

如 ASC 606-10-55-17 所述，如果产出法不能计量控制权已转让给客户的商品或服务，该方法可能是不合适的。例如，如果在任一时点均存在由客户控制的大量金额的在产品，但是并没有将这些在产品计入履约进度的计量，基于已完工单位或已交付单位的产出法不能反映主体的履约进度。换言之，某一时段内确认收入，是假定客户在产品生产时即控制这些产品。因此，主体认为在产品应该从履约进度的计量中排除与在某一时段内转移控制权的观点产生矛盾。

ASC 606-10-55-17 中产出法的示例包括"达到的里程碑"。TRG 讨论了该方法的使用，特别是对于在某一时段内履行的履约义务，其基础商品或服务的控制权是否在离散的时点转移。换言之，在某一时段内履约的概念与以里程碑的方法计量履约进度是否一致？

> **TRG 基本达成一致的问题：履约义务中的基础商品或服务的控制权能否在离散的时点转移？**
>
> 在 2016 年 4 月的会议上[①]，TRG 基本同意当主体满足在某一时段内确认收入的三条标准的任意一条时，控制权不在离散的时点转移，并且合适的计量履约进度的方法不应导致确认在产品或者主体履约产生的类似资产。这并不表明仅因为履约行为之间存在或可能存在差异，就禁止主体在某一时段内确认收入，例如，因为主体在特定的报告期间不进行任何履约行为。

> **致同见解：达到的里程碑**
>
> 基于 TRG 的上述讨论，我们认为如果存在客户控制大量在产品或产成品，但这些在产品和产成品没有被包含在履约进度的计量中，使用达到的里程碑方法是不合适的，尽管在 ASC 606-10-55-17 中委员会和理事会将"达到的里程碑"作为产出法的一个示例。

> **存在重大在产品时产出法的使用**
>
> 某制造主体为一家具主体生产水龙头。家具主体提供其专利水龙头的规格和相关零部件，由制造商进行生产。
>
> 合同明确如果家具主体在 5 年期合同到期前终止合同，其必须就任何在产品

---

① TRG 文件 53，《评估控制权如何在某一时段内转移》。

> 或尚未交付的产成品水龙头向制造商付款。合同还规定专利水龙头及其零部件不能向家具主体以外的其他方转让。
>
> 制造商得出结论认为，根据 ASC 606-10-25-27（c）在某一时段内确认收入是恰当的，因为其履约行为并未创建一项具有可替代用途的资产，并且其就累计至今已完成的履约部分享有收取款项的可执行权利。
>
> 家具主体的产品在上千家家具商店销售，其每日基于各地区的需求向制造商提交订单。在每一期末，制造商均持有大量产成品及未组装完毕的专利零部件。
>
> 制造商考虑在某一时段内确认收入时适当的履约进度计量方法，其认为基于已完工水龙头数量与水龙头订单总量的履约进度计量方法不合适，因为这会产生大量已部分组装的零部件的在产品金额。因此，主体选择了一个不同但恰当的履约进度计量方法，以更好地反映其履约义务完成的进度，且不会产生重大的在产品金额。

7.1.3 有权开具发票的实务简便方法

指引提供了"有权开具发票"的实务简便方法，允许主体在应用五步法收入模型时可以绕过第三、第四和第五步。在此简便方法下，如果主体具有向其客户开具等同于其累计至今已完成的向客户提供的价值的发票的合同权利，主体可以按发票金额确认收入。

> **ASC 606-10-55-18**
>
> 作为一项实务简便方法，如果主体有权获得与其累计至今已履约的价值相同的对价金额（例如，主体依据每小时提供的服务开具固定金额发票的服务合同），主体可以根据有权开具发票的金额确认收入。

TRG 讨论了利益相关者关于如何评估主体是否有权获得与"向客户提供的价值"直接相关的对价的金额的问题。特别是，利益相关者询问如果存在下述情况，主体是否不能使用该实务简便方法：

- 账单比率在整个合同期内变化。
- 合同包含最低付款额。
- 合同包含初始预付款或延后付款。

在对每一考虑因素进行讨论后，TRG 基本同意为应用此实务简便方法不总是要求在整个合同期内均是固定价格。但是，价格增加或减少必须基于后续转让给客户的价值。确定价格变化是否与转让给客户的价值一致经常需要运用判断。TRG 的讨论汇总如下：

> **TRG 基本达成一致的问题：当合同包含变动的费率、最低保证或初始预付款与延后付款时，主体能否应用"有权开具发票"的实务简便方法？**

费率变动

可能存在账单费率在合同期内变化的情形，这不必然表明对该合同主体不满足应用实务简便方法。主体必须能够说明变化的费率反映了累计至今已履约部分使客户收到的价值。

市场价格或单独售价可能反映了主体累计至今已履约部分使客户收到的价值，但是并没有要求主体评估①这些价格说明了发票金额反映客户收到的价值。而是，"客户收到的价值"意味着应应用判断确定实务简便方法是否适用。主体可能确定另一种方法说明了向客户开具发票的金额与主体累计至今已履约部分转让给客户的价值直接对应。价格的增减变化必须基于后续转让给客户的商品或服务的价值。

TRG 考虑了下述示例说明 2015 年 7 月会议的观点②：

电力供应商与电力采购商执行一项为期 6 年的电力采购与销售的合同。电力采购商必须在合同期内每小时购买 10 兆瓦电力（每个年度 87600 兆瓦），购买价格在合同开始日考虑了未来市场售价。合同价格如下：

第 1~2 年：每兆瓦 50 美元

第 3~4 年：每兆瓦 55 美元

第 5~6 年：每兆瓦 60 美元

交易价格为 2890.8 万美元，代表了电力供应商向电力采购商转让电力预期有权取得的对价（每年每兆瓦合同价格乘以年合同采购数量）。电力供应商得出结论认为其销售电力的承诺是在某一时段内履行的单项履约义务。

TRG 基本一致地认为由于电力供应商向电力采购商开具账单的金额与其累计至今已履行部分向电力采购商转让的价值直接对应，电力供应商符合使用"有权开具发票"的实务简便方法。发票的金额基于下述两项内容：

- 转让的电力单位；
- 每一单位电力参考一个或多个市场指数的单价（例如，可观察到的远期商品价格曲线）。

虽然每一单位电力的费率在合同期内是不同的，因为费率基于一个或多个市场指数，单价反映了转让给客户的价值。市场价格或单独售价可能反映了对客户而言的价值，但是不要求评估证明发票金额反映了对客户而言的价值。主体可能得出结论认为可能使用另一种方法来证明发票金额与主体累计至今已履行部分向客户转移的价值直接对应。

---

①② TRG 文件 40，《计量履约进度的实务简便操作方法》。

合同的最小付款额

TRG 也基本认同合同中存在的最小付款额不影响主体应用实务简便方法（应该满足使用条件），只要最小付款额预期不是"实质性的"（意味着主体预期超过最小付款额）。

初始预付款或者延后付款

当客户预付重大金额的款项，或者主体提供重大金额的延后付款，主体可能很难得出结论认为发票金额与提供给客户的商品或服务的价值直接对应。需要运用判断来确定实务简便方法是否能够适用于带有此类款项的合同。TRG 基本一致认为主体需要评估此类款项相对于协议中整体对价的重要性。

初始预付款与"有权开具发票"的实务简便方法

假定除了电力供应商要求电力采购商在 6 年期合同开始日预付 500 万美元的条款外，其他情况与上述 TRG 示例相同。

对于附有初始预付款或将付款转移至合同开始或结束的追溯调整条款的合同，此类条款导致发票金额与向客户转让的商品价值不能直接对应，需要判断确定是否可以应用有权开具发票的实务简便方法。

由于初始预付款相对于整个协议的对价是重大的，电力供应商得出结论认为其不能使用有权开具发票的实务简便方法，因为其不能说明发票金额与累计至今转让给客户的商品价值直接对应。当电力供应商履行其承诺在 6 年内提供电力时，其需要选择合适的履约进度计量方法来确认收入。

投入法

采用投入法，主体基于履约所做的工作或投入相对于完全履约的预期总工作或总投入确认收入。投入法的示例包括花费的人工工时、机器工时和发生的成本。如果所做工作或投入在履约期间均衡发生，直线法可能是合适的。

ASC 606-10-55-20

投入法，是以主体履行履约义务所作的工作或投入（例如，消耗的资源，花费的工时数，发生的成本，流逝的时间或使用的机器运转时数）相对于履行履约义务的预计总投入为基础，确认收入。如果主体的工作或投入在履约期间内平均消耗，则主体按直线法确认收入可能是恰当的。

选择投入法计量履约进度的主体，例如发生的成本，如果包含某些成本（例如，浪费的材料）损害了主体合同项下的履约情况，需要对履约进度的计量进行调整。

进而，如果履约义务由商品和相关服务组成，并且客户取得商品（例如，未安装的材料）控制权的时间远早于其取得相关服务的时间，当商品转让给客户时，主体按商品的成本金额确认商品相关的收入可能最好地反映其履约的情况。合同初始日如果满足下述全部条件，主体可能以成本金额确认收入：

- 商品不可明确区分。
- 客户预期取得商品控制权的时间远早于其取得服务的时间。
- 商品的成本相较履约义务的预期总成本而言是重大的。
- 主体自另一主体处取得该商品，并且没有参与其设计或制造。

ASC 606-10-55-21

投入法的缺点在于，主体的投入与向客户转移对商品或服务的控制之间可能不存在直接关系。因此，主体应当根据第606-10-25-31段所述的计量履约进度的目标，将投入于未反映主体向客户转移商品或服务控制权履约情况的部分的影响排除在投入法之外。例如，在运用以成本为基础的投入法时，在下列情况下可能需要对履约进度的计量作出调整：

a. 已发生的成本无助于推进主体履行履约义务的进度。例如，主体不会以未在合同价格中反映的因主体履约中明显的低效率而发生的成本（例如，未预期的为履行履约义务而发生的浪费的材料、人工或其他资源的成本金额）为基础确认收入。

b. 已发生的成本与主体履行履约义务的进度不成比例。在这种情形下，对主体履约的最佳反映可能是调整收入法，仅以已发生的成本为限确认收入。例如，如果主体在合同开始时预计将满足下列所有条件，则如实反映主体履约情况的方式可能是按履行履约义务所使用的商品成本的金额确认收入：

- 该商品不可明确区分。
- 预计客户在取得与该商品相关的服务之前很早即已获得对该商品的控制。
- 已转让的该商品的成本相对于完全履行履约义务的预计总成本而言是重大的。
- 主体自第三方采购了商品，并且未深入参与该商品的设计和制造（但是根据第606-10-55-36至55-40段，主体作为主要责任人）。

ASC 606中的例19说明了主体如何对未安装的物料进行会计处理。

例19——未安装的物料

ASC 606-10-55-187

20×2年11月,主体与客户订立一项装修一幢3层建筑并安装新电梯的合同,合同总对价为500万美元。已承诺的装修服务(包括安装电梯)是一项在某一时段内履行的履约义务。预计总成本为400万美元(包括电梯成本150万美元)。主体根据第606-10-55-36至55-40段确定其为主要责任人,因为其在电梯转让给客户之前获得对电梯的控制。

ASC 606-10-55-188

交易价格和预计成本汇总如下:

交易价格	5000000 美元
预计成本:	
电梯	1500000
其他成本	2500000
预计总成本	4000000 美元

ASC 606-10-55-189

主体使用投入法基于已发生的成本来计量其履约义务的履约进度。主体根据第606-10-55-21段评估为购买电梯所发生的成本是否与主体履约义务的履约进度成比例。客户在20×2年12月电梯运抵该建筑物时获得对电梯的控制,尽管电梯直至20×3年6月才进行安装。购买电梯的成本(150万美元)相对于履行履约义务的预计总成本(400万美元)而言是重大的。主体并未参与电梯的设计或制造。

ASC 606-10-55-190

主体得出结论认为,将购买电梯的成本纳入履约进度的计量将导致高估主体的履约程度。因此,根据第606-10-55-21段,主体对履约进度的计量作出调整,以将购买电梯的成本排除在已发生成本的计量及交易价格之外。主体按电梯购买成本的金额确认电梯所产生的收入(即,零毛利)。

ASC 606-10-55-191

在 20×2 年 12 月 31 日,主体观察到:
a. 已发生的其他成本(不包括电梯)为 500000 美元。
b. 履约进度为 20%(即,500000 美元÷2500000 美元)。

ASC 606-10-55-192

据此,在 20×2 年 12 月 31 日,主体确认下列各项:

收入	2200000 美元[a]
销售成本	2000000[b]
利润	200000 美元

(a) 确认的收入计算如下:(20%×3500000 美元)+1500000 美元(3500000 美元=交易价格 5000000 美元-电梯成本 1500000 美元);
(b) 已售商品成本=已发生成本 500000 美元+电梯成本 1500000 美元。

7.1.4 选择一种计量履约进度的方法

指引要求主体采用一种计量履约进度的方法描述主体履行每项履约义务的进度。FASB 和 IASB 解释,对于每项履约义务使用一种以上的方法计量其进度可能忽略了识别履约义务的指引。当一项履约义务包含多项不可明确区分的商品和服务,因此这些商品和服务被合并为一项可明确区分的商品和服务组合时,识别一种履约进度的计量方法可能是非常挑战的。在特别具有挑战的情形下,主体可能需要重新考虑第二步的分析,以判定其是否恰当地识别了合同中的履约义务。

ASC 606-10-25-32

主体应当采用单一的方法来计量每一项在某一时段内履行的履约义务的进度,并且主体应当将该方法一致地运用于相似情形下类似的履约义务。在每一报告期末,主体应当重新计量其在某一时段内履行的履约义务的进度。

TRC 讨论了主体是否可以对一项履约义务使用多种履约进度计量方法,以及当一项履约义务包含多项不可明确区分的商品和服务时如何确定一项最好的履约进度计量方法。讨论总结如下:

> **TRG 基本达成一致的问题：为包含多项商品或服务的一项履约义务选择履约进度计量方法时需要考虑的因素**
>
> 在 2015 年 7 月的会议上[①]，TRG 基本同意对单项履约义务使用多种履约进度计量方法不合适，因为该方法忽略了指引中规定的会计计量单元，收入将以推翻收入模型第二步和第四步中的识别和分摊的方式确认。
>
> TRG 基本同意主体应考虑主体对组合履约义务整体承诺的性质以及完成履行该义务所需工作的性质。为做出该评估，主体应考虑其决定商品或服务不可明确区分，且将其整合为一项履约义务的原因。如果主体得出结论认为对于整合的履约义务使用单一方法计量其履约进度不能如实描述协议的经济实质，这可能表明主体没能识别出合适的履约义务（表明可能存在多于一项的履约义务）。但是，即使履约义务的识别是合适的，一些情形下为整合履约义务选择履约进度计量方法需要重大判断。
>
> TRG 考虑了下述示例以说明这一点：
>> 主体承诺提供软件许可和安装服务，将对软件进行重大定制以添加重要新功能使软件能够与客户其他定制化应用连接。
>>
>> 主体得出结论认为软件和服务不能与定制化安装服务单独区分；因此，软件和安装整合成一项履约义务。主体得出结论认为履约义务在某一时段内履行。如果许可是可明确区分的，其应为在某一时点转让。
>>
>> 因为定制化软件解决方案是在某一时段内履行的承诺，计量履约进度的方法应基于反映主体完成该服务的进度，因此是完成该整合履约义务的进度。在这种观点下，所有的收入应在提供定制化服务的时段内确认。
>
> TRG 认为在此示例中基于向客户转让的每一商品或服务的估计价值的产出法是不合适的，因为该方法将许可和服务作为两项单独的履约义务进行会计处理，忽略了会计计量的单元（即，单项履约义务）并推翻了识别和分摊的指引。
>
> 进而，TRG 不认可主体在软件转让时确认收入，因为软件是该整合履约义务中最主要项目。因为主体承诺的性质是提供定制化软件解决方案，其不能得出结论认为软件是该整合履约义务中最基本或最主要的组成部分。在此情形下，基础的软件许可不是最主要的，因为定制化服务很可能对客户也是重要的。

7.1.5 合理计量履约进度的能力

对于在某一时段内履行的履约义务，主体只有在能够合理计量履约进度时，才能够确认收入，这意味着主体必须能够取得可靠信息使得其采用最合适的计量方法。

---

① TRG 文件 41，《当一项履约义务包含多项商品或服务时履约进度的计量》。

ASC 606-10-25-36

对于在某一时段内履行的履约义务,仅当主体能够合理地计量该履约义务的履约进度时,主体才应确认收入。如果主体无法获得应用计量进度的适当方法所需的可靠信息,则主体无法合理地计量履约义务的履约进度。

如果主体不能合理计量其完工进度,但仍预期能够收回成本,主体应该按照已发生的成本确认收入直至能够合理计量履约进度。此做法可能适用于合同的初始阶段,或者主体首发一款新产品或者服务而计量履约进度的历史和经验都有限时。以已发生的成本为限确认收入,至少主体反映了履约进度。一旦主体能够合理计量履约进度,应用计量履约进度的方法确认收入。

ASC 606-10-25-37

在某些情况下(例如,在合同的早期阶段),主体可能无法合理地计量履约义务的结果,但主体预计能够收回履行履约义务所发生的成本。在此类情况下,主体在能够合理地计量履约义务的结果之前仅应以已发生的成本为限确认收入。

7.1.6 更新履约进度

主体应在整个合同期内更新履约进度。例如,如果主体在执行合同中得出结论认为其完成合同的成本将会翻倍,其根据 ASC 250 的指引将此作为会计估计变更处理,重新计算累计至今的收入并确认履约进度的变化。

ASC 606-10-25-35

若相关情况随着时间的推移而发生变化,主体应当更新其对履约进度的计量以反映履约义务结果的任何变更。此类对主体履约进度计量的变更应按照子主题250-10 作为会计估计变更处理。

7.1.7 合同初始活动

主体有时在满足所有合同条款之前或者根据第一步满足会计上的合同标准之前对一项预期合同开始工作。这些工作可能包括下列活动:
- 没有向客户转让商品或服务(例如,管理任务)。
- 执行预期合同但是没有向客户转让商品或服务(例如,初始成本)。
- 在满足第一步的合同日或以后的日期向客户转让商品或服务。

如果主体得出结论认为其在合同满足第一步的标准之前已执行的活动构成履行履约义务的进度，在满足第一步的标准时其应按照根据该进度预期有权收取的金额确认收入。即，在合同满足第一步标准的期间，主体应以反映全部或部分履行的履约义务的累计程度确认收入。该调整反映了在合同满足第一步的标准时部分商品或服务的控制权已经转移给客户的事实。

> **TRG 基本达成一致的问题：在合同成立日期之前的活动产生的收入如何确认？**
>
> TRG 在 2015 年 3 月会议①上考虑了下述示例：
>
> 　　某制造商与客户签订了一份长期生产高度定制化商品的合同。客户基于滚动日历基础发出 30 天供应的采购订单（即，每 30 天发出一份新的采购订单）。采购订单不可取消，并且一旦收到订单，该制造商拥有对所有在产品收取款项的合同权利。为了满足客户的预期需求，基于客户提供的不具有约束力的预测，该制造商将会预先安装一些商品。当客户发出采购订单时，该制造商拥有已完成的商品和其他部分完成的商品。
>
> 　　主体确定每一项定制的商品代表一项在某一时段内履行的履约义务，因为该定制商品不具有可替代用途，并且制造商在收到采购订单时即具有收取款项的可执行权利。
>
> TRG 基本同意如果在合同满足第一步的标准时，主体已经向客户转让了一项履约义务之内承诺的商品或服务，应基于累计程度确认收入以反映主体在满足第一步标准时的完工进度。主体在计量履约进度时应包括反映客户已经控制的商品或服务的成本。

生产前活动

在一些要求主体进行前期设备调动或设计新技术或新设备的长期供应安排中，生产前活动是常见的。第 11.3 部分包括关于生产前活动会计处理考虑事项的讨论，该讨论也适用于某些合同前活动。

7.1.8 随时准备提供的履约义务

当主体履约义务的性质是随时准备提供商品或服务，以时间为基础计量履约进度可能是合适的。当获益模式和主体完成合同所做的工作在合同期内不均衡时，以时间为基础计量履约进度的方法可能不合适。另一方面，当主体预期客户在整个合同期内平均地取得并消耗主体履约所带来的经济利益，或者如果主体不知道或者不能合理估计客户如何或者何时要求履约，那么使用以时间为基础计量履约进度从而按直线法分配收入可能是合适的。

---

① TRG 文件 33，《在识别合同前部分履行的履约义务》。

TRG 关于随时准备提供的履约义务的履约进度计量问题总结如下。

> **TRG 基本达成一致的问题：**
> **主体如何计量随时准备提供的履约义务的履约进度？**
>
> 在 2015 年 1 月会议上①，TRG 就此问题基本达成一致，即主体需要通过判断确定主体承诺的性质是否为随时准备提供商品或服务，或者提供特定的基础商品或服务，但不是随时准备提供的履约义务（见第 4.1.3 部分）。
>
> 计量在某一时段内履行的随时准备提供的履约义务的履约进度的合适方法可能因该履约义务的类型而不同。当按直线法分配收入不能反映主体的履约时，默认的按直线法分配收入是不合适的。例如，对于年度清雪合同，在合同期内采用直线法是不合理的，因为考虑到在暖和的月份预期不会下雪，客户取得收益的模式和主体履约所做的工作在一年中是不均衡发生的。
>
> 另一方面，如果主体预期客户在合同期内将均衡地取得并消耗主体履约所带来的经济利益，或者如果其不知道也不能合理估计客户如何以及何时要求履约，那么基于时间计量履约进度从而按直线法分配收入可能是合适的。ASC 606 的例 18 得出结论认为主体承诺的性质是在合同期内随时准备为客户提供健身俱乐部设施的使用。因为客户将会在合同期内均衡地从主体提供可用的健身俱乐部服务中获益，以时间为基础计量履约进度是合适的。
>
> TRG 一致同意当主体承诺为客户提供非特定的更新或升级，但是不能预测提供更新和升级的时间，那么该承诺的性质是随时准备提供更新和升级。客户在合同期内自主体随时提供更新和升级的承诺中均衡受益。因此，在这种情况下以时间为基础计量履约进度应是合适的。

7.2 在某一时点转移控制权

如果履约义务不满足在某一时段内确认收入的三条标准中的任意一条，主体应在某一时点确认收入。主体通过判断客户何时取得资产（即，主体承诺转让给客户的商品或服务）控制权确定收入确认的时点。

在进行这项判断时，主体应考虑控制权转让给客户的下列因素，包括但不限于：
- 主体就该资产享有现时收款权利。
- 客户已拥有该资产的法定所有权。
- 客户已拥有该资产实物。
- 客户已取得该资产所有权上的主要风险和报酬。
- 客户已接受该资产。

---

① TRG 文件 16，《随时准备提供的履约义务》。

当主体就其履约享有现时收款权利时，表明客户已经取得该资产的控制权，意味着客户通常能够主导该资产的使用并从中获得经济利益。

拥有资产的法定所有权通常表明哪一方控制资产。但是，如果主体仅仅是为了确保到期收回货款而保留资产的法定所有权，该权利不会对客户取得对该资产的控制权构成障碍。

类似地，客户拥有资产实物可能表明其控制该资产，因为其有能力主导该资产的使用并从中获得其几乎全部的经济利益，并且/或者使其他主体无法获得这些利益；但是，主体必须考虑是否有其他事项能够推翻此假设。例如，如果实质性回购条款（见第7.4部分）表明主体依然控制资产，客户拥有资产实物并不自动表明其控制了该资产。委托协议也是这种情况（见第7.6部分）。

当客户取得资产所有权上的主要风险和报酬，可能表明客户控制了该资产，并且取得了主导该资产的使用并从中获得其几乎全部经济利益的能力。

> **致同见解：综合的 FOB 目的地与控制**
>
> 当运输条款明确离岸价（FOB）装运点，但是主体继续承担损失的风险直至产品被运至客户处，综合的 FOB 目的地发生。这些条款可能在合同中明确声明或隐含在主体为运输中的商品丢失或者损坏提供替代品的商业惯例中。
>
> 由于直至主体将商品运送至客户处，资产所有权上的风险和报酬才转移给客户，这可能表明直至商品交付给客户，控制权才转移给客户。除此考虑之外，主体需要评估其他因素，包括 ASC 606-10-25-30 中确定控制权转移时点的因素。

最后，客户接受该资产表明其已经取得了主导该资产的使用并从中获得几乎全部经济利益的能力。客户接受条款在第7.2.1部分进行讨论。

> **ASC 606-10-25-35**
>
> 如果履约义务并非按照第606-10-25-27至25-29段在某一时段内履行，则主体是在某一时点履行履约义务。为确定客户取得对已承诺资产的控制及主体履行履约义务的时点，主体应当考虑第606-10-25-23至25-26段关于控制的要求。此外，主体还应考虑控制转移的指标，包括但不限于：
> a. 主体具有资产付款的现时权利——如果客户具有现时义务就资产进行支付，这可能表明客户已取得主导交易资产的使用并获得其产生的几乎所有剩余利益的能力。
> b. 客户已拥有资产的法定所有权——法定所有权可能显示合同的哪一方具有主导资产的使用并获得资产几乎所有剩余利益，或者使其他主体无法获得这些利益的能力。因此，资产法定所有权的转移可能表明客户已取得对资产

的控制。如果主体仅出于防止客户不付款的原因而保留资产的法定所有权，主体的此类权利并不妨碍客户取得对资产的控制。

c. 主体已转移了对资产的实物占有——客户对资产的实物占有可能表明客户已具有主导资产的使用并获得资产几乎所有剩余利益，或者使其他主体无法获得这些利益的能力。然而，对资产的实物占有可能不一定等同于对资产的控制。例如，在某些回购协议及特定的委托代销安排的情况下，主体控制的资产其实物可能由客户或受托方持有。相反，在某些"开出账单但代管商品"的安排下，主体可能会持有由客户控制的资产。第606-10-55-66至55-78段、第606-10-55-79至55-80段及第606-10-55-81至55-84段分别就回购协议、委托代销安排及"开出账单但代管商品"安排的会计处理提供了指引。

d. 客户已承担和拥有资产所有权上的重大风险和报酬——向客户转移资产所有权上的重大风险和报酬可能表明客户已取得主导资产的使用并获得资产几乎所有剩余利益的能力。但是，在评价已承诺资产的所有权上的风险和报酬时，主体不应考虑产生除转让资产之履约义务外的单独履约义务的风险。例如，主体可能已向客户转移了对资产的控制，但尚未履行提供涉及已转让资产的维护服务的额外履约义务。

e. 客户已验收资产——客户已验收资产可能表明其已取得主导资产的使用并获得资产几乎所有剩余利益的能力。在评估合同规定的客户验收条款对资产控制转移时间的影响时，主体应考虑第606-10-55-85至55-88段中的指引。

上述讨论的任一指标不具有单独的决定性；而是，主体应综合考虑所有指标以确定控制权转移的时点。

图表7.4提供了表明主体或客户控制资产的每一指标的额外指引。

图表7.4 评估控制权转移时点

主体仍控制资产的指标	控制指标	客户控制资产的指标
当主体不具有向客户收款的权利时，这可能表明主体没有转移资产的控制权	现时收款权利	当客户就该资产负有现时付款义务时，可能表明客户享有控制权
当主体仍然拥有资产的法定所有权，并且保留法定所有权不仅是为了确保到期收回货款时，这可能表明主体仍然享有控制权	法定所有权	当客户取得商品的法定所有权，或者主体仅是为了确保到期收回货款而保留商品的法定所有权时，可能表明客户取得了控制权
当主体保留对资产的实物占有时，可能表明主体仍控制该资产，除"开出账单但代管商品"安排的情形外（见第7.5部分）	实物占有	当客户拥有资产实物时，可能表明客户控制该资产；但是，在回购协议或者委托协议等安排中，实物占有可能和控制资产不一致

续表

主体仍控制资产的指标	控制指标	客户控制资产的指标
如果主体仍能够主导资产的使用并从中获得几乎全部经济利益,可能表明主体仍控制该资产	所有权上的主要风险和报酬	如果客户能够主导资产的存放位置以及转给另一方,客户面临资产市场价格的变化或资产的损坏风险,可能表明客户控制该资产
当主体没有满足实质的客户接受条款时,可能表明主体仍控制该资产	客户接受商品（见第7.2.1部分）	当客户正式表示已满足其接受商品的标准时,可能表明控制权已转移给客户

> **重大选择：销售后确认收入**
>
> 在原准则下，由于潜在折价和折扣风险，一些主体认为对分销商的销售对价不固定也不确定。因此，主体直至分销商将产品卖给第三方客户时才确认收入。这个方法在原准则下称为"销售后确认收入"。
>
> 在ASC 606下，如果主体确定商品运送至分销商时控制权发生转移，原使用销售后确认收入的主体确认收入的时间可能早于原准则下的时间。在这些情况下，当控制权转移给分销商时，主体估计交易价格，包括退货及价格折让，并运用限制指引确定收入确认的金额。主体应在每一报告期间更新交易价格，包括评估受限制的金额。

7.2.1 客户接受条款

如果商品或服务不满足约定的接受标准，客户接受条款允许客户取消合同或要求主体采取补救措施。当评估客户接受条款时，主体必须首先确定这些条款是否是客观的。见图表7.5。

图表7.5 客户接受条款

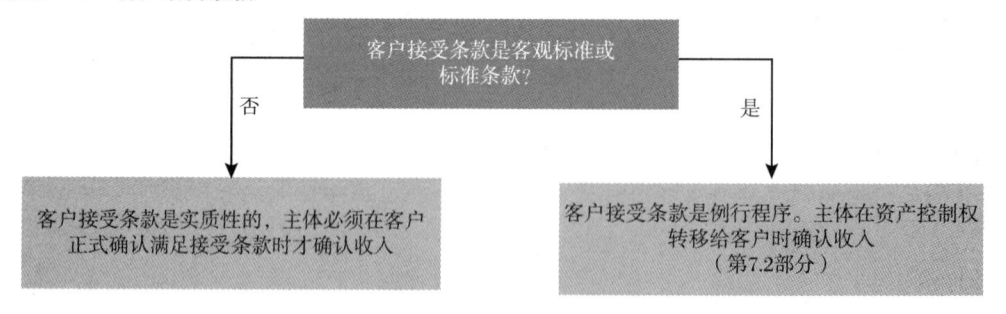

```
          客户接受条款是客观标准或
              标准条款？
         ┌─────────┴─────────┐
        否                    是
         ↓                    ↓
  客户接受条款是实质性的,      客户接受条款是例行程序。主体在资产控制权
  主体必须在客户正式确认       转移给客户时确认收入
  满足接受条款时才确认收入           （第7.2部分）
```

当条款是"客观"的，客户接受条款是例行程序，不影响主体确定客户取得商品或服务控制权的时间。

另一方面，当客户接受条款不是客观的或是非标准的，主体必须在收到客户正式确认后才能得出结论认为客户取得商品或服务的控制权。

可能表明客户接受条款是实质性的，因此不是例行程序的因素包括：
- 接受条款通常没有包含在主体的合同中。
- 接受条款由客户提出。
- 待接受的产品是复杂的，在主体处的测试结果不代表在客户处的测试结果。
- 产品是新产品，或主体缺乏足够的历史信息支持常规的客户接受条款。

ASC 606-10-55-85

根据第 606-10-25-30（e）段，客户接受资产可能表明客户已获得对资产的控制。客户接受条款允许客户在商品或服务不符合约定规格的情况下解除合同或要求主体采取补救措施。主体应在评价客户何时获得对商品或服务的控制时考虑此类条款。

ASC 606-10-55-86

如果主体能够客观地确定对商品或服务的控制已按照合同的约定规格转移给客户，则客户验收仅为一项例行程序，不会影响主体关于客户何时获得对商品或服务的控制的确定。例如，如果客户接受条款是以符合规定的规格和重量特征为基础，主体将能够在取得客户接受确认之前确定这些条件是否已得到满足。主体对类似商品或服务合同的经验可为向客户提供的商品或服务符合合同的约定规格提供证据。如果收入是在客户接受前确认，主体仍然必须考虑是否存在剩余履约义务（例如，设备安装）并评估是否应对其单独进行会计处理。

ASC 606-10-55-87

但是，如果主体无法客观地确定向客户提供的商品或服务是否符合合同的约定规格，则主体在客户接受之前无法得出客户已获得控制的结论。这是由于在这种情况下，主体无法确定客户是否有能力主导该商品或服务的使用并获得其几乎所有剩余利益。

下述示例说明了如何应用 ASC 606 中客户接受的指引。

评估客户接受条款

20×8 年 6 月 15 日主体 A 以 1000 美元向客户 B 销售一台机器。主体 A 在 20×8 年 6 月 30 日将机器运至客户 B 处。主体 A 确定合同中包含一项履约义务（机器），并且控制在某一时点转移。在客户收到机器时，法定所有权及相关的风险和报酬转移给客户。主体 A 在机器交付给客户 B 时有权向客户收款。客户 B 在 7 月 5 日正式接受该机器。

> 如果合同包含下述任一客户接受条款，主体 A 销售机器的会计处理为：
>
> **情景 1**
>
> 客户接受条款是基于机器满足特定规格和重量特征。主体 A 向众多客户销售相同的、不复杂的机器，并且协议中通常包含此特定接受条款。
>
> 因为主体 A 能够客观地确定特定要求得到满足，接受条款是客观和标准的，主体确定控制权已转移。主体 A 在 20×8 年 6 月 30 日商品交付时确认收入。
>
> **情景 2**
>
> 客户接受是基于客户 B 内部的质量检测，合同约定客户在 30 天内对主体 A 做出正式的书面接受。机器高度复杂且是相对新的生产线的组成部分，所以主体 A 没有足够的关于客户接受的历史数据。
>
> 主体 A 确定接受条款是非标准的，由客户规定，并且和公司具有有限历史的高度复杂的设备相关。因此，直至客户正式接受时，控制权才转移，主体 A 直至 7 月 5 日才确认收入。

7.3 试用期

当主体在试用期向客户提供商品或服务，并且直至试用期终止客户都不需要为产品进行付款时，商品或服务的控制并没有转移给客户，直至客户接受该商品或服务或试用期终止。实际上，本模型第一步（见第 3.1 部分）中的合同并不存在，直至客户接受该产品或试用期终止，因为可执行的权利和义务并不存在。

> **ASC 606-10-55-88**
>
> 如果主体发货给客户是为了让客户试用或评价产品，且客户并未承诺在试用期终止前支付任何对价，则对该产品的控制在客户接受该产品或试用期终止前并未转移给客户。

7.4 售后回购协议

有时主体订立一项合同销售资产，同时承诺（或有权选择）再将该资产、几乎相同的资产或原资产组成部分的另一资产购回。根据 ASC 606，主体应评估回购资产的承诺的形式（例如，远期合同、看涨期权或看跌期权）以确定恰当的会计处理方法。见图表 7.6。

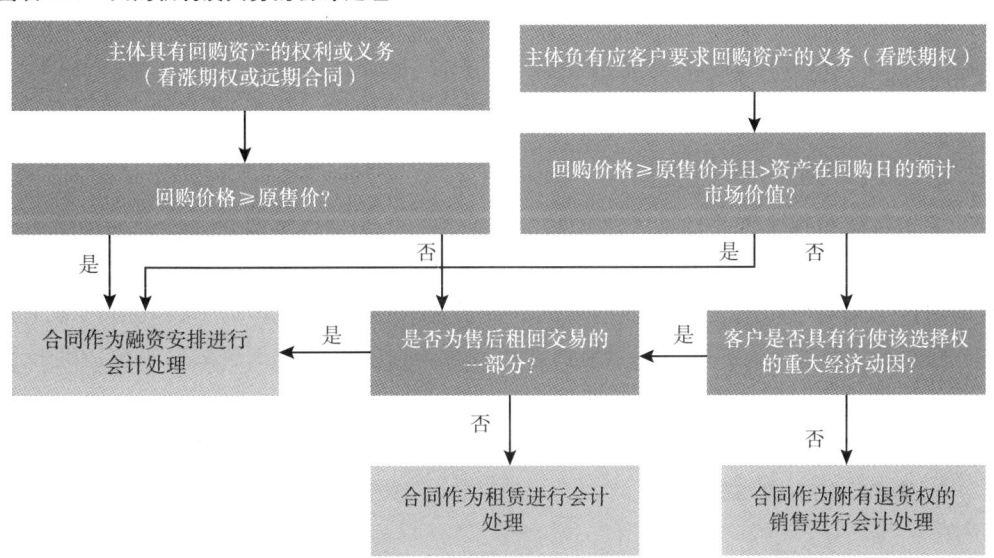

图表 7.6　回购权利及义务的会计处理

```
                主体具有回购资产的权利或义务              主体负有应客户要求回购资产的义务（看跌期权）
                 （看涨期权或远期合同）
                          │                                           │
                          ▼                                           ▼
                     回购价格≥原售价?                      回购价格≥原售价并且>资产在回购日的预计
                                                                  市场价值?
                   是│         │否                           是│         │否
       ┌─────────────┘         └──────┐          ┌───────────┘         │
       ▼                               ▼          ▼                    ▼
  合同作为融资安排进行  ◄──是── 是否为售后租回交易的 ──是──► 客户是否具有行使该选择权
      会计处理                    一部分?                      的重大经济动因?
                                     │否                              │否
                                     ▼                                ▼
                              合同作为租赁进行会计               合同作为附有退货权的
                                    处理                          销售进行会计处理
```

7.4.1　远期合同或看涨期权

如果合同包含远期合同（主体负有回购资产的义务）或看涨期权（主体享有回购资产的权利），主体应按以下两者之一对合同进行会计处理：

- 如果主体能够或必须按低于资产原售价的金额回购该资产，并且合同不是售后租回交易的一部分，则作为租赁进行会计处理；
- 如果主体能够或必须按相当于或高于资产原售价的金额回购该资产，则作为融资安排进行会计处理。

虽然客户可能已实物占有该资产，但客户并未取得相关资产控制权，因为客户主导这项资产的使用并获得这项资产几乎所有剩余利益的能力受到主体回购义务或权利的限制。

ASC 606-10-55-68

如果主体具有回购资产的义务或权利（远期合同或看涨期权），则客户并未获得对该资产的控制，因为客户主导这项资产的使用并获得这项资产几乎所有剩余利益的能力受到限制（即使客户可能已持有该资产实物）。因此，主体应按以下二者之一对合同进行会计处理：

a. 如果主体能够或必须按低于资产原售价的金额回购该资产，除非该合同是售后租回交易的一部分，则按照主题 840（842）作为租赁进行会计处理。如果该合同是售后租回交易的一部分，则主体应将该合同作为融资安排进行会计处理，而不是根据子主题 840-40（842-40）作为售后租回对该合同进行会计处理。

b. 如果主体能够或必须按相当于或高于资产原售价的金额回购该资产，则按照第 606-10-55-70 段作为融资安排进行会计处理。

ASC 606-10-55-69

在将回购价格与售价进行比较时，主体应当考虑货币的时间价值。

当主体将包含远期合同或看涨期权的回购协议作为融资安排进行会计处理时，主体应继续确认该资产，并将从客户取得的对价确认为一项金融负债。主体将从客户取得的对价金额与应付给客户的金额之间的差额确认为利息，以及（如适用）加工成本或持有成本（例如，保险）。如果该选择权在未行使的情况下失效，主体应终止确认相关负债，同时确认收入。

ASC 606-10-55-70

如果回购协议是一项融资安排，则主体应当继续确认资产并就从客户取得的对价确认为一项金融负债。主体应将从客户取得的对价金额与应付给客户的对价金额之间的差额确认为利息，以及（如适用）加工成本或持有成本（例如，保险）。

ASC 606-10-55-71

如果该选择权在未行使的情况下失效，则主体应当终止确认相关负债并确认收入。

ASC 606 中的例 62 案例 A 说明了主体享有回购资产的权利（看涨期权）时，如何应用相关规定。

例 62——回购协议（摘录）

ASC 606-10-55-401

在 20×7 年 1 月 1 日，主体与客户订立一项销售有形资产的合同，合同价款为 100 万美元。

案例 A——看涨期权：融资
ASC 606-10-55-402

合同包含一项看涨期权，赋予主体在 20×7 年 12 月 31 日或之前以 110 万美元回购该资产的权利。

ASC 606-10-55-403

该资产的控制于20×7年12月31日并未转移给客户,因为主体有权回购该资产,因此客户主导该资产的使用及获得该资产几乎所有剩余利益的能力是受到限制的。据此,根据第606-10-55-68(b)段,由于行权价格高于原售价,因此主体将该交易作为融资安排进行会计处理。根据第606-10-55-70段,主体不终止确认该资产,而是将收到的现金确认为金融负债。主体同时将行权价格(110万美元)与所收到的现金(100万美元)之间的差额确认为利息费用,增加负债。

ASC 606-10-55-404

在20×7年12月31日,该期权未被行使而失效。因此,主体终止确认相关负债并确认110万美元的收入。

7.4.2 看跌期权

如果客户有权要求主体按低于资产原售价的价格回购资产(看跌期权),主体应评估客户是否具有行使该要求权的重大经济动因。该评估考虑各类因素,包括回购价格与该资产在回购日的预计市场价值之间的关系。如果预计回购价格显著超过市场价值,则存在重大经济动因。则此协议作为租赁进行会计处理(因为客户实际上为获得在一段时间内使用该资产的权利而向主体支付对价),除非该合同为售后租回协议的一部分,在此情况下,该协议作为融资安排进行会计处理。

如果客户不具有行使该看跌期权的重大经济动因,主体将该协议作为附有退货权的销售进行会计处理(见第5.1.3部分)。

如果合同授予客户看跌期权,并且资产的回购价格相当于或高于原售价、且高于此项资产的预计市场价值,则此合同被认为是一项融资安排。在此情况下,主体继续确认该资产并以该资产的原售价初始确认一项负债。

ASC 606-10-55-72

如果主体有义务应客户要求按低于资产原售价的价格回购资产(看跌期权),主体应当在合同开始时考虑客户是否具有行使这项权利的重大经济动因。客户行使这项权利将导致客户实际上为获得在一段时间内使用特定资产的权利而向主体支付对价。因此,如果客户具有行使这项权利的重大经济动因,主体应按照主题840(842)将该协议作为一项租赁进行会计处理,除非该合同为售后租回交易的一部分。如果该合同是售后租回交易的一部分,主体将该合同作为融资安排进行会计处理,而不是根据子主题840-40(842-40)作为售后租回进行会计处理。

> **ASC 606-10-55-73**
>
> 为确定客户是否具有行使这项权利的重大经济动因，主体应当考虑各类因素，包括回购价格与该资产在回购日的预计市场价值之间的关系，以及至权利过期前剩余的时间。例如，如果预计回购价格显著超过资产的市场价值，这可能表明客户具有行使该看跌期权的重大经济动因。
>
> **ASC 606-10-55-74**
>
> 如果客户并不具有按低于资产原售价的价格行使其权利的重大经济动因，则主体应将该协议视同为第 606-10-55-22 至 55-29 段所述的附有退货权的产品销售进行会计处理。
>
> **ASC 606-10-55-75**
>
> 如果资产的回购价格相当于或高于原售价、且高于此项资产的预计市场价值，则此合同实际上是一项融资安排，从而应按照第 606-10-55-70 段所述的方式进行会计处理。
>
> **ASC 606-10-55-76**
>
> 如果资产的回购价格相当于或高于原售价、且低于或等同于该资产的预计市场价值，而客户并不具有行使权利的重大经济动因，则主体应将该协议视同为第 606-10-55-22 至 55-29 段所述的附有退货权的产品销售进行会计处理。
>
> **ASC 606-10-55-77**
>
> 在将回购价格与售价进行比较时，主体应当考虑货币的时间价值。

如果看涨期权或看跌期权在未行使的情况下失效，主体应终止确认已确认的负债，同时确认收入。

> **ASC 606-10-55-78**
>
> 如果该期权在未行使的情况下失效，则主体应当终止确认相关负债并确认收入。

ASC 606 中的例 62 案例 B 说明了当合同提供给客户权利要求主体回购资产时（看跌期权），主体如何应用相关规定。

> **例62——回购协议（摘录）**

ASC 606-10-55-401

在20×7年1月1日，主体与客户订立一项销售有形资产的合同，合同价款为100万美元。

案例B——看跌期权：租赁

ASC 606-10-55-405

合同包含的期权并非看涨期权，而是一项看跌期权，其规定主体有义务在20×7年12月31日或之前应客户的要求以900000美元回购该资产。该资产在20×7年12月31日的预计市场价值为750000美元。

ASC 606-10-55-406

在合同开始时，主体评估客户是否具有促使其行使这项看跌期权的重大经济动因，以确定该资产转让的会计处理（参见第606-10-55-72至55-78段）。主体得出结论认为客户具有促使其行使这项看跌期权的重大经济动因，因为回购价格显著超过该资产在回购日的预计市场价值。主体确定在评估客户是否具有促使其行使该看跌期权的重大经济动因时，不存在需考虑的任何其他相关因素。据此，主体确定由于客户主导该资产的使用及获得该资产几乎所有剩余利益的能力是有限的，因此资产的控制并未转移给客户。

ASC 606-10-55-407

根据第606-10-55-72至55-73段，主体按照主题840（842）将该交易将作为一项租赁进行会计处理。

7.5 "开出账单但代管商品"的安排

在"开出账单但代管商品"的安排中，客户获得对商品的所有权，并同意支付对价，但还未准备好接收商品。主体仍继续持有产品实物，直至该产品之后转让给客户。客户可能在多种情形下进行以"开出账单但代管商品"的销售，包括：例如，客户没有可存放商品的空间或客户使用该商品作为组成部分的生产进度延迟。

> **ASC 606-10-55-81**
>
> "开出账单但代管商品"的安排,是指规定主体就产品向客户开出账单,但直至该产品在未来某一时点转让给客户之前,主体将继续持有该产品实物的合同。例如,客户可能因缺少可存放产品的空间或客户的生产进度延迟而要求与主体订立此合同。

在此类安排下,即使客户没有持有商品实物,客户仍可能获得了对商品的控制,并且主体必须确定其是否向客户转移了产品的控制。

必须在符合下列所有条件时,主体才能得出结论认为,其将"开出账单但代管商品"安排下产品的控制转移给了客户:

- 该安排必须具有实质性的理由。
- 产品必须作为属于客户的产品被单独识别,并且产品实物当前必须可随时转让给客户。
- 主体不具有使用产品或将产品提供给其他客户的能力。

如果没有符合上述任一条件,客户没有获得产品的控制,主体也不能确认收入。

> **ASC 606-10-55-82**
>
> 主体应通过评价客户何时获得对产品的控制来确定其何时履行转让产品的履约义务(见第606-10-25-30段)。对于某些合同而言,视合同条款(包括交付及发货条款)的不同,控制或者在产品运抵客户所在地时转移,或者在发货时转移。但是,对于某些合同而言,即使主体继续持有产品实物,客户仍可能获得了对产品的控制。在这种情况下,即使客户已决定不行使其持有产品实物的权利,客户仍有能力主导该产品的使用并获得该产品的几乎所有剩余利益。因此,主体并未控制该产品。相反,主体是向客户提供保管客户资产的服务。

ASC 606-10-55-83

除应用第606-10-25-30段的要求外,必须在符合下列所有条件的情况下,客户才获得对"开出账单但代管商品"安排下产品的控制:

 a. "开出账单但代管商品"的安排必须具有实质性的理由(例如,客户要求订立该项安排);

 b. 产品必须作为属于客户的产品被单独识别;

 c. 产品实物当前必须可随时转让给客户;以及

 d. 主体不具有使用产品或将产品提供给其他客户的能力。

当主体得出结论认为，即使客户还未持有产品实物，客户仍有能力主导该产品的使用并获得该产品的几乎所有剩余利益，则主体不再控制该产品，因此应确认该产品的销售收入。在这种情况下，主体需要考虑其是否承担剩余履约义务，例如，向客户提供保管服务。如果是，主体应将部分交易价格分摊至剩余履约义务。

ASC 606-10-55-84

如果主体就基于"开出账单但代管商品"安排的产品销售确认收入，主体应当根据第 606-10-25-14 至 25-22 段考虑其是否承担剩余履约义务（例如，保管服务），从而应根据第 606-10-32-28 至 32-41 段将部分交易价格分摊至该剩余履约义务。

重大选择："开出账单但代管商品"的安排

原准则和 SEC 规定包括确定主体在"开出账单但代管商品"安排中能否确认收入的标准。除原准则要求此类安排要包括固定的发货计划，并明确要求买方要求以"开出账单但代管商品"为基础进行交易外，原准则中的标准与 ASC 606 中的标准大致相同。

2017 年 8 月，SEC 首席会计师办公室的工作人员发布了 SAB 116，以使现有的 SEC 指引与 ASC 606 及相关修订中的指引相一致，包括澄清了一旦注册公司采用 ASC 606，就不应再提及 SEC《会计和审计执行通告 108》的"Stewart Parness 事项"中，关于开出账单但代管商品安排的收入确认的指引。

ASC 606 中的例 63 说明了主体可能如何应用"开出账单但代管商品"的规定。

例 63——"开出账单但代管商品"的安排

ASC 606-10-55-409

主体于 20×8 年 1 月 1 日与客户订立一份出售机器和零配件的合同。该机器和零配件的制造期为两年。

ASC 606-10-55-410

在制造完成后，主体能够证明该机器和零配件符合合同约定的规格。转让机器和零配件的承诺可明确区分，因此存在两项履约义务，而每项履约义务均在某一时点履行。在 20×9 年 12 月 31 日，客户对该机器和零配件进行了支付，但仅取得了机器的实物占有。尽管客户已对零配件进行检查及验收，但客户要求将零配件存放于主体的仓库中（因为该仓库临近客户的厂房）。客户已拥有零配件的法定所有权，且该零配件可明确识别为属于该客户。此外，主体在其仓库的单独区域内存放这些零配件，并且这些零配件可随时应客户的要求立即发货。主体预期将持有这些零配件两年至四年，且主体并不能使用这些零配件或将这些零配件提供给另一客户使用。

ASC 606-10-55-411

主体将提供保管服务的承诺识别为一项履约义务，因为这是一项向客户提供的服务并且可与机器和零配件明确区分开来。据此，主体对合同中的三项履约义务（提供机器、零配件和保管服务的承诺）进行会计处理。交易价格被分摊至这三项履约义务，并且在控制转移给客户时（或在这一过程中）确认收入。

ASC 606-10-55-412

对机器的控制于20×9年12月31日在客户取得机器的实物时转移给客户。在确定对零配件的控制是在哪一时点转移给客户时，主体评估了ASC 606-10-25-30中的指标，并且认为主体已取得付款、客户已拥有零配件的法定所有权并且已对零配件进行检查及验收。此外，主体得出结论认为已满足ASC 606-10-55-83所述的所有标准，因此主体有必要确认"开出账单但代管商品"安排的收入。主体于20×9年12月31日在零配件的控制转移给客户时确认零配件相关的收入。

ASC 606-10-55-413

提供保管服务是在某一时段内（在服务提供过程中）履行的履约义务。主体根据第606-10-32-15至32-20段考虑付款条款是否包含重大融资成分。

7.6 委托代销安排

当产品已交付给其他方（例如，经销商），但该其他方并未获得对产品的控制时，则存在委托代销安排。因此，如果经销商是在委托代销安排下持有产品，主体不应在发出产品时确认收入。

表明一项安排是委托代销安排的指标包括但不限于：
- 在特定事件发生前，例如向经销商的客户出售产品或指定期间到期前，主体拥有对产品的控制。
- 主体能够要求退货或将该产品转让给第三方。
- 经销商没有对该产品进行支付的无条件义务，尽管可能要求其支付一笔定金。

ASC 606-10-55-79

当主体将产品交付给其他方（例如，经销商或分销商）以供出售给最终客户时，主体应当评价该其他方在该时点是否已获得对相关产品的控制。如果该其他方并未获得对这些产品的控制，已发送至其他方的产品可能是在委托代销安排下持有的。相应地，如果已发送的产品是在委托代销安排下持有，主体不应在向其他方发出产品时确认收入。

ASC 606-10-55-80

表明一项安排是委托代销安排的因素包括但不限于：
a. 在特定事件发生之前，例如向经销商的客户出售产品或指定期间到期之前，主体拥有对产品的控制。
b. 主体能够要求退货或将该产品转让给第三方（例如，其他经销商）。
c. 经销商没有对该产品进行支付的无条件义务（尽管可能要求其支付一笔定金）。

下述示例对委托代销安排的规定进行了说明。

评价委托代销安排

某珠宝设计师通过当地的礼品店（设计师的非关联方）销售珠宝。第三方客户在当地精品店直接购买珠宝。设计师和礼品店主达成的协议条款规定，直到商品销售给第三方客户前，设计师保留珠宝的法定所有权。设计师还可以要求礼品店将未销售的珠宝转让给其他零售商或退还给设计师。此外，在珠宝销售给客户前，礼品店主不需要向设计师付款。

根据 ASC 606，该安排是一项委托代销安排，因为：
a. 在特定事件（即，珠宝销售给精品店的客户）发生前，设计师拥有对产品的控制。
b. 设计师能够要求将珠宝转让给其他精品店。
c. 在珠宝销售给礼品店的客户前，礼品店主不需要对珠宝进行支付。

因此，在珠宝销售给精品店的客户前，设计师不能确认收入。

7.7 客户未行使的权利

有时客户向主体付款，赋予其一项在未来取得商品或服务的权利，但是客户可能不会行使该权利（例如，客户不会兑换的礼品卡）。未行使的权利通常称为"未使用的权利"。在收到客户付款时，主体必须就其在未来转让商品或服务的义务确认一项合同负债。主体能够终止确认该合同负债的时间取决于主体是否预期有权获得未使用的权利金额。

如果主体预期有权获得未使用的权利金额，其按照客户行使权利的模式按比例将预计未使用的权利金额确认为收入。如果主体预期无权获得未使用的权利金额，其只有在客户行使其权利的可能性极低时，才能将未使用的权利金额确认为收入。

当无人认领财产的法律或类似法规要求主体将收取的与客户未行使权利相关的对价转交给其他方时，主体应将收取的对价确认为一项负债。

主体应考虑第5.1.1部分中关于对可变对价估计的限制的规定，以确定其是否有权获得未使用的权利金额。

ASC 606-10-55-46

根据第606-10-45-2段的规定，在收到客户的预付款后，主体应当将预付款中就其在未来转让或随时准备转让商品或服务的履约义务所预付的金额确认为一项合同负债。主体应当在转让这些商品或服务并因而履行其履约义务时终止确认该合同负债（并确认收入）。

ASC 606-10-55-47

客户向主体支付的不可返还的预付款，赋予客户一项在未来取得商品或服务的权利（并使主体承担随时准备转让商品或服务的义务）。但是，客户可能不会行使其所有合同权利。这些未行使的权利通常被称为"未使用的权利"。

ASC 606-10-55-48

如果主体预期将有权获得合同负债中未使用的权利金额，主体应当根据客户行使权利的模式按比例将预计未使用的权利金额确认为收入。如果主体预期无权获得未使用的权利金额，则主体应在客户行使其剩余权利的可能性极低时将预计未使用的权利金额确认为收入。在确定主体预期是否有权获得未使用的权利金额时，主体应考虑第606-10-32-11至32-13段中关于可变对价估计限制的要求。

ASC 606-10-55-49

对于主体所收取的与客户未行使权利相关的对价，如果主体须将该对价款转交其他方（例如，根据适用的关于无人认领财产的法律须转交给政府主体），则主体应当确认一项负债（而非收入）。

8 知识产权许可

由于知识产权（IP）独特的"可分割"性质[①]（即，多个主体可以同时使用一个IP），其本质上不同于其他商品或服务，收入准则对知识产权许可提供了补充实施指引（许可指引）。除第一步至第五步的总体收入指引外，主体还需要在 ASC 606 范围内（见第 8.1 部分）考虑许可的补充指引。

根据许可指引，当合同包含 IP 许可时，主体考虑其承诺的性质，以确定应当将与许可有关的收入在某一时段内还是在某一时点确认。运用许可指引可能需要作出重大判断。为了协助评估，ASC 606 将主体授予客户许可的承诺区分为"功能性"IP 和"象征性"IP。两者的区别在于 IP 的效用，也就是 IP 向客户提供利益或价值的能力。

8.1 范围

本指引仅适用于 IP 许可。IP 的销售不在本指引的范围之内。因此，安排的形式至关重要。即使是专有的和永久性的许可也不构成 IP 的销售，主体对这种安排应采用本部分讨论的补充许可指引。

由于补充许可指引在许多方面与收入模型的其他要求不同，主体应该确认其已恰当地识别出包含 IP 许可的合同。IP 许可在技术、媒体、医药和零售行业中很常见。ASC 606 识别出许多 IP 许可的示例。

补充许可指引不适用于构成有形商品的组成部分并且是该商品正常使用所不可缺少的许可。[②] 在这种情况下，许可与商品是不可明确区分的，主体应对该商品运用一般的五步法收入模型，而不需考虑许可。然而，如在第 8.2 部分中所述，在其他情况下，履约义务中包含的许可可能影响履约义务的会计处理。

[①] BC 51，ASU 2016-10。
[②] ASC 606-10-55-56（a）。

> **ASC 606-10-55-54**
>
> 许可确立了客户对主体知识产权享有的权利。知识产权许可可包括但不限于涉及以下领域的许可:
> a. 软件(除不符合第 985-20-15-5 段标准的托管安排下的软件)及技术。
> b. 电影、音乐及其他媒体和娱乐形式。
> c. 特许权。
> d. 专利权、商标权和版权。

需要注意的是,只有在满足 ASC 985-20-15-5(列示如下)的标准时,软件即服务(SaaS)和其他托管安排才在 ASC 606 许可指引的范围内。符合 ASC 985-20-15-5 标准的 SaaS 合同包括软件许可以及托管服务,在补充许可指引的范围内。

如果软件不满足 ASC 985-20-15-5 的标准,安排只包括托管服务。主体根据五步法模型对此服务进行会计处理,而不是应用补充许可指引。

> **ASC 985-20-15-5**
>
> 只有同时满足以下两个标准,在托管安排下的软件才在本子主题的范围内:
> a. 在无重大处罚情况下,客户有权在托管期内随时享有软件的所有权。
> b. 客户可以在自己的硬件上运行软件,也可以与跟供应商无关联关系的另一方签约以托管软件。

ASC 985-20-15-5 第一个标准中的术语"重大处罚"意味着两个不同的条件:(1)客户接受交付的软件时不发生重大成本,以及(2)在不重大降低软件功能或价值的情况下,客户有能力单独使用软件。[1]

以下示例有助于澄清适用于各种托管安排的恰当指引。

托管安排

情景 1

托管主体 A 与客户 B 达成一项托管安排,授予客户 B 非专有的永久性软件许可,并提供为期一年的托管服务,总对价 600 000 美元在安排开始时支付。托管服务可在后续期间续约,续约费用为每年 200 000 美元。在安排期间,客户 B 不具备在任何时间取得软件所有权的能力。

---

[1] ASC 985-20-15-6。

由于客户 B 不能取得该软件所有权，该安排不包括许可，即不在补充许可指引的范围内。

情景 2

主体 A 与客户 B 达成一项托管安排，授予客户 B 非专有的永久性软件许可，并提供为期两年的托管服务，总对价 500000 美元在安排开始时支付。在两年期结束时，托管服务可以再延长一年，费用为 200000 美元。客户 B 有权在没有重大处罚的情况下，在安排的任何时间内取得该软件的所有权，并在自己的硬件上运行该软件。此软件对于该安排下的托管服务的功能是必不可少的。

因为客户有权在不发生重大处罚的情况下取得软件的所有权，并且软件可以在客户的硬件上运行，该安排包括适用补充许可指引进行会计处理的软件许可。

8.2 将第二步应用于许可安排

有时，IP 许可是与客户签订的合同中唯一的承诺，在这种情况下，补充许可指引适用。在其他合同中，许可只是与客户签订的合同中的众多承诺之一，则主体应运用第二步的指引来识别安排中提供的可明确区分的商品和服务（见第 4 部分）。许可实施指引不仅适用于可明确区分的许可，而且在评估包括 IP 许可在内的履约义务时也应考虑，除非许可构成有形商品的组成部分并且是该商品正常使用所不可缺少的。

不可明确区分的知识产权许可

因为许可不可明确区分，合同可能包括由许可和其他商品或服务组成的单项履约义务。客户只能与其他服务一起才能从 IP 许可中获益是合同中许可与其他商品或服务不可明确区分的示例，例如在线服务，允许用户访问相关内容。[①]

当单项履约义务包括 IP 许可以及一项或多项其他商品或服务时，主体应考虑该组合商品或服务的性质，以确定主体是在某一时段内还是在某一时点履行该履约义务。

ASC 606-10-55-57

当单项履约义务包括一项（或多项）知识产权许可以及一项或多项商品或服务时，主体考虑客户已签约的组合商品或服务的性质（包括根据第 606-10-55-59 至 55-60 段和第 606-10-55-62 至 55-64A 段，判断作为单项履约义务一部分的许可向客户提供的是使用还是获取知识产权的权利），根据第 606-10-25-23 至 25-30 段确定组合的商品或服务是在某一时段内还是在某一时点确认收入，如果在某一时段内确认收入，根据第 606-10-25-31 至 25-37 段选择适当的方法计量履约进度。

---

① ASC 606-10-55-56。

ASC 606 中的例 56 案例 A 说明了许可与合同中的其他承诺不可明确区分的情况。

例 56——识别可明确区分的许可（摘录）

ASC 606-10-55-367

某主体为一家制药公司，授予客户在 10 年内享有其针对某项经审批的合成药的专利权的许可，并承诺在客户发展自身生产能力的前 5 年为客户生产该药品。该药品是一项成品产品；因此预计主体不会实施改变该药品的任何活动（例如，改变其化学成分）。合同中没有其他承诺的商品或服务。

案例 A——许可不能明确区分
ASC 606-10-55-368

在本案例中，由于生产流程的特殊性极高，因此在客户学习生产流程及建立其自身生产能力时，没有能生产这一药品的其他主体。所以许可不能独立于生产服务而单独购买。

ASC 606-10-55-369

主体根据第 606-10-25-19 段评估承诺向客户提供的商品和服务，以确定哪些商品和服务可明确区分。主体确定客户在不获得生产服务的情况下不能从许可中获益；因此，不符合第 606-10-25-19（a）段所述的标准。因此，许可和生产服务不可明确区分，主体将许可和生产服务作为一项单独的履约义务进行会计处理。

ASC 606-10-55-370

与客户签订的组合商品或服务的性质是在前五年独家供应该药品；客户仅因获得药品的供应才能从许可中获益。五年以后，客户仅保留使用主体功能性知识产权的权利（见第 606-10-55-373 段案例 B），在随后的 6～10 年，主体没有进一步的履约义务。主体采用第 606-10-25-23 至 25-30 段确定该单项履约义务（即，许可和生产服务的组合）是在某一时段点还是在某一时段内履行的履约义务。无论根据第 606-10-25-23 至 25-30 段的评估结果如何，主体在该合同下的履约义务将在第 5 年年末完成。

合同限制

当识别出合同中的履约义务包括 IP 许可，主体应区分（a）要求其向客户转移额外的使用 IP 的权利或获取 IP 的权利的合同条款，和（b）明示或隐含地界定单独承诺许可的属性（例如，时间、地理区域或使用的限制）的合同条款。在（a）中列出的条款，而非（b）中列出的条款，应在运用第二步及确定安排中的履约条款时作为单独的承诺。

承诺许可的属性明确了客户使用或访问主体 IP 的权利的范围。因此，这些属性并未界定主体是在某一时段还是在某一时点履行其履约义务，也不会产生主体向客户转移任何额外 IP 权利的义务。客户已经控制了许可所转让的权利，而主体没有额外需要履行的承诺。因此，为了识别该安排中的履约义务，主体不需要将许可的属性作为单独的承诺进行评估。

评估合同条款是具有多个属性的一项许可还是多个许可可能是具有挑战的，并且需要作出重大的判断。当客户有权使用 IP 的期间存在重大中断时，可能意味着这两个期间是单独的许可。

ASC 606-10-55-64

明确或隐含地要求主体向客户转移额外商品或服务的控制权的合同条款（例如，通过要求主体向客户转移额外的使用知识产权或获取知识产权的控制权，而客户目前并不控制这些知识产权）应与明确或隐含地界定单一的承诺许可属性的合同条款（例如，时间、地理区域或使用的限制）区分开来。承诺许可的属性界定了客户使用或获取主体知识产权权利的范围，而非界定主体是在某一时段内还是某一时点履行其履约义务，也不产生主体转让使用或获取其知识产权的任何额外权利的义务。

ASC 606 的以下示例说明了要求主体转让额外使用或获取 IP 权利的合同条款与界定一项承诺许可的属性的合同条款之间的区别。

例 61B——区分多个许可与一项许可的多个属性

ASC 606-10-55-399K

20×0 年 12 月 15 日，主体与客户签订合同，授权客户自 20×1 年 1 月 1 日开始的五年内，将主体的功能性知识产权嵌入在客户的两类消费产品中（类别 1 和类别 2）。在许可期的第一年内，只允许客户在第 1 类产品中嵌入主体的知识产权。在第 2 年初（即，20×2 年 1 月 1 日开始）允许客户在第 2 类产品中嵌入主体的知识产权。在许可期内预计主体不会从事改变知识产权功能的活动。合同中没有其他承诺的商品或服务。主体在 20×0 年 12 月 20 日提供给客户（或可供使用，例如可供下载）一份知识产权复本。

ASC 606-10-55-399L

在识别合同中向客户承诺的商品和服务时（根据第 606-10-25-14 至 25-18 段的指引），主体考虑合同是否授予客户一项单独承诺，该承诺许可的属性是在合同第一年限制客户在第 2 类消费品中嵌入知识产权，或两个承诺（即，自 20×1 年 1 月 1 日开始的五年内在第 1 类产品中嵌入主体知识产权的许可权利，及自 20×2 年 1 月 1 日开始的四年内将主体的知识产权嵌入到第 2 类产品的权利）。

ASC 606-10-55-399M

在进行评估时，主体确定合同条款规定的客户将主体的知识产权嵌入第 2 类产品中的权利是在客户享有将主体的知识产权嵌入到第 1 类产品中的权利一年后开始的，这意味着在客户可以在 20×1 年 1 月 1 日开始使用并获益于其将主体的知识产权嵌入第 1 类产品中的权利之后，主体还必须履行第二个承诺，将使用许可的知识产权的额外权利转移给客户（即，主体仍需要履行授予客户将其知识产权嵌入第 2 类产品中的权利的承诺）。在 20×2 年 1 月 1 日客户可以开始使用并获益于该权利之前，主体没有转移在第 2 类产品中嵌入其知识产权权利的控制权。

ASC 606-10-55-399N

主体随后得出结论认为，第一项承诺（在第 1 类产品中嵌入主体知识产权的权利）和第二项承诺（在第 2 类产品中嵌入主体知识产权的权利）可明确区分。客户可以从每一权利中单独获益。因此，根据第 606-10-25-19（a）段每一权利能够明确区分。此外，在评估第 606-10-25-21 段的原则和要素的基础上，主体得出结论认为转移每项许可的承诺可单独区分 [即，每项权利满足第 606-10-25-19（b）段的标准]。主体得出结论认为，其并未为两项权利提供整合服务（即，两项权利不是一项组合产出的投入要素，且该组合产出的功能与两项许可单独提供的功能不同），两项权利没有互相对对方进行重大修改或定制，且主体可以独立于其他权利履行其转移各权利给客户的承诺（即，主体可以向客户转移任一权利，而不转移另一项权利）。此外，第 1 类许可或第 2 类许可都不是客户使用或获益于另外一项权利的组成部分。

ASC 606-10-55-399O

因为每项权利可明确区分，构成单项履约义务。基于许可的知识产权的性质以及预计主体不会在许可期间进行改变知识产权功能活动的事实，合同中转移两项许可的每项承诺为客户提供了使用主体知识产权的权利，因此，主体转让每项许可的承诺是在某一时点履行的。主体根据第606-10-55-58B至55-58C段，决定在何时确认分配到每项履约义务的收入。因为客户直到开始使用并自该权利获益时才取得许可的控制权，主体在不早于20×1年1月1日确认分摊到类别1许可的收入，在不早于20×2年1月1日确认分摊到类别2许可的收入。

在许多情况下，合同限制界定了许可的属性，因此并不构成单独的承诺。图表8.1列出了合同限制的一些常见示例，以及如何在ASC 606的许可指引下进行会计处理。

图表8.1

合同限制	示例	通常是单独的承诺还是许可的属性？
确定客户可以使用许可的期限	被许可方可以自20×1年1月1日至20×1年12月31日使用专利权	属性
界定客户可使用许可的管辖范围和期限	被许可方仅可以自20×1年1月1日至20×1年12月31日在美国使用专利权	属性
将权利范围扩大至超出合同期限	被许可人可以自20×1年1月1日至20×1年12月31日在美国使用专利权，自20×2年1月1日至20×2年12月31日在英国及美国使用专利权	两项单独承诺：一项是在20×1年至20×2年在美国使用的承诺，另外一项是20×2年在英国使用的承诺
将许可提供的权利扩大至超出合同期限	被许可人仅可以在美国自20×1年1月1日至20×2年12月31日使用专利权A，自20×2年1月1日至20×2年12月31日使用专利权B	两项单独承诺：一项在20×1年至20×2年使用专利权A的承诺，另外一项在20×2年使用专利权B的承诺

保护专利权的保证

该指引指出，保护专利权的承诺不是承诺的商品或服务，因为其向客户保证转让的许可符合合同中所承诺的许可的规格。这一条款与ASC 606（第4.6部分）中关于质保的指引一致，该条款规定如果质保仅向客户保证产品将按预期运行，主体不应将质保识别为单项履约义务。

ASC 606-10-55-64A

主体就其拥有知识产权的有效专利及将防止专利的未经授权使用的保证不影响许可提供的获得主体知识产权或使用主体知识产权的权利。同样，保护专利权的承诺不是承诺的商品或服务，因为其就所转让的许可符合合同中承诺的许可规格向客户提供保证。

8.3 确定主体授予许可的承诺的性质

为了确定许可的收入是应在某一时段内还是在某一时点确认，主体必须确定其授予许可的承诺的性质。ASC 606-10-55-58 提供了两种类型的 IP 许可：
- 获取主体 IP 的权利；
- 使用主体 IP 的权利。

> **ASC 606-10-55-58**
>
> 在评估许可是在某一时点还是在某一时段转移给客户时，主体应考虑其授予客户许可的承诺的性质是否是向客户提供：
> a. 在许可期内（或其剩余经济寿命，如果较短）获取主体知识产权的权利。
> b. 在授予许可的时点使用主体知识产权的权利。

除了确定许可是为了"获取"还是"使用"IP，ASC 606 将 IP 区分为"功能性"还是"象征性"。区别在于 IP 的效用，也就是 IP 向客户提供利益或价值的能力。

> **ASC 606-10-55-59**
>
> 为了确定主体的承诺是提供获取其知识产权的权利还是使用其知识产权的权利，其应考虑客户享有的知识产权的性质。知识产权是：
> a. 功能性知识产权。这种知识产权具有重大单独功能（例如，处理交易、执行职责或任务、播放或传播的能力）。功能性知识产权从其重大单独功能中产生其大部分效用（即，提供效益或价值的能力）。
> b. 象征性知识产权。非功能性知识产权的知识产权（即，没有重大单独功能的知识产权）。由于象征性知识产权没有重大单独功能，其几乎全部效用都源于其与主体过去或正在进行的活动的关联，包括主体的正常业务活动。

8.3.1 功能性知识产权

如 ASC 606-10-55-59 所述，功能性 IP 很大一部分效用来自其重大单独功能。它包括大多数软件、生物化合物或药物配方，以及制作完成的媒体内容。"单独功能"包括处理交易、执行职责或任务、被播放或发表的能力。主体授予客户功能性 IP 许可的承诺不包括在许可期内支持或维护该 IP；因此，主体在客户可以使用和获益于许可的时点履行了其义务。

> **ASC 606-10-55-58B**
>
> 主体向客户提供其知识产权使用权的承诺是在某一时点履行的。主体应采用第 606-10-25-30 段确定向客户转让许可的时点。

图表 8.2 提供了功能性 IP 的常见示例。

图表 8.2　功能性 IP 的常见示例

生命科学公司向客户提供抗癌药物化合物许可	音乐制作人向电台提供录音许可
传媒公司向影院提供电影许可	软件公司向客户提供下载软件包的许可和密钥

ASC 606 中的例 54 说明了如何将收入模型应用于功能性软件的使用权许可。

> **例 54——知识产权的使用权**
>
> **ASC 606-10-55-362**
>
> 采用例 11 案例 A 所述的相同情况（见第 606-10-55-141 至 55-145 段），主体在合同中识别出四项履约义务：
> a. 软件许可；
> b. 安装服务；
> c. 软件更新；
> d. 技术支持。
>
> **ASC 606-10-55-363**
>
> 主体评估其转让软件许可的承诺的性质。主体首先得出结论认为，客户由于许可而获得的软件权利是功能性知识产权。这是因为该软件具有重大单独功能，不管主体是否持续进行业务活动，客户都可以从中获取重大利益。
>
> **ASC 606-10-55-363A**
>
> 主体进一步得出结论认为，虽然由于主体持续的开发活动，基础软件的功能预期在许可期间会发生改变，只有当主体承诺向客户提供软件更新时，客户享有的该软件的功能（即，客户取得的软件）才会改变。因为主体提供软件更新的承诺代表了合同中额外承诺的服务，主体在评估第 606-10-55-62 段所述的标准时并未考虑

履行该承诺的服务的活动。主体进一步注意到，提供软件更新时客户有权安装或不安装，因此不能满足第 606-10-55-62（b）段所述的标准，即使主体开发和提供软件更新的活动满足第 606-10-55-62（a）段所述的标准。

ASC 606-10-55-363B

因此，主体得出结论认为，其向客户提供的是在授予许可时点存在的软件的使用权，主体将软件许可作为在某一时点履行的履约义务进行会计处理。主体根据第 606-10-55-58B 至 55-58C 段确认软件许可履约义务的收入。

功能性 IP

主体 A 与客户签订合同，提供为期两年的软件许可和售后客户支持（PCS）。在合同签订时客户可以使用主体 A 提供的密码下载软件，然后客户可以在自己的设备上使用该软件。

主体 A 确定安排中有两项履约义务——许可和 PCS——因为许可和 PCS 自身可明确区分，并且在合同中是可明确区分的。

主体 A 得出结论认为，许可提供了该软件的使用权，即该软件是功能性 IP。该软件具有重大单独功能，并从其功能中产生大部分效用。因此，主体 A 在客户可以使用和获益于许可的时点确认收入。

主体 A 得出结论认为 PCS 符合 ASC 606-10-25-27（a）中在某一时段内确认收入的标准，因为客户在主体履约的同时即取得并消耗 PCS 所带来的经济利益。因此，主体在 PCS 期间内确认分摊至 PCS 的收入。

功能性软件预计将发生实质性改变

当由于主体的行为功能性 IP 的功能预计将发生重大变化，而客户必须按照合同或者惯例使用更新的 IP 时，对于功能性 IP 的一般指引会有例外。在这种情况下，主体授予客户许可的承诺包括在许可期内支持或维护 IP，因此主体在许可期内确认收入。

ASC 606-10-55-62

功能性知识产权许可授予主体知识产权的使用权，该知识产权存在于向客户授予许可的时点，除非满足以下两项标准：

a. 由于主体的活动不向客户转让承诺的商品或服务，客户取得的知识产权的功能预计在许可期内将发生重大改变（见第 606-10-25-16 至 25-18 段）。在评估本标准时不考虑额外承诺的商品或服务（例如，知识产权升级的权利，或使用或获得额外知识产权的权利）。
b. 按照合同或惯例，客户必须使用由于上述（a）的活动产生的更新知识产权。如果满足这两个标准，那么许可授予了获取主体知识产权的权利。

ASC 606 中的例 59 说明了主体如何评估是否满足 ASC 606-10-55-62 的标准。

例59——知识产权的使用权（摘录）

案例 A——初始许可
ASC 606-10-55-389

主体为一家音乐唱片公司，其向客户授予一张某一著名管弦乐团所演奏的古典交响乐唱片的许可。该客户是一家消费品公司，其拥有自 20×1 年 1 月 1 日开始的两年内在国家 A 所有商业渠道（包括电视、广播和网络广告）使用该交响乐唱片的权利。主体因提供许可而每月收取 10000 美元的固定对价。这份合同并未包含主体提供的其他商品或服务。该合同不可撤销。

ASC 606-10-55-390

主体根据第 606-10-25-19 段评估承诺向客户提供的商品和服务，以确定哪些商品和服务可明确区分。主体得出结论认为其唯一的履约义务是授予许可。主体确定许可的有效期（两年）、其地域范围（即，客户仅在 A 国使用唱片的权利）以及界定的允许对唱片进行的使用（即，商业用途）均为本合同中承诺的许可的属性。

ASC 606-10-55-391

在确定所承诺的许可向客户提供存在于授予时点的主体知识产权的使用权时，主体进行了如下考虑：
a. 古典交响乐唱片具有重大单独功能，因为唱片可以以现在的完整形式播放，不需要主体的进一步参与。客户可以从该功能中获得实质性收益，而无论主体是否采取进一步活动或行为。因此，知识产权许可的性质是功能性的。
b. 合同不要求且客户并未合理预期主体将实施修改授予许可的唱片的活动。因此，不满足第 606-10-55-62 段所述的标准。

ASC 606-10-55-392

根据第606-10-55-58 B段，向客户提供主体知识产权使用权的承诺许可是在某一时点履行的履约义务。主体根据第606-10-55-58B至55-58C段的要求在履行履约义务时确认收入。此外，由于主体履约（于期初）与客户在两年内每月付款（这些款项不可撤销）之间间隔的时长，主体考虑第606-10-32-15至32-20段的要求以确定是否存在重大融资成分。

8.3.2 象征性知识产权

与功能性IP不同，象征性IP没有重大单独功能。如ASC 606-10-55-59所述，其效用来自许可方过去和正在进行的活动。象征性IP的示例包括品牌、团队或商标名称、标识和特许经营权。主体授予客户象征性IP许可的承诺包括在许可期间支持或维护IP；因此，客户在主体履约的同时取得并消耗通过获取象征性IP的权利提供的利益，这意味着主体在一段时间内履行其提供象征性IP许可的承诺。

ASC 606-10-55-58A

主体应将提供获取主体知识产权权利的承诺作为在一段时间内履行的履约义务进行会计处理，因为客户将在主体履约的同时取得并消耗通过主体提供获取其知识产权的权利提供的利益［见第606-10-25-27（a）段］。主体应当运用第606-10-25-31至25-37段以选择一种适当的方法来计量其提供获取知识产权之权利的履约义务的履约进度。

ASC 606-10-55-60

客户获取象征性知识产权许可利益的能力取决于主体持续支持或维护该知识产权。因此，象征性知识产权许可授予客户获取主体知识产权的权利，并在一段时间内履行（见第606-10-55-58A段及第606-10-55-58C段），因为主体履行了下述两项承诺：

a. 授予客户使用和获益于主体知识产权的权利。
b. 支持或维护知识产权。主体通过持续从事支持或维护象征性知识产权的活动使知识产权产生效用，及/或不从事显著降低知识产权效用的相关活动或其他行动。

见图表8.3。

图表 8.3　象征性 IP 的常见示例

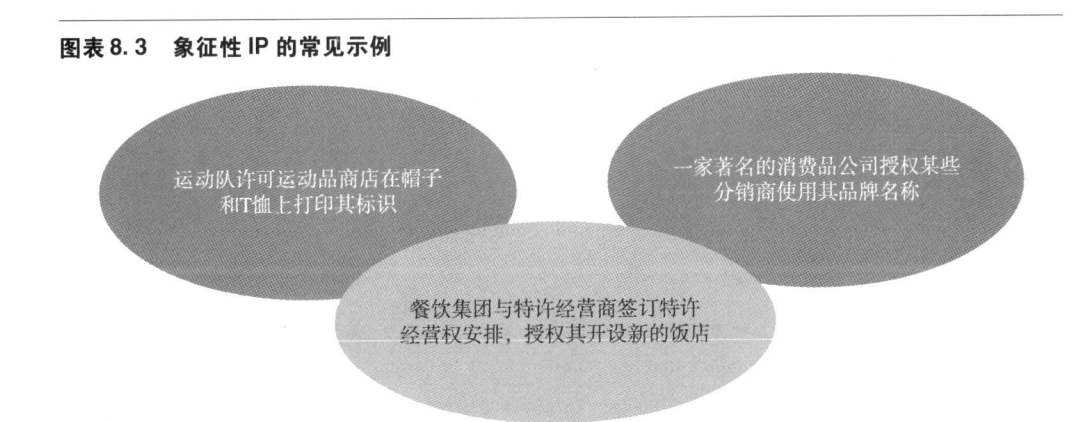

- 运动队许可运动品商店在帽子和 T 恤上打印其标识
- 一家著名的消费品公司授权某些分销商使用其品牌名称
- 餐饮集团与特许经营商签订特许经营权安排，授权其开设新的饭店

ASC 606 中的例 61 提供了获取象征性 IP 权利的示例。

例 61——获取知识产权的权利

ASC 606-10-55-395

主体为一支知名运动队，向客户授予许可使用其名称和标识。客户为一家服装设计公司，有权在 1 年内在包括 T 恤、帽子、杯子和毛巾的各项目上使用该运动队的名称和标识。因提供该许可，主体将收取固定对价 200 万美元以及按使用队名和标识项目的售价的 5% 收取特许使用费。客户预期主体将继续参加比赛并保持其竞争力。

ASC 606-10-55-396

主体根据第 606-10-25-19 段评估承诺向客户提供的商品和服务，以确定哪些商品和服务可明确区分。主体得出结论认为，合同中其唯一向客户承诺的商品或服务是许可。与许可相关的额外活动（即，继续参加比赛并保持其的竞争力）并不直接向客户转让商品或服务。因此，合同中仅有一项履约义务。

ASC 606-10-55-397

为了确定主体授予许可的承诺是为客户提供获取主体知识产权的权利还是使用主体知识产权的权利，主体评估客户取得知识产权权利的性质。主体得出结论认为，客户取得的知识产权权利是象征性知识产权。客户从队名和标识中获益的能力主要源于主体过去和正在进行的比赛活动及保持其竞争力的活动（即，这些活动有效地赋予了知识产权价值）。如果没有这些活动，队名和标识对客户几乎没有效用，因为它们没有单独功能（即，没有能力执行或完成与主体过去和正在进行的活动为角色象征的单独任务）。

ASC 606-10-55-398

因此根据第 606-10-55-58A 段的规定，主体授予许可的承诺向客户提供获得整个许可期的主体知识产权的权利，主体将已承诺的许可作为在某一时段内履行的履约义务进行会计处理。

ASC 606-10-55-399

主体根据第 606-10-55-58A 段和第 606-10-55-58C 段确认分摊至许可履约义务的固定对价。这包括采用第 606-10-25-31 至 25-37 段识别最能反映主体履行许可履约义务的方法。对于以销售为基础的特许权使用费为形式的对价，采用第 606-10-55-65 段，因为以销售为基础的特许权使用费仅与合同中唯一的履约义务许可相关。主体得出结论认为，当客户随后销售使用队名和标识的商品时确认以销售为基础的特许权使用费的收入与第 606-10-55-65（b）段的指引是一致的。即，主体认为按比例确认 200 万美元固定对价及在客户的后续销售发生时确认特许权使用费收入合理反映了主体许可履约义务的履约进度。

> **致同见解：对于在某一时段内确认象征性 IP 相关的收入没有例外情形**
>
> 本着提高可操作性的精神，FASB 选择要求主体对所有象征性 IP 许可的收入都在某一时段内确认。因此，无论主体是否在许可期内从事对 IP 的效用有重大影响的活动，都应在某一时段内确认象征性 IP 许可的收入。

图表 8.4 总结了 ASC 606 中包含的象征性 IP 和功能性 IP 的指引。

图表 8.4 象征性 IP 和功能性 IP

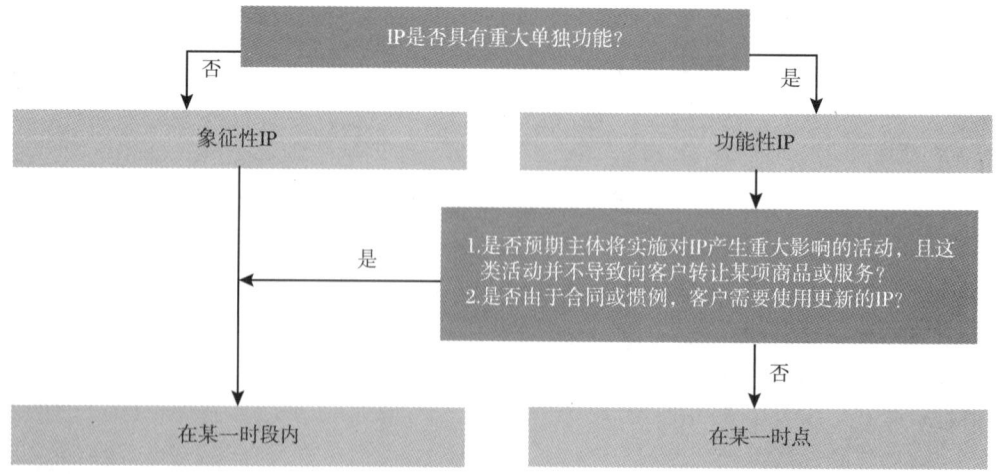

```
              IP是否具有重大单独功能？
           否 ↓                    ↓ 是
        象征性IP                 功能性IP
                                    ↓
                     1.是否预期主体将实施对IP产生重大影响的活动，且这
                  是 类活动并不导致向客户转让某项商品或服务？
           ←──── 2.是否由于合同或惯例，客户需要使用更新的IP？
           ↓                        ↓ 否
        在某一时段内               在某一时点
```

图表8.5提供了象征性IP和功能性IP的示例，以及在每一示例中确认收入的基础。该图不包括满足例外条件的功能性IP，因为其预计将发生重大改变（见第8.3.1部分）。

图表8.5　功能性IP与象征性IP一览

IP 类型	提供权利的类型	示例	收入确认	收入确认模式的基础
象征性	获取的权利	品牌、队名或商标名称、标识、特许经营权	在某一时段内	象征性IP许可包括主体支持和维护IP的承诺。客户在主体履约的同时取得并消耗通过主体提供获取其IP的权利提供的利益［ASC 606-10-25-27（a）］
功能性	使用的权利	软件、生物化合物或药物配方，制作完成的媒体内容	在某一时点	与象征性IP不同，功能性IP具有重大单独功能。当主体授予功能性IP的许可时，其不承诺支持或维护IP。不满足ASC 606-10-25-27在某一时段内确认收入的条件，因此主体在将功能性IP的使用权转移给客户的时点确认收入

特许经营权

由于特许经营权向客户提供了获取主体标识和商标名称和/或出售主体产品或服务的权利，这些权利作为象征性IP权利进行会计处理。特许经营者根据特许经营协议提供的产品或服务的效用主要来自与特许经营品牌相关的产品或服务。实质上，商标名称、标识、产品或服务权利所固有的所有效用都源于主体过去和正在进行的活动。因此，主体在某一时段内确认收到的特许经营权对价，包括任何预付费用或固定费用。

ASC 606 中的例 57 说明了如何对特许经营权进行会计处理。

例 57——特许经营权

ASC 606-10-55-375

主体与客户订立了一份合同，承诺授予一项特许经营权许可，以在10年内向客户提供使用主体商标和出售主体产品的权利。除该许可外，主体还承诺提供经营专卖店的必要设备。主体因授予许可而获得固定对价100万美元，及基于销售的特许使用费，该特许使用费为许可期内客户销售额的5%。针对设备的固定对价为150000美元，需在交付设备时支付。

识别履约义务
ASC 606-10-55-376

主体根据第 606-10-25-19 段评估承诺向客户提供的商品和服务，以确定哪些商品和服务可明确区分。主体认为作为特许经营授予方，其具有实施下列活动的商业惯例：例如，分析客户不断改变的喜好，及实施产品改良、定价策略、市场营销活动和提高经营效率以支持特许经营品牌。但是，主体得出结论认为，此类活动并非向客户直接转让商品或服务。

ASC 606-10-55-377

主体确定其有两项转让商品或服务的承诺：授予许可的承诺和转让设备的承诺。此外，主体得出结论认为，授予许可的承诺和转让设备的承诺两者是可明确区分的。这是因为，客户能够从单独使用每项商品或服务（即，许可和设备）或将其与易于获得的其他资源一起使用中获益［参见第 606-10-25-19（a）段］。客户能够从将许可与特许经营店开业之前交付的设备一起使用中获益，而设备可为特许经营使用或以非报废价值的金额出售。主体同时确定，根据第 606-10-25-19（b）段的标准授予特许经营权许可的承诺与转让设备的承诺可单独区分开来。主体得出结论认为，许可和设备并非组合项目的投入（即，实际上其并非用以履行对客户的单一承诺）。在得出这一结论时，主体认为其并未提供将许可和设备整合纳入组合项目的重大服务（即，授予许可的知识产权既非设备的组成部分也未对设备作出重大修订）。此外，许可和设备相互之间并非高度依赖或高度关联，因为主体可以独立地履行各项承诺（即，授予特许经营权许可或转让设备）。因此，主体有两项履约义务：

a. 特许经营权许可；
b. 设备。

分摊交易价格
ASC 606-10-55-378

主体确定交易价格包括固定对价 1150000 美元和可变对价（客户特许经营店销售额的 5%）。设备的单独售价是 150000 美元，且主体定期授权特许经营权许可并收取客户销售额的 5% 和类似的初始费用作为对价。

ASC 606-10-55-379

主体采用第 606-10-32-40 段以确定是否应当将可变对价全部分摊至转让特许经营权许可的履约义务。主体得出结论认为，可变对价（即，基于销售的特许权使用费）应当全部分配至特许经营权许可，因为可变对价全部与主体授予特许经营权许可的承诺相关。此外，主体观察到将 150000 美元分摊至设备并将基于销售的特许权使用费（以及额外的 100 万美元固定对价）分摊至特许经营权许可，将与类似合同中基于主体单独售价的相对比例进行的分摊一致。因此，主体得出结论认为，可变对价（即，基于销售的特许权使用费）应当全部分摊至授予特许经营权许可的履约义务。

许可
ASC 606-10-55-380

主体评估其授予特许经营权许可的承诺的性质。主体得出结论认为，其承诺的性质是提供获得主体象征性知识产权的权利。商标名称和标识具有有限的单独功能；主体开发的产品的效用主要来自与特许品牌相关联的产品。授予许可下的商标名称、标识和产品权利所固有的几乎所有效用都源于主体过去和正在进行的建立、发展和维持特许经营品牌的活动。许可的效用在于其与特许经营品牌及其产品的相关需求的联系。

ASC 606-10-55-381

主体授予了象征性知识产权的许可。因此，许可向客户提供了获取主体知识产权的权利，根据第 606-10-55-58A 段，主体转让许可的履约义务是在某一时段内履行的。主体根据第 606-10-55-58A 段和第 606-10-55-58C 段确认分摊至许可履约义务的固定对价。这包括采用第 606-10-25-31 至 25-37 段确定最能反映主体履行转让许可的义务的方法（参见第 606-10-55-382 段）。

ASC 606-10-55-382

由于基于销售的特许权使用费形式的对价与特许经营权许可相关（参见第 606-10-55-379 段），主体应用第 606-10-55-65 段确认收入。因此，主体在客户销售发生时（或发生过程中）确认基于销售的特许权使用费的收入。主体得出结论认为，这与第 606-10-55-65（b）段的指引是一致的。即，主体认为按照比例确认 100 万美元的固定特许经营权费用和在客户后续销售发生时确认定期的特许权使用费，合理反映了主体特许经营权许可履约义务的履约进度。

8.4　转让对许可的控制

无论主体转让功能性 IP 还是象征性 IP 许可，主体在（1）向客户提供或以其他方式供客户使用 IP 副本和（2）客户可以使用和获益于 IP 之前，都不能确认许可的收入。

> **ASC 606-10-55-58C**
>
> 尽管存在第 606-10-55-58A 至 55-58B 段的规定，知识产权许可收入不能在以下时点之前确认：
> a. 主体向客户提供（或以其他方式供客户使用）知识产权的副本；
> b. 客户可以使用和获益于其获取知识产权或使用知识产权的权利的期初。即，主体在许可期开始之前不确认收入，即使主体在许可期开始前提供（或以其他方式供客户使用）知识产权副本，或者客户从另一交易中取得知识产权副本。例如，主体将不早于更新期开始时确认许可续期的收入。

下面的示例说明如何运用 ASC 606-10-55-58C 段的指引。

> **转让许可的控制**
>
> 20×0 年 1 月 1 日，主体 A 与客户签订为期一年的合同，授予客户自 20×0 年 2 月 1 日开始在客户的两个产品中使用主体 A 技术的权利。主体 A 在 20×0 年 1 月 15 日将技术提供给客户。
>
> 该技术的控制直到 20×0 年 2 月 1 日才转移。因此，主体 A 不能在 20×0 年 2 月 1 日前确认收入，因为 20×0 年 2 月 1 日客户才可以开始使用并获益于其对主体 A 技术的使用权。

8.4.1 续期

指引规定主体不应在续期开始之前确认许可续期的收入。ASU 2016-10 的 BC 50 中澄清当双方签订合同更新或延长许可，主体不应将初始合同和续期合同合并，除非满足 ASC 606-10-25-9 合同合并的条件。续期所授予的额外权利以与授予客户其他权利相同的方式进行评估。换言之，只有当客户可以开始使用并获益于许可续期时，主体才确认转让许可的收入，这通常是续期开始时。

> **致同见解：续期的收入**
>
> FASB 决定要求主体在续期开始时，而非双方同意续期时，确认来自许可使用权续期的收入，部分原因是使指引更具操作性，因为其减少了评估续期的 IP 与初始许可的 IP 是否相同的需要。[1]

---

[1] BC 50，ASU 2016-10。

ASC 606 中的例 59，特别是案例 B，描述了主体如何对功能性 IP 使用权的续期进行会计处理。需要注意的是案例 B 建立在上文概述的关于古典交响乐唱片的案例 A 上。

> **例 59——使用知识产权的权利（摘录）**
>
> **案例 B——许可续期**
> **ASC 606-10-55-392A**
>
> 在 20×1 年 12 月 31 日第一年许可期结束时，主体和客户同意在原许可相同的条款和条件下，将交响乐唱片的许可额外延续两年。在两年续期内，主体将继续收到每月 10000 美元的固定对价。
>
> **ASC 606-10-55-392B**
>
> 主体考虑了第 606-10-25-9 段合同合并的指引，认为续期不是在或接近原许可签订的时间签订，因此，不应与初始合同合并。主体评估续期应被视为新的许可还是对现有许可的修改。假设在这种情况下，续期是可明确区分的。如果续期的价格反映其单独售价，根据第 606-10-25-12 段主体将续期作为与客户签订的单独合同进行会计处理。或者，如果续期的价格没有反映续期的单独售价，主体将续期作为对原始许可合同的修改进行会计处理。
>
> **ASC 606-10-55-392C**
>
> 在确定何时确认许可续期收入时，主体考虑第 606-10-55-58C 段的指引并确定客户在 20×3 年 1 月 1 日前，即两年续期开始前，无法使用和自许可获益。因此，在该日期之前不能确认续期收入。
>
> **ASC 606-10-55-392D**
>
> 与案例 A 一致，因为客户对许可的修改而产生的每月额外对价将于客户取得第二个许可时在两年内支付，主体考虑第 606-10-32-15 至 32-20 段的指引以确定是否存在重大融资成分。

8.5 基于实际销售或使用情况收取的特许权使用费

对于采用第三步的估计指引和第五步的确认指引，ASC 606 提供了一个例外，称为"特许权使用费例外"。如下面第 8.5.1 部分所讨论，该例外仅适用于对价全部或部分基于客户后续实际销售或使用情况的 IP 许可，不可类推适用于非 IP 许可安排。

委员会决定将该例外加入指引中，因为如果没有该例外，主体需要在整个合同期内估计预期可以取得的 IP 特许权使用费，并确认最低金额的收入，由于与主体履约无关的情况变化，这将不可避免地需要进行重大调整。[①] 这种估计和调整的方法可能导致向财务报表使用者提供有限价值的信息。

相反，由于 ASC 606-10-55-65 提供的例外，主体在下列两项孰晚的时点确认 IP 许可的基于实际销售或使用情况的特许权使用费收入：（a）后续销售或使用行为实际发生，或（b）分摊了部分或全部基于实际销售或使用情况特许权使用费的履约义务已经履行（或部分履行）。

ASC 606-10-55-65

尽管有第 606-10-32-11 至 32-14 段的规定，主体应仅在以下两者中较晚发生的事件发生时，才确认因授予知识产权许可而承诺的基于销售或使用的特许权使用费收入：

a. 发生了后续的销售或使用；
b. 某些或全部基于销售或使用的特许权使用费所分摊至的履约义务已经履行（或部分履行）。

当客户后续销售或使用行为发生时，主体确认基于实际销售或使用情况的特许权使用费收入，除非这种方法在主体履约之前提前确认了收入。委员会在 ASU 2016-10 的 BC 71 中解释，在履约义务是在某一时段内履约的某些情况下，收入确认可能超前于主体的履约。对于基于实际销售或使用情况的特许权使用费，由于特许权使用费费率的降低，当对价在许可期内下降时会出现这种情况。例如，主体可以取得销售额的 8% 直至累计销售额达到 100 万美元，在累计销售额达到后续 300 万美元时主体可以取得销售额的 4%，对于后续的累计销售额主体可以取得销售额的 2%。如果主体在每一期间的履约是一样的，下降的特许权使用费费率并未反映对客户价值的变化。在特许权使用费费率随时间下降的情况下，在销售发生时确认特许权使用费可能会推翻收入确认的原则指引。在本示例和类似示例中，主体应根据安排的事实和情况作出判断，以确定适当的收入确认模式。

很多许可方在一个期间结束后才了解被许可方的实际销售或使用以及相关的特许权使用费情况。历史惯例包括在一致的延后基础上，在许可方取得实际销售或使用情况的信息时确认相关特许权使用费收入。然而，ASC 606-10-55-65 中的指引并没有对任何延后收到支持实际销售或使用情况的数据提供例外，解释如下：

[①] BC 73，ASU 2016-10。

> **重大选择：主体延迟报告特许权使用费的变化**
>
> 在 2016 年第 35 届年度 SEC 和财务报告机构会议前的一次演讲中，时任 SEC 的副首席会计师卫斯理·R. 布里克（Wesley R. Bricker）提醒利益相关者，FASB 没有为基于实际销售或使用情况的特许权使用费提供"延后报告例外"。因此，目前对于基于实际销售或使用情况的特许权使用费收入确认延后的主体需要估计其预期在本期内有权收取的基于实际销售和使用情况的特许权使用费，使得特许权使用费在适当期间内予以确认。虽然"特许权使用费例外"允许主体不采用步骤 3 中的可变对价和限制指引来估计特许权使用费，但如果主体无法及时获得实际销售或使用情况的特许权使用费数据，主体仍需要确定本报告期内预期有权取得的特许权使用费的最佳估计金额。

8.5.1 例外的范围

特许权使用费的例外适用于"为交换知识产权许可而承诺的特许权使用费"。FASB 在 ASC 606-10-55-65A 中澄清，例外适用于 IP 许可是唯一的或主要的与特许权使用费相关的项目。也就是说，特许权使用费也可以构成合同中其他商品或服务的对价，但特许权使用费例外仅适用于客户把更多的价值归于 IP 许可而非合同中其他商品或服务的情况。主体需要运用判断来确定许可是否为与基于实际销售或使用情况的特许权使用费相关的主要项目。

ASC 606 将基于实际销售或使用情况的特许权使用费的指引限定于 IP 许可。

> **ASC 606-10-55-65A**
>
> 如果特许权使用费仅与知识产权许可相关，或者知识产权许可是特许权使用费的主要相关项目（例如，当主体合理预期客户认为许可的价值远超过特许权使用费所涉及的其他商品或服务的价值时，知识产权许可可能是与特许权使用费相关的主要项目），则适用第 606-10-55-65 段中有关基于销售或使用的特许权使用费的要求。

ASC 606 中的例 60 说明了基于实际销售的特许权使用费与许可和其他促销商品和服务有关的情况，主体得出结论认为，许可是特许权使用费的主要相关项目。

> **例 60——为交换知识产权许可及其他商品和服务承诺的以实际销售为基础的特许权使用费**
>
> **ASC 606-10-55-393**
>
> 主体为一家电影发行公司,向客户授予电影 XYZ 的许可。客户为电影院运营商,获得了在 6 周内在其电影院播放该电影的权利。此外,主体同意(1)在 6 周放映期开始之前向客户提供影院拍摄纪念品以在客户影院展示;以及(2)在整个 6 周放映期内对在客户所处地区的流行电台播放电影 XYZ 的广告提供赞助。因提供许可及额外的促销商品和服务,主体将向运营商收取电影 XYZ 的部分电影票销售额(即,基于销售的特许权使用费形式的可变对价)。
>
> **ASC 606-10-55-394**
>
> 主体得出结论认为,播放电影 XYZ 的许可是与基于销售的特权使用费相关的主要项目,因为主体合理预期客户认为知识产权许可的价值远超过相关促销商品或服务的价值。主体完全按照第 606-10-55-65 段确认基于销售的特许权使用费收入(主体按照合同有权取得唯一对价)。如果许可、纪念品及广告活动是单独的履约义务,主体将基于销售的特许权使用费分摊至每一项履约义务。

见图表 8.6。

图表 8.6　基于实际销售和使用情况的特许权使用费例外的范围

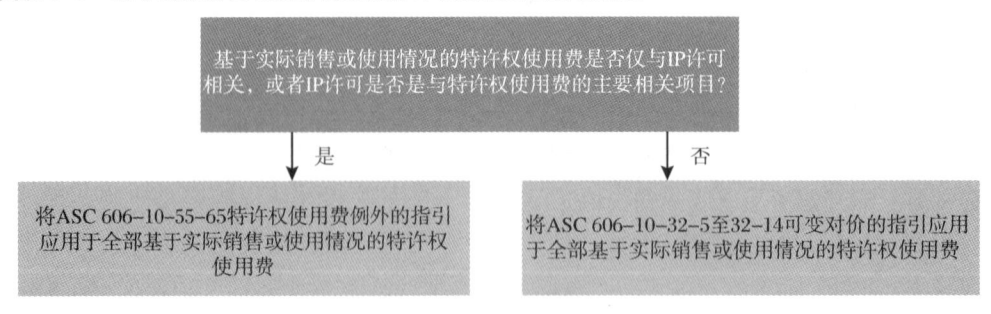

基于实际销售或使用情况的特许权使用费是否仅与IP许可相关,或者IP许可是否是与特许权使用费的主要相关项目?

是	否
将ASC 606-10-55-65特许权使用费例外的指引应用于全部基于实际销售或使用情况的特许权使用费	将ASC 606-10-32-5至32-14可变对价的指引应用于全部基于实际销售或使用情况的特许权使用费

如上述例 60 所示及 ASC 606-10-55-65B 所讨论,无论特许权使用费是与合同中一项还是多项承诺的商品和服务相关,主体均不应将一项特许权使用费分拆为适用特许权使用费例外的部分和不适用特许权使用费例外的部分。

> **ASC 606-10-55-65B**
>
> 当符合第 606-10-55-65A 段的规定时，基于销售或使用的特许权使用费所产生的收入应完全按照第 606-10-55-65 段的规定确认。当不符合第 606-10-55-65A 段的规定时，基于销售或使用的特许权使用费适用第 606-10-32-5 至 32-14 段中有关可变对价的要求。

8.5.2 存在最低特许权使用费担保的合同

对于对价基于实际销售或使用情况的特许权使用费许可安排，有时还包括最低担保的特许权使用费。例如，合同可能要求被许可方向许可方支付其总销售额的 5%，并附有最低担保金额 500 万美元。担保确定了许可方将收取的最低对价金额。也就是说，最低金额（在此例中为 500 万美元）是固定的对价。

在不含 IP 许可但包括最低担保的可变对价的合同中，最低担保为主体估计交易价格有效地确定了一个底价，因此主体将把估计的可变对价（在可变对价限制的指引下）包含在交易价格中。相反，对于 IP 许可，在客户后续销售或使用行为实际发生之前，主体不能确认基于实际销售或使用情况的特许权使用费的可变对价。

在 2016 年 11 月的会议上，TRG 讨论了对于获得功能性 IP 和象征性 IP 许可，最低担保付款额如何影响基于实际销售或使用情况的特许权使用费的确认。

> **TRG 基本达成一致的问题：为获得象征性 IP 许可承诺的最低担保额如何影响基于实际销售或使用情况的特许权使用费的确认？**
>
> 在 2016 年 11 月的会议上[①]，TRG 讨论了下面的示例，说明对于象征性 IP 许可，确认附有最低担保的基于实际销售或使用情况的特许权使用费的可接受的方法：
>
> > 主体 A 签订了为期五年的商标许可安排，该商标是象征性 IP。许可要求客户支付与商标有关的总销售额的 5% 作为特许权使用费；但是，合同包括一项担保使得主体在五年的合同期内将取得至少 500 万美元的对价。主体 A 预计特许权使用费将超过该最低担保额。
> >
> > 客户每年与商标相关的实际总销售额及相关特许权使用费如下（当然，合同开始日并不知道这些信息）：

---

① TRG 文件 58，《存在最低担保的基于实际销售或使用情况的特许权使用费》。

年度	销售额	特许权使用费
第一年	1500 万美元	75 万美元
第二年	3000 万美元	150 万美元
第三年	4000 万美元	200 万美元
第四年	2000 万美元	100 万美元
第五年	6000 万美元	300 万美元
合计	16500 万美元	825 万美元

对于附有最低担保的象征性 IP 许可，TRG 基本达成一致，认为以下的大致方法是对新收入准则的合理解释，主体应运用判断并考虑安排的具体事实和情况以确定计量履约进度的合适方法：

- 在后续销售发生时确认特许权使用费的收入（方法 1）。
- 估计全部交易价格，在特许权使用费限制的指引下使用恰当的计量履约进度的方法确认收入（方法 2）。
- 使用恰当的计量履约进度的方法确认最低担保的固定对价。将超过最低担保的特许权使用费包括在可变对价中，并在客户后续销售或使用行为实际发生时确认收入（方法 3）。

方法 1

恰当运用方法 1 的前提是主体预期全部特许权使用费将超过最低担保。在这种情况下，主体在后续销售发生时确认特许权使用费收入可能是恰当的。当特许权使用费与主体至今履约对客户的价值直接相关时，恰当的履约进度的计量方法可能是 ASC 606-10-55-18 中的实务简便方法（即，在第 7.1.3 部分所讨论的开票收款权的方法）。

	第一年	第二年	第三年	第四年	第五年	合计
收到的特许权使用费	75 万美元	150 万美元	200 万美元	100 万美元	300 万美元	825 万美元
年度收入	75 万美元	150 万美元	200 万美元	100 万美元	300 万美元	825 万美元
累计收入	75 万美元	225 万美元	425 万美元	525 万美元	825 万美元	

方法 2

主体 A 估计全部交易价格（包括固定对价和可变对价），并在特许权使用费的限制下使用恰当的履约进度计量方法确认收入。主体 A 估计全部交易价格为 8250

美元。在此方法下，由于对价的一部分是固定的，主体 A 可能在客户后续销售发生前确认特许权使用费收入；但是，一旦达到最低担保后，不再存在固定对价，剩余的对价是可变的，主体不能在销售发生前确认与实际销售相关的特许权使用费收入。因此，第四年的收入被限定为 30 万美元，因为累计收入被限定为 525 万美元。

	第一年	第二年	第三年	第四年	第五年	合计
收到的特许权使用费	75 万美元	150 万美元	200 万美元	100 万美元	300 万美元	825 万美元
年度收入	165 万美元	165 万美元	165 万美元	30 万美元	300 万美元	825 万美元
累计收入	165 万美元	330 万美元	495 万美元	525 万美元	825 万美元	

方法 3

可变对价仅包括超过最低担保的特许权使用费，直到客户后续销售或使用行为实际发生时这部分特许权使用费才能确认收入。因为可变对价仅是超过最低担保 500 万美元的部分，直到累计收到的特许权使用费超过 500 万美元时主体 A 才开始确认可变对价相关的收入。在运用方法 3 时，主体 A 认为象征性许可是一系列可明确区分的期间，在后续销售发生使得主体 A 有权取得可变对价时将可变对价（超过最低担保的特许权使用费）分摊至可明确区分的期间。

	第一年	第二年	第三年	第四年	第五年	合计
收到的特许权使用费	75 万美元	150 万美元	200 万美元	100 万美元	300 万美元	825 万美元
年度收入	100 万美元	100 万美元	100 万美元	125 万美元	400 万美元	825 万美元
累计收入	100 万美元	200 万美元	300 万美元	425 万美元	825 万美元	

TRG 还讨论了对价形式为基于实际销售或使用情况的特许权使用费并附有最低担保的功能性 IP 许可安排。TRG 基本达成一致认为，许可方应在其将许可的控制权转移给客户的时点将最低担保额确认为收入。在这种情况下，担保金额不受特许权使用费例外的限制。但是，超过最低担保的特许权使用费应按照特许权使用费例外的规定确认为收入（换言之，一般在销售或使用行为实际发生时）。

9
主要责任人与代理人

在许多收入的交易中，一个以上的参与方向客户交付商品或提供服务。在这些情形下，主体有时难以确定其是主要责任人还是代理人，主体为得出结论通常必须运用重大判断。ASC 606 中的主要责任人——代理人指引虽未消除进行判断的要求，但其目的是使主要责任人与代理人的评估更加容易。

ASC 606 要求主体确定其承诺的性质是向客户提供特定商品或服务，还是安排另一方向客户提供此类商品或服务。

> **ASC 606-10-55-36（摘录）**
>
> 当另一方参与向客户提供商品或服务时，主体应当确定其承诺的性质是主体自身提供特定商品或服务（即，主体作为主要责任人）的履约义务，还是安排另一方提供此类商品或服务（即，主体作为代理人）的履约义务。

如果承诺的性质是直接向客户提供特定商品或服务，主体作为主要责任人，按预期有权收取的对价总额确认收入。反之，如果承诺的性质是安排另一方向客户提供此类商品或服务，主体作为代理人，按其代理服务预期有权收取的手续费或佣金的金额确认收入。在此种情形下，主体的手续费或佣金可能是主体将已收或应收对价总额扣除应支付给其他相关方的价款后保留的净额。

> **ASC 606-10-55-37B**
>
> 当作为主要责任人的主体履行履约义务时（或履约过程中），主体应当按因转让特定商品或服务而预期有权取得的对价总额确认收入。

ASC 606-10-55-38

如果主体的履约义务是安排另一方提供特定商品或服务，则主体是代理人。作为代理人的主体在另一方提供的特定商品或服务转让给客户之前并不控制该商品或服务。在作为代理人的主体履行履约义务时（或履约过程中），主体应当按因安排另一方提供特定商品或服务而预期有权收取的手续费或佣金确认收入。主体的手续费或佣金可能是主体将已收取的对价支付给另一方以交换另一方提供的商品或服务后保留的对价净额。

为了确定主体在一个以上的参与方向客户交付商品或提供服务的合同中充当主要责任人还是代理人，主体首先应该识别拟向客户提供的特定商品或服务，进而评估在向客户转让特定商品或服务之前是否控制该商品或服务。

在 ASC 606 中，"控制"一项资产是指能够主导该资产的使用并从中获得几乎全部的经济利益。控制包括防止其他主体主导资产的使用并获得资产几乎所有剩余利益的能力。资产的利益为可通过使用该资产以生产商品或提供服务、提升其他资产的价值、或清偿负债或减少费用；通过出售或交换该资产；通过将该资产作为贷款的抵押担保品以及通过持有该资产获取的潜在现金流量（现金流入或现金流出的减少)[①]。

> **ASC 606-10-55-37A**
>
> 为确定其承诺的性质（如第 606-10-55-36 段所述），主体应当：
> a. 识别拟向客户提供的特定商品或服务［例如，可能是对由另一方提供的商品或服务享有的权利（见第 606-10-25-18 段）］；
> b. 评估在向客户转让每一项特定商品或服务之前其是否控制该商品或服务（如第 606-10-25-25 段所述）。

图表 9.1 总结了 ASC 606 中主体在评估其在与客户之间的合同安排中是主要责任人还是代理人应当考虑的指引。

图表 9.1　ASC 606 中关于主要责任人与代理人的考虑

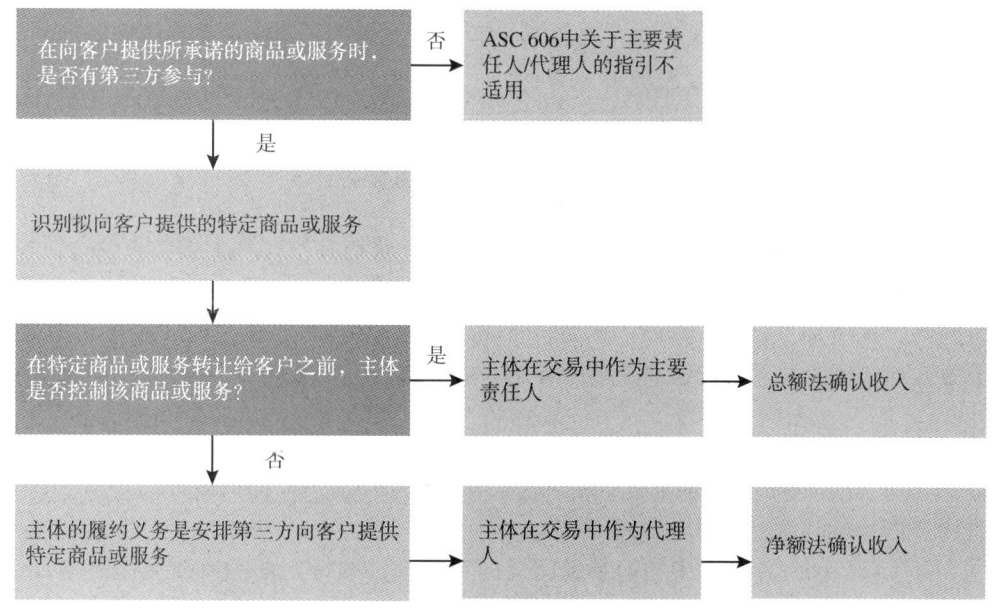

---

① ASC 606-10-25-25。

评估特定商品或服务转让给客户之前主体是否对其具有控制是确定主体承诺的性质的基础。① 为了得出主体自身向客户提供特定商品或服务的结论，主体首先应当确定在特定商品或服务转让给客户之前其是否控制该商品或服务。

9.1 识别向客户承诺的特定商品或服务

如 ASC 606-10-55-36 中所定义，主要责任人与代理人的计量单元是特定商品或服务。

> **ASC 606-10-55-36（摘录）**
>
> ……主体应当就其向客户承诺的每一项特定商品或服务确定其是主要责任人还是代理人。特定商品或服务是指拟向客户提供的可明确区分的商品或服务（或可明确区分的一揽子商品或服务）（见第 606-10-25-19 至 25-22 段）。若客户合同涉及多项特定商品或服务，主体可作为主要责任人提供某些特定商品或服务，并且作为代理人提供其他商品或服务。

特定商品或服务是拟向客户提供的"可明确区分"的商品或服务，或"可明确区分"的一揽子商品或服务。ASC 606 对"可明确区分"的商品或服务的定义为：商品或服务本身能够明确区分，并且能够与合同中的其他承诺可单独区分（见第 4.2 部分）。如果合同涉及多项特定商品或服务，主体应当就每一项特定商品或服务确定其是主要责任人还是代理人，其可能作为主要责任人提供某些特定商品或服务，并且作为代理人提供其他商品或服务。

> **致同见解：特定商品或服务——而不是履约义务**
>
> FASB 决定使用"特定商品或服务"而不是"履约义务"作为评估主要责任人还是代理人的计量单元，因为当主体作为代理人时，使用"履约义务"可能会产生困惑。代理人的承诺（其履约义务）是安排另一方向客户提供另一方的商品或服务。在此种情况下，特定商品或服务本身并非代理人的履约义务。②

虽然在许多合同中特定商品或服务的识别可能是直观的，但是当主体尝试确定向客户承诺的特定商品或服务是基本商品或服务本身还是对该商品或服务的一项权利时有可能较为困难。

下述 ASC 606 例 46A 中的摘录说明了向客户承诺的特定商品或服务是基本商品

---

① BC 11，ASU 2014-08。
② BC 10，ASU 2016-08。

或服务本身，而不是对该商品或服务的一项权利。

> **例46A——承诺提供商品或服务（主体是主要责任人）（摘录）**
>
> **ASC 606-10-55-324A**
>
> 　　主体与客户订立一项提供办公室维护服务的合同。主体与客户就服务范围明确达成一致并协定了价格。主体对确保按照合同规定的条款和条件履行服务承担责任。主体每月按商定的价格向客户开具发票，付款期为10天。
>
> **ASC 606-10-55-324B**
>
> 　　主体定期委托第三方服务供应商向其客户提供办公室维护服务。当主体取得客户合同时，主体与其中一位服务供应商订立合同，以主导该服务供应商向客户履行办公室维护服务。与服务供应商合同中的付款条款与主体客户合同中的付款条款大致相符。但是，即使客户未支付，主体仍有义务向服务供应商支付。
>
> **ASC 606-10-55-324C**
>
> 　　为了确定主体是主要责任人还是代理人，主体识别向客户提供的特定商品或服务，并评估在特定商品或服务转让给客户之前是否控制该商品或服务。
>
> **ASC 606-10-55-324D**
>
> 　　主体认为，向客户提供的特定服务是客户合同规定的办公室维护服务，且并未向客户承诺其他商品或服务。虽然主体在与客户订立合同之后取得对服务供应商办公室维护服务的权利，但该权利并未转让给客户。即，主体保留了主导该权利的使用以及取得该权利几乎全部剩余利益的能力。例如，主体可以决定主导服务供应商为该客户、其他客户还是其自己的设施提供办公室维护服务。客户无权主导服务供应商履行主体未同意提供的服务。因此，主体从服务供应商取得的对办公室维护服务的权利并非客户合同中的指定商品或服务。

　　在下述第9.2部分中继续说明 ASC 606 中的例 46A 关于控制的评估。
　　下述 ASC 606 中例47的节选说明了向客户承诺的特定商品或服务是对基础商品或服务的权利而不是基础商品或服务本身。

> **例47——承诺提供商品或服务（主体是主要责任人）（摘录）**

ASC 606-10-55-325

主体与主要航空公司协商以折扣价格（低于航空公司直接向公众出售的价格）购买机票。主体同意购买一定数量的机票，并且无论其能否转售，必须对这些机票进行支付。主体针对所购买的每一张机票支付的折扣价格是预先进行协商并达成一致的。

ASC 606-10-55-326

主体确定向其客户出售时的机票价格。主体出售机票并在客户购买机票时向其收取对价。

ASC 606-10-55-327

主体同时协助客户解决针对航空公司所提供服务的投诉。但是，每家航空公司将自行负责履行与票务相关的义务，包括对客户不满意服务的补偿措施。

ASC 606-10-55-328

为确定主体的履约义务是由其本身提供特定商品或服务（即，主体是主要责任人），还是安排另一方提供此类商品或服务（即，主体是代理人），主体应识别向客户提供的特定商品或服务，并评估在向客户转让商品或服务之前是否控制该商品或服务。

ASC 606-10-55-328A

主体得出结论认为，承诺向航空公司购买的每一张机票均使其控制了随后向客户转让的指定航班的乘机权（以机票的形式）［参见第606-10-55-37A（a）段］。因此，主体确定向客户提供的特定商品或服务是主体控制的该项权利（乘坐特定航班的权利）。主体认为并无其他承诺向客户提供的商品或服务。

在下述第9.2部分中继续说明ASC 606中的例47关于控制的评估。

9.2 控制的评估

当某主体识别出拟向客户提供的特定商品或服务时，主体应评估在向客户转让特定商品或服务之前其是否控制该商品或服务，在这种情况下，主体在交易中是主要责任人。

本指引的一个重要方面是主要责任人可能自行向客户提供特定商品或服务，或委托另一方代其向客户提供部分或全部商品或服务。

> **ASC 606-10-55-37**
>
> 如果主体在向客户转让特定商品或服务之前控制该商品或服务，则主体是主要责任人。但是，如果主体在特定商品的法定所有权转移给客户之前只是暂时性地取得该商品的法定所有权，则主体不一定控制该商品。担任主要责任人的主体可能会自行履行提供特定商品或服务的履约义务，或委托另一方（例如，分包商）代其履行部分或全部上述履约义务。

ASC 606-10-55-37A 中包括主要责任人取得特定商品或服务的控制的三种情况。

> **ASC 606-10-55-37A**
>
> 在另一方参与向客户提供商品或服务的情况下，获得对以下任一项控制的主体是主要责任人：
> a. 主体自第三方取得商品或其他资产控制权后，再转让给客户。
> b. 对第三方提供的服务所享有的权利，该权利使主体能够主导第三方代表本主体向客户提供服务。
> c. 主体自第三方取得商品或服务控制权后，将该商品或服务与其他商品或服务整合成某组合产出转让给客户。例如，若主体提供重大服务以将第三方提供的商品或服务整合纳入客户在合同中规定的特定商品或服务［见第606-10-25-21（a）段］，则主体在该特定商品或服务转让给客户之前控制该商品或服务。这是因为主体首先控制了对特定商品或服务的投入（包括获取自其他方的商品或服务）并主导其使用以形成组合产出（即，特定商品或服务）。

确定主体在一项有形商品转让给客户之前是否对其形成控制通常是比较直观的；但是，确定主体在一项服务转让给客户之前是否对其形成控制则可能是更为挑战的。因此，委员会在指引中加入了如何对提供服务的交易应用控制原则。

在多个主体向客户提供商品或服务的交易中，在商品或服务转让给客户前获得对以下任一项的控制的主体是主要责任人：

- 来自第三方的一项资产。
- 对第三方提供的服务所享有的权利（即，主体主导第三方代表其向客户提供服务）。

● 来自第三方的一项资产或服务，并将该商品或服务与其他商品或服务整合成某组合产出转让给客户。

第一种情况通常能够直观地进行识别。例如，某汽车经销商从二手车拍卖中购买10辆汽车，以转售给第三方客户。该汽车经销商在实物占有该10辆汽车时承担其存货风险。

第二种情形可能不易进行直观识别。ASC 606 中的例46A（如上述讨论）说明了主体委托第三方服务供应商代其向客户提供办公室维护服务的情形。主体首先取得了一项与客户之间的合同，然后与服务供应商签订了合同，主体主导该服务供应商为客户提供办公室维护服务。该特定服务是办公室维护服务。虽然在主体与客户签订合同后其享有服务供应商提供的办公室维护服务的权利，该项权利并未转让给客户。就是说，该主体保留了主导该项权利使用的能力，并从中获得几乎全部经济利益。

主体在向客户提供特定商品或服务过程中获取自第三方的、随后与其他商品或服务组合在一起的商品或服务，作为整体履约义务控制权转移的一部分，该主体也是主要责任人。此种情形常见于工程施工和建筑行业，主体经常委托第三方执行整体项目的一部分（例如，建造一栋建筑物），但主体保留将所有服务整合为客户所要求的组合产出的所有责任。该主体识别出一项履约义务，因为其提供重大服务将承诺整合为客户的整体产出。因此，主体可能认为其为主要责任人。

ASC 606 例46A（自上述第9.1部分开始）中的进一步摘录在分析中增加了关于控制评估的内容。

例46A——承诺提供商品或服务（主体是主要责任人）（摘录）

ASC 606-10-55-324E

主体得出结论认为，其在特定服务提供给客户之前控制该服务。主体在订立客户合同之后、办公室维护服务提供给客户之前取得了对该服务的控制。主体与服务供应商订立的合同条款向主体提供了主导服务供应商代主体提供特定服务的能力［见第606-10-55-37A（b）段］。

该示例继续在下述第9.3部分中说明哪些迹象是如何支持（或者不支持）控制的评估。

ASC 606 中例47进一步的摘录（自上述第9.1部分开始）在分析中增加了关于控制评估的内容。

> **例47——承诺提供商品或服务（主体是主要责任人）（摘录）**
>
> **ASC 606-10-55-328B**
>
> 主体在向客户转让乘坐航班的权利之前控制了该特定权利，因为主体能够通过决定是否使用机票履行客户合同以及（若使用机票）履行哪项合同来主导该权利的使用。主体也能够通过转售机票及取得全部销售所得或由其本身使用机票从该项权利中获得所有剩余利益。

该示例继续在下述第9.3部分中说明哪些迹象是如何支持（或者不支持）控制的评估。

9.3 控制的迹象

ASC 606 包括显示主体在转让特定商品或服务给客户之前控制该商品或服务的迹象。

> **ASC 606-10-55-39**
>
> 显示主体在转让特定商品或服务给客户之前控制该商品或服务［因此是主要责任人（见第606-10-55-37段）］的因素包括但不限于：
> a. 主体对履行提供特定商品或服务的承诺承担主要责任。这通常包括对特定商品或服务的验收承担责任（例如，对保证商品或服务符合客户的规格要求承担主要责任）。如果主体对履行提供特定商品或服务的承诺承担主要责任，这可能表明参与提供特定商品或服务的另一方代表主体行事。
> b. 主体在特定商品或服务转让给客户之前、或在控制权转移给客户之后（例如，若客户拥有退货权）承担存货风险。例如，如果主体在取得客户合同之前获得或承诺获得特定商品或服务，这可能表明该主体有能力在将该商品或服务转让给客户之前主导该商品或服务的使用并获得其几乎所有剩余利益。
> c. 主体对特定商品或服务拥有自主定价权。确定客户为取得特定商品或服务所支付的价格可能表明主体有能力主导该等商品或服务的使用并获得其几乎所有剩余利益。但是，在某些情况下，代理人可能拥有自主定价权。例如，代理人可能在定价方面拥有一定的灵活性，以通过提供安排其他方向客户提供商品或服务的服务来产生额外收入。

> **ASC 606-10-55-39A**
>
> 取决于特定商品或服务的性质以及合同的条款和条件，第 606-10-55-39 段所述的因素对于控制的评估可能具有或多或少的相关性。此外，不同的合同可能需要采用不同的因素来提供更具说服力的证据。

如 ASC 606-10-55-39 所述，显示主体在转让特定商品或服务给客户之前控制该商品或服务的因素包括但不限于：
- 主体对履行提供特定商品或服务的承诺承担主要责任；
- 主体承担存货风险；
- 主体有权自主决定特定商品或服务的价格。

这些因素，并非全部，对于控制的评估可能具有或多或少的相关性，这取决于每一情形的事实和情况。主体可以根据合同的条款和特定情形下的事实和情况，确定其他因素能够提供更具说服力的证据。

委员会和理事会[1]将这些因素作为支持主体评估是否在转让特定商品或服务给客户之前控制该商品或服务。这些因素：
- 不推翻关于控制的评估；
- 不构成单独或额外的评估；
- 不是所有情形下的标准清单。

重大选择：ASC 605-45 与 ASC 606

当主体有一项多方参与为客户提供商品或服务的安排时，需要根据 ASC 606 进行新的分析，并可能就其是主要责任人还是代理人得出与原准则下不同的结论。ASC 606 关注控制的转移，而原准则依赖风险报酬模型确定主体如何以及何时作为主要责任人或者代理人。

原准则还提供了有关因素重要性的详细清单，以帮助主体评估其是主要责任人还是代理人。尽管 ACS 606 中的三个因素看似与原准则中的类似，但是它们不像原准则中的因素基于重要性进行考虑，并且单一因素不能决定主体是主要责任人还是代理人。相反，这些因素支持主体在转让商品或服务给客户之前是否控制该商品或服务。

开始于上述第 9.1 部分和第 9.2 部分的 ASC 606 的例 46A 的剩余摘录说明主体对 ASC 606 中的因素的考虑。

---

[1] BC 16，ASU 2016-08。

> **例46A——承诺提供商品或服务（主体是主要责任人）（摘录）**

ASC 606-10-55-324E

主体得出结论认为，其在特定服务提供给客户之前控制该服务。主体在订立客户合同之后、办公室维护服务提供给客户之前取得了对该服务的控制。主体与服务供应商订立的合同条款向主体提供了主导服务供应商代主体提供特定服务的能力[见第606-10-55-37A（b）段]。此外，主体得出结论认为，第606-10-55-39段的下列因素提供了在向客户提供办公室维护服务之前主体控制该服务的进一步证据：
a. 主体对履行提供办公室维护服务的承诺承担主要责任。尽管主体聘请服务供应商履行向客户承诺的服务，但主体本身对确保服务的履行及客户的验收承担责任（即，不论主体是自身履行服务还是委托第三方服务供应商履行服务，主体均对合同中承诺的履行承担责任）。
b. 主体对客户服务的价格拥有自主定价权。

ASC 606-10-55-324F

主体认为，在取得客户合同之前主体并未承诺向服务供应商取得服务。因此，主体减轻了与办公室维护服务相关的存货风险。尽管如此，根据第606-10-55-324E段所述的证据，主体得出结论认为，在办公室维护服务提供给客户之前主体控制该服务。

ASC 606-10-55-324G

据此，主体在该交易中是主要责任人，应按因交付办公室维护服务而有权向客户收取的对价金额确认收入。

自上述第9.1部分和第9.2部分开始的ASC 606中例47的剩余摘录说明ASC 606中主体对控制特定商品或服务的因素的考虑。

> **例47——承诺提供商品或服务（主体是主要责任人）（摘录）**

ASC 606-10-55-328C

第606-10-55-39段（b）至（c）中的因素也提供了主体在每项特定权利（机票）转让给客户之前控制该权利的相关证据。由于主体在与购买机票的客户订立合同之前承诺从航空公司取得机票，因此主体承担与机票相关的存货风险。这是因为主体有义务就该项权利向航空公司作出支付，不论主体是否能够取得向其购买机票的客户或是否能够按对其有利的价格出售这些机票。主体还能够设定客户对特定机票支付的价格。

ASC 606-10-55-329

因此，主体得出其在与客户的交易中是主要责任人的结论。主体按因向客户转让机票而有权获得的对价总额确认收入。

9.4 主要责任人与代理人评估的示例

ASC 606 包括下述主体得出结论认为其是代理人的综合示例。在评估时，主体识别特定商品或服务，然后确定在特定商品或服务转让给客户之前其是否控制该商品或服务。主体考虑支持控制评估的因素。

例 45——安排提供商品或服务（主体是代理人）

ASC 606-10-55-317

主体经营一家网站以使客户能向一系列供应商购买商品，这些供应商直接向客户交付商品。根据主体与供应商订立的合同条款，当通过该网站购买商品时，主体有权获得相当于售价 10% 的佣金。主体网站协助供应商与客户之间按供应商所设定的价格进行支付。主体在处理订单之前要求客户付款，且所有订单均不可退款。主体在安排向客户提供产品之后没有进一步的义务。

ASC 606-10-55-318

为确定主体的履约义务是由其本身提供特定商品（即，主体是主要责任人），还是安排供应商提供这些商品（即，主体是代理人），主体应识别向客户提供的特定商品或服务，并评估在向客户转让商品或服务之前是否控制该商品或服务。

ASC 606-10-55-318A

主体经营的网站是一个供应商提供其商品及客户购买供应商所提供商品的市场平台。因此，主体认为使用网站向客户提供的特定商品是供应商提供的商品，且主体并未向客户承诺任何其他商品或服务。

ASC 606-10-55-318B

主体得出结论认为，在向使用网站订购商品的客户转让特定商品之前主体并未控制相关特定商品。对于向客户转让的商品，主体在任何时候均不能主导其使用。例如，主体无法主导商品用于非客户方或禁止供应商向客户转让这些商品。主体并未控制用于履行客户使用网站所下订单的供应商的商品存货。

ASC 606-10-55-318C

在得出这一结论时，主体考虑了第 606-10-55-39 段所述的下列因素。主体认为，这些因素提供了在特定商品转让给客户之前其并未控制这些商品的进一步证据：
a. 供应商对履行向客户提供商品的承诺承担主要责任。主体既无义务在供应商未向客户转让商品的情况下提供商品，也不对商品的验收承担责任。
b. 主体在商品转让给客户之前或之后的任何时候均不承担存货风险。主体并未承诺在客户采购商品之前向供应商取得商品，也不对任何受损或退还的商品承担责任。
c. 主体没有对供应商商品价格的自主定价权。销售价格由供应商设定。

ASC 606-10-55-319

据此，主体得出结论认为其是代理人，其履约义务是安排供应商提供商品。主体在其履行安排供应商向客户提供商品的承诺时（在本例中，即客户购买商品时），按其有权获得的佣金金额确认收入。

如上述第 9.1 部分所述，若一个合同涉及多项特定商品或服务，主体可作为主要责任人提供某些特定商品或服务，并且作为代理人提供其他商品或服务。ASC 606 包括主体得出结论认为其在同一合同中同时作为主要责任人和代理人的下述示例。在评估时，主体识别特定商品或服务，然后确定在特定商品或服务转让给客户之前其是否控制每项特定商品或服务。主体考虑支持控制评估的因素。

例 48A——主体在同一合同中既是主要责任人也是代理人

ASC 606-10-55-334A

主体出售协助客户更有效地针对空缺职位寻找潜在员工的服务。主体自行履行若干服务，如面试求职者和进行背景调查。作为与客户所订合同的一部分，客户同意取得访问有关求职者信息的第三方数据库的许可。主体安排这项第三方的许可，但客户就该许可与数据库提供商直接订立合同。作为主体向客户开具总额发票的一部分，主体代第三方数据库提供商收取费用。数据库提供商设定就许可向客户收取的价格，并负责提供客户因服务中止或其他技术问题而可能有权取得的技术支持和信用。

ASC 606-10-55-334B

在确定主体是主要责任人还是代理人时，主体应当识别向客户提供的特定商品或服务，并评估在向客户转让这些商品或服务之前是否控制这些商品或服务。

ASC 606-10-55-334C

本例中，假定基于第 606-10-25-19 至 25-22 段要求的评估，主体得出结论认为其招聘服务和数据库访问许可两者可明确区分。相应地，存在两项向客户提供的特定商品或服务——访问第三方数据库及招聘服务。

ASC 606-10-55-334D

主体得出结论认为，在向客户提供数据库访问权限之前主体并未控制该访问权限。由于客户直接与数据库提供商订立了相关许可合同，因此主体在任何时候均不能主导许可的使用。主体未控制对供应商数据库的访问——例如，主体无法向客户之外的其他方授予访问权限或禁止数据库提供商向客户提供访问权限。

ASC 606-10-55-334E

在得出这一结论时，主体还考虑了第 606-10-55-39 段的下列因素。主体认为，这些因素提供了在数据库访问权限提供给客户之前主体并未控制该访问权限的进一步证据：
  a. 主体不对履行提供数据库访问服务的承诺承担责任。客户与第三方数据库提供商直接订立许可合同，并且数据库提供商对数据库访问的可接受性承担责任（例如，通过提供技术支持或服务信用）。
  b. 主体不承担存货风险，因为在客户与数据库提供商直接订立数据库访问合同之前主体未购买或承诺购买数据库访问权限。
  c. 主体没有确定客户数据库访问价格的自主定价权，因为该价格由数据库提供商设定。

ASC 606-10-55-334F

因此，主体得出结论认为其对于第三方数据库服务而言是代理人。相反，主体得出结论认为其对于招聘服务而言是主要责任人，因为主体自行履行这些服务且不存在其他方参与向客户提供这类服务。

> **在分销关系中识别客户**
>
> 供应商 A 制造及销售设备。供应商 A 既直接销售给最终客户,也通过分销商销售。
>
> 在与分销商交易时,分销商确定最终客户,与最终客户商定设备价格,将商定的销售价格通知供应商,供应商有 3 天时间决定接受还是拒绝所提供的价格。如果供应商同意最终客户的定价,供应商直接将设备发货给最终客户。当设备直接发出时,分销商未取得设备的控制(即,分销商未取得设备的法定权属、实物占有或享有所有权相关的风险和报酬)。最终客户的退货退回至供应商。
>
> 以供应商 A 的名义向最终客户开具发票,但向最终客户发货时分销商向供应商 A 付款,供应商 A 不承担进一步的信用风险。分销商承担延期付款,包括某些情况下,与最终客户确定分期销售。供应商 A 不参与任何延期付款,因为在发货时其已收到分销商的付款。供应商 A 在发货时收到的分销商付款是扣除分销商佣金后的"净额"[例如,如果向客户开具的发票金额为 10000 美元,分销商佣金为 5%,在发货时,分销商向供应商 A 支付 9500 美元(10000 美元 – 10000 美元×5%)]。
>
> 供应商 A 考虑是分销商还是最终客户是其客户,并确定最终客户为其客户,而不是分销商,因为其承担履行最终客户订购的设备的主要责任。供应商 A 也考虑了其是否为主要责任人,因此应确认 10000 美元的收入,或其为代理人,在这种情况下其确认 9500 美元的收入。
>
> 供应商 A 确定其控制设备,因此由于下述原因其为主要责任人:
> - 如果供应商 A 不接受分销商协商的价格,其有能力拒绝该交易。
> - 最终客户知晓其自供应商 A 购买设备。
> - 供应商 A 承担履行合同的主要责任,并且自最终客户处接收退货。
> - 分销商未取得设备的控制。此外,直至分销商确定最终客户,其未采购设备,因此其不承担存货风险。
>
> 供应商 A 以总额 10000 美元确认收入。分销商保留的费用类似于中间人费用或佣金,因此供应商也应考虑向分销商支付的费用是否为取得合同的增量成本,以及该费用是否应确认为递延佣金资产。在此示例中,因为合同在设备发出时完成,佣金作为费用化处理。

在某些涉及经销商的交易中,供应商可能不知道最终客户向分销商支付的交易价格。在供应商得出结论认为其对于基础商品或服务是主要责任人,但仅知道其自分销商处取得的净额的情况下,关于供应商应确认的交易价格的不确定存在疑问。此情况在 ASC 2016-08 的 BC 37 至 BC 38 中进行了讨论。尤其是,委员会注意到主体可能考虑根据可变对价的指引估计交易价格;但是,为了采用可变对价的指引,交易价格的不确定性必须最终在未来的某一时点得以解决。如果此不确定性预期无法解决，分销商向最终客户收取的金额不应作为可变对价，且不应作为交易价格的一部分。

> **作为主要责任人估计收入总额**
>
> 继续上述示例，除假设供应商 A 不知道最终客户支付给分销商的交易价格外。供应商 A 仅知道其自分销商处取得的付款金额，且无法取得最终客户支付的交易价格的详细信息。
>
> 在此情况下，尽管供应商 A 得出结论认为，其是与销售给最终客户的设备相关的主要责任人，其应按照其自分销商处取得的净额确认收入。供应商 A 估计最终客户支付的交易价格是不恰当的，因为当交易价格的不确定性预期不能解决时，不适用可变对价的指引。

9.5 付现费用的补偿

为了对客户补偿主体履行与客户的合同发生的付现费用进行正确的会计处理，主体需要确定对于相关特定的商品或服务，其是主要责任人还是代理人。在进行此决定时，主体应首先识别向客户提供的特定商品或服务，然后评估在商品或服务转让给客户前其是否控制特定的商品或服务。

> **可补偿的成本——主体是主要责任人**
>
> 某专业服务机构的付现费用由其客户补偿，包括项目组执行客户咨询服务项目出差时发生的餐费、交通费和住宿费。
>
> 该专业服务机构将其员工在进行咨询项目时发生的餐费、飞机票款、住宿费识别为特定的商品或服务，并得出结论认为，其控制这些特定商品或服务，因为其主要参与选择特定商品和服务的性质，并直接消耗餐费、飞机票款和住宿费的利益。特定服务的利益并未转移给客户；而是，该专业服务机构控制餐费、飞机票款和住宿费服务的收益，并将其整合至客户签订合同要求的咨询服务的履约中。
>
> 因为该专业服务机构得出结论认为，其控制特定商品或服务，客户对这些项目的补偿被包含在合同价格中。

根据新的收入模型，如果主体是所补偿商品或服务的主要责任人，客户对付现费用的补偿应包含在交易价格中（第三步），分摊至履约义务（第四步），并在履约义务履行时确认为收入（第五步）。FASB 员工对利益相关者对于可补偿的费用如何应用新模型进行了考虑，尤其是下述事项：

- 当合同开始时不知道可补偿金额的情况下，估计可变对价的要求；
- 费用发生和相关补偿确认为收入的时间差异的影响。

基于 FASB 员工进行的调研，许多公众主体通常不估计付现费用的补偿。那些进行此类估计的主体使用历史信息或其他可取得的可信赖数据进行组合层面的估计。其他主体执行临界值法（对于低于临界值的不重要金额不进行估计）或为了满足新要求执行新的会计系统。

该文件也识别出可能不要求主体估计与付现费用补偿相关的可变对价的特定情形，包括：

- 直到可补偿的费用发生，该费用为受限制的可变对价。
- 可变对价与一系列商品或服务中的特定履约义务或可单独区分的商品或服务相关，应用 ASC 606-10-32-40 中的分摊指引，主体可以将补偿的付现费用完全分摊至一系列商品或服务中的特定履约义务或可单独区分的商品或服务。
- 主体可以应用"开票金额"的实务简便方法。
- 主体在某一时段内确认收入，在原准则下应用成本法计量履约进度，在 ASC 606 下将仍采用此方法。

重要性也是一项考虑因素。如果可补偿的费用与计量履约义务的履约进度所选的方法一致发生，可能在任一种方法下所确认收入的金额不会有重大差异。

10 合同的变更

更改合同条款的合同变更在很多行业都很常见,包括制造业、电信业、航空航天与国防业,以及建筑业。在某些行业和司法管辖区,合同的变更可能被描述为订单更改、变动或修订。原准则并未对合同变更的识别及会计处理提供总体框架,除 ASC 605-35 中有限的对特定行业关于建造合同及产品合同变更的指引外。因此,在原准则下实务处理存在多样性。委员会和理事会决定在 ASC 606 中对合同变更提供具体指引,以促进实务对合同变更进行会计处理的一致性。

ASC 606 中对合同变更的指引要求主体:
- 识别合同是否变更。
- 确定合同变更是否产生单独的合同、导致现有合同的终止及新合同的订立,或现有合同的延续。
- 对合同变更分别进行会计处理。

本部分将对上述步骤进行详细讨论。

> **重大选择:合同变更的新框架**
>
> 对于许多主体而言,合同变更的会计处理将发生变化,因为原准则未包含合同变更会计处理的总体框架。除常规性订单更改的工程和建筑行业外,许多主体可能没有可靠稳定的系统来识别、追踪和核算合同变更。由于 ASC 606 就如何对合同变更进行会计处理提供了详细指引,主体可能需要更新其系统和控制流程以应用此指引。

10.1 识别合同变更

如果满足以下三个条件,则存在合同变更:
- 对合同范围或价格(或两者)作出的变更。
- 合同变更经主体和客户的批准。
- 变更是具有法律约束力的。

与 ASC 606-10-25-1(a)中第一步的标准类似,合同的变更可能采用书面形式、口头形式或隐含于主体以往的习惯做法的形式批准。

> **ASC 606-10-25-10**
>
> 合同变更是经合同各方批准对原合同范围或价格（或两者）作出的变更。在某些行业和司法管辖区，合同变更可能被描述为订单更改、变动或修订。合同变更既可能形成新的具有法律约束力的权利和义务，也可能是变更了合同各方现有的具有法律约束力的权利和义务。合同各方可能以书面形式、口头形式或隐含于主体以往的习惯做法中的形式批准合同变更。如果合同各方尚未批准合同变更，则主体在合同变更获得批准前应继续对现有合同应用本主题下的指引。

合同变更可能采取多种形式，下述列表包含一些常见示例：
- 部分终止合同；
- 延长合同期限并相应增加价格；
- 在合同中增加新的商品和/或服务，价格相应/未相应变化；
- 降低合同价格而不改变承诺的商品或服务。

10.1.1 未定价的订单和要求权更改

即使变更的细节尚未最终确定，当变更形成合同中新的权利和义务或变更了现有的权利和义务时，主体可能仍需要对变更进行会计处理。

如果主体和客户已同意合同范围的变更，但尚未就价格变动达成一致，主体应运用可变对价的指引（见第5.1部分）对交易价格的变动进行估计。随后主体应应用第10.2部分中的指引确定是否应将变更作为单独的合同进行会计处理。另一方面，如果合同各方尚未批准合同范围的变更，主体应继续将 ASC 606 中的指引应用于现有合同，直至合同变更获得批准。

见图表10.1。

图表10.1 未定价的订单和要求权更改

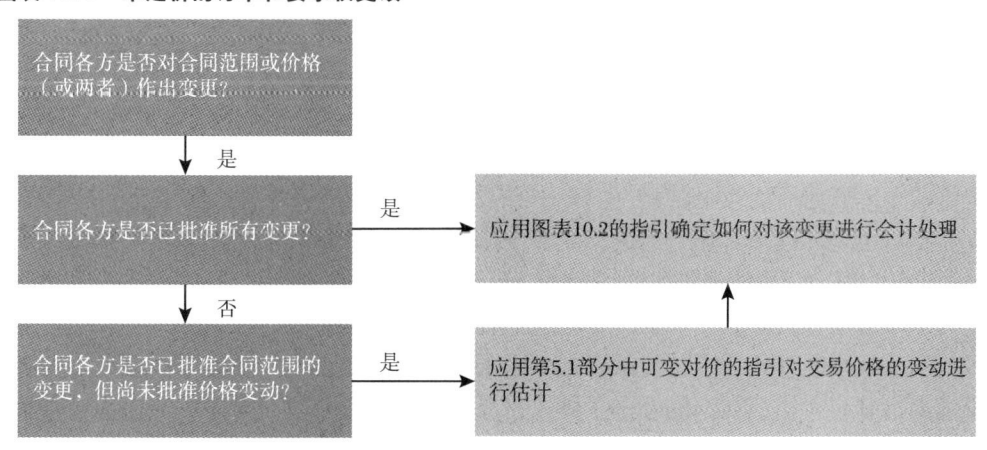

（转下页）

(接上页)

```
          ↓否
┌─────────────────────┐     是    ┌──────────────────────────────────────┐
│ 合同变更是否形成主体的可执行 │──────→│ 运用判断确定是否存在合同变更；主体可能需要应用 │
│ 权利？                │           │ 图表10.2中关于合同变更的指引           │
└─────────────────────┘           └──────────────────────────────────────┘
          ↓否
┌──────────────────────────────────────────────────────────────────────┐
│ 合同各方尚未批准合同的变更，因此主体应继续将ASC 606中的指引应用于现有合同，直至变更获得 │
│ 批准                                                                  │
└──────────────────────────────────────────────────────────────────────┘
```

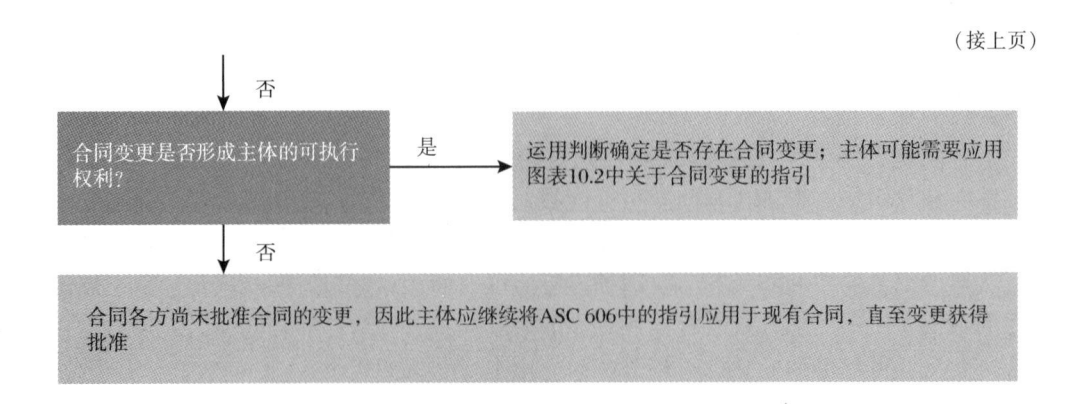

ASC 606 为未定价的订单和要求权更改作出了如下指引。

ASC 606-10-25-11

即使合同各方对于合同范围或价格（或两者）的变更还存在争议，或者合同各方已批准合同范围的变更，但尚未确定相应的价格变动，也可能存在合同变更。主体应当考虑包括合同条款及其他证据在内的所有相关的事实和情况，以确定该变更是否形成了新的有法律约束力的权利和义务，或者变更了现有的有法律约束力的权利和义务。如果合同各方已批准合同范围变更，但尚未确定相应价格变动的，主体应当按照第 606-10-32-5 至 32-9 段有关估计可变对价的规定及第 606-10-32-11 至 32-13 段有关对可变对价估计的限制的规定对合同变更所导致的交易价格变动进行估计。

ASC 606 中的下述示例说明了未获批准的范围及价格变更的会计处理。

示例9——未获批准的范围及价格变更

ASC 606-10-55-134

主体与客户订立一项在客户自有的土地上建造一幢建筑物的合同。合同规定客户将在合同开始后的 30 天内使主体得以在该土地上开始其工作。但是，由于在合同开始后出现的风暴对场地造成损坏，主体直至合同开始后的 120 天才得以在该土地上开始其工作。该合同明确规定，任何导致主体未能及时得以在客户自有土地上开始工作的事件（包括不可抗力）将使主体有权获得金额相当于因延误而直接导致的实际成本的补偿。主体能够根据合同条款证明因延误发生的特定直接成本并提出索赔申请。客户最初不同意向主体进行补偿。

ASC 606-10-55-135

主体在评估索赔的法律依据后确定,根据相关合同条款其拥有有法律约束力的权利。因此,主体根据第 606-10-25-10 至 25-13 段将索赔作为合同变更进行会计处理。该合同变更并未导致向客户提供任何额外的商品和服务。此外,在合同变更后,所有剩余商品和服务均不可明确区分并且构成单一履约义务的一部分。据此,主体根据第 606-10-25-13(b)段,通过更新交易价格及对履约义务的履约进度的计量来对该合同变更进行会计处理。在估计交易价格时,主体考虑了第 606-10-32-11 至 32-13 段中有关可变对价估计限制的要求。

10.2 合同变更的会计处理

一旦主体确定与客户之间的合同进行了变更,主体需要确定该变更是否应按照第 10.2.1 部分所讨论的作为单独的合同进行会计处理。如果该变更不应作为单独的合同进行会计处理,其应按照在第 10.2.2 部分中讨论的下述三种方式之一进行会计处理:

- 作为原合同终止及新合同订立进行会计处理;
- 对原合同作出累计追加调整;
- 上述两项的结合。

见图表 10.2。

图表 10.2 合同变更的会计处理

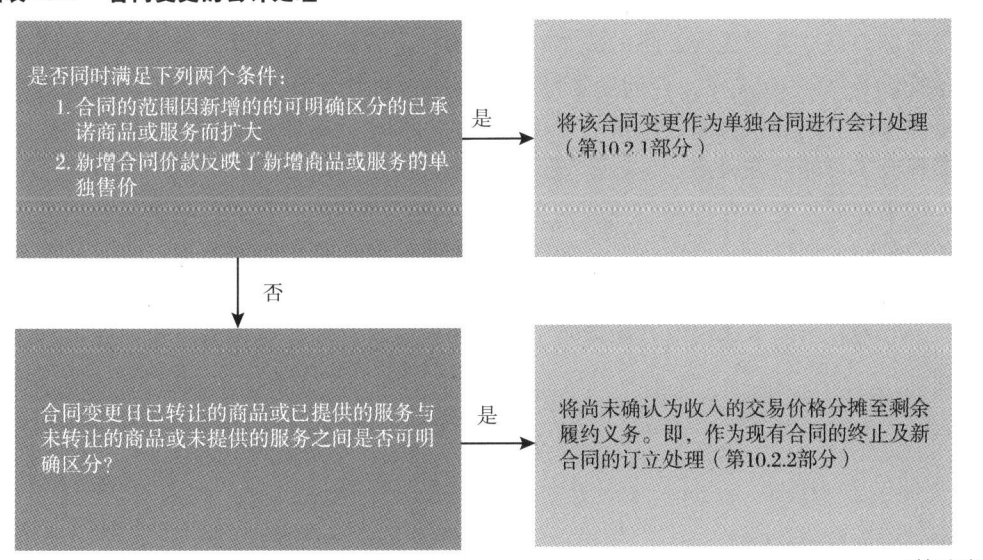

是否同时满足下列两个条件: 1. 合同的范围因新增的的可明确区分的已承诺商品或服务而扩大 2. 新增合同价款反映了新增商品或服务的单独售价	是 →	将该合同变更作为单独合同进行会计处理(第 10.2.1 部分)
↓ 否		
合同变更日已转让的商品或已提供的服务与未转让的商品或未提供的服务之间是否可明确区分?	是 →	将尚未确认为收入的交易价格分摊至剩余履约义务。即,作为现有合同的终止及新合同的订立处理(第 10.2.2 部分)

(转下页)

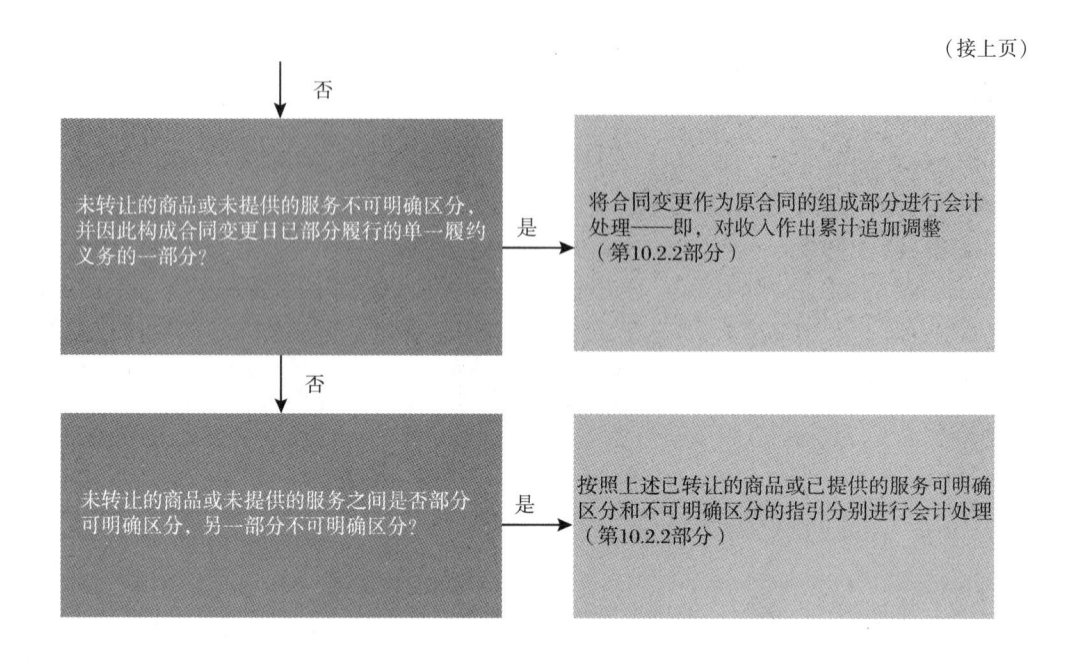

```
                          ↓否
   ┌─────────────────────────────┐              ┌─────────────────────────────────┐
   │未转让的商品或未提供的服务不可明确区分，│              │将合同变更作为原合同的组成部分进行会计│
   │并因此构成合同变更日已部分履行的单一履约│──是─→│处理——即，对收入作出累计追加调整   │
   │义务的一部分？                │              │（第10.2.2部分）                │
   └─────────────────────────────┘              └─────────────────────────────────┘
                          ↓否
   ┌─────────────────────────────┐              ┌─────────────────────────────────┐
   │未转让的商品或未提供的服务之间是否部分│              │按照上述已转让的商品或已提供的服务可明确│
   │可明确区分，另一部分不可明确区分？  │──是─→│区分和不可明确区分的指引分别进行会计处理│
   │                          │              │（第10.2.2部分）                │
   └─────────────────────────────┘              └─────────────────────────────────┘
```

10.2.1 变更构成单独的合同

如果同时满足下列两个条件，主体应将合同变更作为单独的合同进行会计处理：（1）原合同的范围因新增的可明确区分的已承诺商品或服务而增大，以及（2）新增合同价款反映了新增商品或服务的单独售价。主体运用 ASC 606-10-25-18 至 25-22 的指引确定新增的已承诺商品或服务是否可明确区分。该指引背后的逻辑是，主体订立单独合同或修改现有合同[①]新增商品或服务之间没有经济差异。

当评估交易价格的增加是否反映新增商品或服务的单独售价时，主体可以就因为与现有客户订立合同无须发生的成本对单独售价进行调整。因此，如果原始合同中的单独售价是每件 10 美元，合同变更增加的商品为每件 9.5 美元仍可能反应新增商品的单独售价。例如，与原始数量的工作量和成本相比，追加商品数量发生的营销支出和管理成本可能会低得多。主体需要运用判断以得出结论。

如果合同变更是在按照单独履约义务进行会计处理的一系列可明确区分的商品或服务的基础上新增一项可明确区分的商品或服务，只要新增合同价款反映了新增商品或服务的单独售价，该合同变更就应作为单独合同进行会计处理。

ASC 606 中的下述指引具体说明了主体何时应将合同变更作为单独合同进行会计处理。

---

① BC 77，ASU 2014-09。

ASC 606-10-25-12

如果同时满足下列两个条件，主体应将合同变更作为单独的合同进行会计处理：

a. 合同的范围因新增的可明确区分的已承诺商品或服务而增大（根据第 606-10-25-18 至 25-22 段）。
b. 合同价款提高，增加的对价金额反映主体额外承诺的商品或服务的单独售价及为反映该特定合同的具体情况而对该价格所作的适当调整。例如，因为主体无须发生若向新客户销售类似商品或服务时须发生的相关销售费用，主体可能向客户提供折扣，并对新增商品或服务的单独售价进行调整。

下述 ASC 606 中的示例说明了合同变更作为单独合同进行会计处理。

例 5——商品合同的修订（摘录）

ASC 606-10-55-111

主体承诺以 12000 美元（每件产品 100 美元）的价格向客户出售 120 件产品。这些产品在 6 个月期间内转让给客户。主体在某一时间点转移对每件产品的控制。在主体将其对 60 件产品的控制转移给客户后，合同进行了变更，要求主体向客户交付额外 30 件产品（共计 150 件相同的产品）。最初订立的合同并未包含这额外的 30 件产品。

案例 A——额外产品的价格反映单独售价
ASC 606-10-55-112

在合同作出变更时，针对额外 30 件产品的合同价格变更为增加了 2850 美元（或每件产品 95 美元）。针对额外产品的定价反映了这些产品在合同变更当时的单独售价，并且这些额外产品可与原产品明确区分开来（根据第 606-10-25-19 段）。

ASC 606-10-55-113

根据第 606-10-25-12 段，就额外 30 件产品进行的合同变更实际上构成一项关于未来产品的单独的新合同，且该合同并不影响对现有合同的会计处理。主体应对原合同中的 120 件产品确认每件产品 100 美元的收入，并对新合同中的 30 件产品确认每件产品 95 美元的收入。

10.2.2 变更不构成单独的合同

如果按照 ASC 606-10-25-12,合同变更不作为单独的合同进行会计处理,指引提供了下述三种方法对合同变更进行会计处理:

- 第一,只要在合同变更日未转让的商品或未提供的服务与已转让的商品或已提供服务之间可明确区分,对合同变更按未来适用法进行会计处理。委员会和理事会在这一指引背后的逻辑是,按累计追加调整方法对此类变更进行会计处理可能是复杂的,且不能如实反映合同变更的经济实质,因为变更是根据原合同开始后存在的事实和情况议定的。[①]
- 第二,当未转让的商品或未提供的服务不可明确区分,并构成已部分履行的单一履约义务的一部分时,主体以累计追加调整的方法确认合同变更的影响。此种情形存在于许多建造合同中,变更不会转让额外的可明确区分的商品或服务。
- 第三,可能存在在合同变更日未转让的商品或未提供的服务部分可明确区分,部分不可明确区分的情况。在这种情况下,主体对于可明确区分的剩余商品或服务按照未来适用法进行会计处理,对于不可明确区分的剩余商品或服务按照累计追加调整的方法进行会计处理。

ASC 606 包含下述变更不作为单独的合同进行会计处理的指引。

ASC 606-10-25-13

如果合同变更不应按照第 606-10-25-12 段作为单独的合同进行会计处理,主体应采用下列方式中最为合适的一种,对在合同变更时尚未转让的已承诺商品或服务(即,剩余的已承诺商品或服务)进行处理:

a. 如果剩余商品或服务与合同变更当日或之前已转让的商品或服务可明确区分,主体应将合同变更作为原合同的终止及新合同的订立处理。分摊至剩余履约义务 [或按照第 606-10-25-14(b)段识别的单一履约义务中剩余的可明确区分商品或服务] 的对价金额为以下金额的总和:
 1. 纳入交易价格估计值的尚未确认为收入的客户所承诺的对价(包括已自客户收取的金额);
 2. 作为合同变更的一部分而承诺的对价。
b. 如果剩余商品或服务不可明确区分,并因此构成合同变更日已部分履行的单一履约义务的一部分,主体应将合同变更作为原合同的一部分进行会计处理。合同变更对交易价格及主体履约义务的履约进度计量结果的影响应在合同变更日确认为对收入的调整(收入的增加或减少)(即,对收入作出累计追加调整)。

[①] BC 78,ASU 2014-09。

c. 如果剩余商品或服务为上述（a）和（b）的组合，则主体应当按照与本段目标相一致的方式对该变更对变更后合同中未履行（包括部分未履行）的履约义务的影响进行会计处理。

剩余商品或服务可明确区分

如上所述，如果按照 ASC 606-10-25-12，合同变更不作为单独的合同进行会计处理，当在合同修订日未转让的商品或未提供的服务与已转让的商品或已提供的服务可明确区分时，应按未来适用法对合同变更进行会计处理。通常情况下，当可明确区分的商品或服务不以其单独售价提供时，就会发生这种情况。

分摊至剩余履约义务（或一系列可明确区分的商品或服务中的剩余部分）的对价金额为以下金额的总和：

- 原交易价格一部分的客户所承诺的对价，包括已自客户收取尚未确认为收入的金额；
- 作为合同变更的一部分而承诺的对价。

ASC 606 例 5 中的案例 B 说明了 ASC 606-10-25-13（a）中所描述的合同变更的会计处理。

例5——商品合同的修订（摘录）

ASC 606-10-55-111

主体承诺以 12000 美元（每件产品 100 美元）的价格向客户销售 120 件产品。这些产品在 6 个月期间内转让给客户。主体在某一时点转移对每件产品的控制。在主体将其对 60 件产品的控制转移给客户后，合同进行了变更，要求主体向客户交付额外 30 件产品（共计 150 件相同的产品）。最初订立的合同并未包含这额外的 30 件产品。

案例 B——额外产品的价格并未反映单独售价
ASC 606-10-55-114

在就额外 30 件产品的购买进行协商的过程中，合同各方最初议定的价格为每件产品 80 美元。但是，客户发现主体最初转让给客户的 60 件产品存在这些已交付产品所独有的瑕疵。主体承诺提供每件产品 15 美元的部分抵免以补偿上述低质产品对客户造成的损失。主体和客户同意将 900 美元的抵免额（每件抵免额 15 美元×60 件产品）纳入主体就额外 30 件产品收取的价格。因此，变更后的合同规定额外 30 件产品的价格为 1500 美元（或每件产品 50 美元）。该价格包括就额外 30 件产品的商定价格 2400 美元（或每件产品 80 美元）减去 900 美元的抵免额。

ASC 606-10-55-115

在合同作出变更时,主体将 900 美元确认为交易价格的降低,并因而将其确认为最初转让的 60 件产品收入的减少。在对额外 30 件产品的销售进行会计处理时,主体确定议定的每件产品 80 美元的价格并未反映额外产品的单独售价。因此,该合同变更不符合第 606-10-25-12 段所述的作为单独合同进行会计处理的条件。由于待交付的剩余产品与已转让的产品可明确区分,主体应用第 606-10-25-13(a)段的规定并将该合同变更作为原合同的终止及新合同的订立进行会计处理。

ASC 606-10-55-116

因此,对每件剩余产品确认的收入金额应为综合价格 93.33 美元 {[(100 美元 × 尚未根据原合同转让的 60 件产品)+(80 美元 × 拟根据合同变更转让的 30 件产品)]÷90 件剩余产品}。

ASC 606 例 5 中的案例 B 也说明了主体给予部分抵免以补偿客户已收到的低质产品的适当的会计处理。由于在本例中主体可以将质量问题归于已转让的产品(即,过去的履约),主体将抵免确认为交易价格的降低,并因而将其确认为最初转让的 60 件产品收入的减少,即使该折扣包括在未来适用的合同更改条款中。最终,主体可能需要作出重大判断,并考虑所有相关的事实和情况以确定合同变更中对额外商品和服务的折扣是否与过去的履约有关。

当履约义务已履行或部分履行,但由于时间流逝之外的其他因素尚未收到对价时,ASC 606 要求主体确认合同资产。利益相关者询问根据 ASC 606-10-25-13(a)合同变更后合同资产的后续会计处理。TRG 关于这个问题的讨论概述如下。

> **TRG 基本达成一致的问题:合同变更中,主体如何对合同资产进行会计处理?**

利益相关者就如何在合同变更中对合同资产进行会计处理提出了两种观点:
- 观点 A:如原合同终止,由于合同已不存在,合同资产应结转为收入。
- 观点 B:合同资产应在新修订的合同下随着应收款项的确认结转,即按未来适用法进行会计处理。

在 2016 年 4 月的会议上[①],TRG 就此问题基本达成一致,由于目标是对合同变更按未来适用法进行会计处理,观点 B 产生的财务报告结果与按照 ASC 606-10-25-13(a)对合同变更进行会计处理的新收入准则一致。这一观点也与 ASU 2014-09 的 BC78 保持一致,这表明 ASC 606-10-25-13(a)的目的是按未来适用法对此类合同变更进行会计处理,并避免对已完成履约义务所确认的收入进行调整。

---

① TRG 文件 51,《合同变更中的合同资产处理》。

对一系列产品或服务的变更

按照 ASC 606-10-25-13（a），作为单独履约义务的一系列可明确区分的商品或服务的变更，不满足作为单独合同进行会计处理的条件，应作为原合同的终止及新合同的订立进行会计处理。即，在这种情况下，主体应采用未来适用法的会计处理方法。

> **致同见解：合同变更及一系列的指引**
>
> ASC 606-10-25-13（a）中的指引明确，确定合同变更是否按未来适用法进行会计处理取决于合同中剩余的承诺是否为可明确区分的商品或服务。委员会和理事会引入这一规定以解决主体可能需要采用累计追加调整法对一系列可明确区分的商品或服务的变更进行会计处理的顾虑。[①] 因此，只要履约义务为一系列可明确区分的商品或服务，主体应将合同变更作为原合同的终止及新合同的订立（即，按未来适用法）进行会计处理，即使主体确定其仅有一项履约义务。

当主体更改了一系列可明确区分的商品或服务，且该变更不作为单独合同进行会计处理时，下述示例说明了 ASC 606-10-25-13（a）规定的会计处理方法。

例7——服务合同的修订

ASC 606-10-55-125

主体订立一项每周为客户清洁办公场所的 3 年期合同。客户承诺每年支付 100000 美元。在合同开始时此类服务的单独售价为每年 100000 美元。主体在提供服务的前两年每年确认 100000 美元的收入。在第 2 年年末，合同作出了变更，第 3 年的收费降至 80000 美元。此外，客户同意将合同续期 3 年，并以每年等额分期付款的方式分三年支付 200000 美元的应付对价（在第 4 年、第 5 年和第 6 年年初分别支付 66667 美元）。在第 3 年年初此类服务第 4 至第 6 年的单独售价为每年 80000 美元。主体在第 3 年年初的单独售价乘以提供服务的额外 3 年年限为 240000 美元，被视为对该多年期合同的单独售价的适当估计值。

ASC 606-10-55-126

在合同开始时，根据第 606-10-25-19 段主体在评估后认为每周提供的保洁服务可明确区分。尽管每周提供的保洁服务可明确区分，主体仍按照第 606-10-25-14（b）段的规定将该保洁合同作为单一履约义务进行会计处理，因为其提供实质上相同

---

① BC 79，ASU 2014-09。

并且按相同模式向客户转让的一系列可明确区分的服务（这些服务在一段时间内向客户转让，并使用相同的方法来计量履约进度——即，基于时间计量履约进度）。

ASC 606-10-55-127

在合同变更日，主体评估拟提供的剩余服务并得出结论认为此类服务可明确区分。但是，价格变动并未反映拟提供服务的单独售价。

ASC 606-10-55-128

因此，主体根据第 606-10-25-13（a）段将该合同变更作为原合同的终止及新合同的订立进行会计处理。该新合同对提供 4 年保洁服务期拟收取的对价为 280000 美元，主体将在剩余 4 年内提供此类服务的过程中，每年确认 70000 美元（280000 美元÷4 年）的收入。

剩余的商品或服务不可明确区分

当剩余商品或服务不可明确区分，并构成已部分履行的单一履约义务的一部分时，会计处理是不同的。在这种情况下，主体按照累计追加调整法确认合同变更的影响。这一会计处理方法可能适用于许多合同变更未导致转让额外可明确区分的商品或服务的建造合同。当剩余商品或服务不可明确区分，并构成合同变更日已部分履行的单一履约义务的一部分时，下述示例说明了 ASC 606-10-25-13（b）中的会计处理。

例 8——导致收入累计追加调整的合同变更

ASC 606-10-55-129

一家建造业公司主体与客户订立一项在客户自有土地上建造一幢商业楼的合同，合同的已承诺对价为 100 万美元，并且如果楼的建造在 24 个月之内完成，主体将获得 200000 美元的奖金。由于客户在建造过程中控制该商业楼，主体根据第 606-10-25-27（b）段将已承诺的一揽子商品和服务作为在一段时间内履行的单一履约义务进行会计处理。在合同开始时，主体作出如下估计：

交易价格	100 万美元
预计成本	70 万美元
预计利润（30%）	30 万美元

ASC 606-10-55-130

在合同开始时，主体将 200000 美元的奖金排除在交易价格之外，因为其无法得出已确认的累计收入金额极可能不会发生重大转回的结论。商业楼建造的完成情况很大程度上受到超出主体影响范围之外的因素（包括天气和监管部门的批准）影响。此外，主体有关类似类型合同的经验有限。

ASC 606-10-55-131

主体确定，采用基于已发生成本的投入法将能够恰当地计量履约义务的履约进度。第 1 年年末，基于目前为止已发生的成本（420000 美元）相对于预计总成本（700000 美元）的比例，主体已履行 60% 的履约义务。主体对可变对价作出重新评估，并根据第 606-10-32-11 至 32-13 段得出结论认为该金额仍受到限制。因此，第 1 年确认的累计收入和成本如下：

收入	600000 美元
成本	420000 美元
毛利	180000 美元

ASC 606-10-55-132

在第 2 年第一季度，合同各方同意变更合同以更改该商业楼的平面图，因此固定对价和预计成本分别增加了 150000 美元和 120000 美元。合同变更后可能产生的总对价为 1350000 美元（固定对价 1150000 美元 + 完工奖金 200000 美元）。此外，允许主体获得 200000 美元奖金的期限延长了 6 个月（即，现为原合同开始日后的 30 个月）。在合同变更日，根据主体的经验以及拟实施的剩余工作（此类工作主要在商业楼内部实施，因而不会受到天气状况影响），主体得出结论认为，若将上述奖金纳入交易价格，根据第 606-10-32-11 段，已确认的累计收入金额极可能不会发生重大转回，并将 200000 美元纳入交易价格。在评估合同的变更时，主体评价了第 606-10-25-19（b）段并且得出结论认为（根据第 606-10-25-21 段所述的因素），拟按变更后合同提供的剩余商品和服务与在合同变更日或之前转让的商品和服务不可明确区分（即，该合同仍为单项履约义务）。

ASC 606-10-55-133

因此，主体将合同的变更视为原合同的一部分进行会计处理［根据第 606-10-25-13（b）段］。主体更新了对履约进度的计量，并估计其已履行 51.2% 的履约义务（实际已发生成本 420000 美元÷预计总成本 820000 美元）。作为一项累计追加调整，主体在合同变更日确认了 91200 美元［(51.2% 的已履行履约义务×修订后的交易价格 1350000 美元)－目前为止已确认的收入 600000 美元］的额外收入。

ASU 2014-09 的 BC 80 提到，委员会和理事会决定如果剩余的商品和服务不可明确区分，并构成已部分履行的单一履约义务的一部分，主体应按累计追加调整法确认合同变更的影响。委员会和理事会还注意到这种做法与建筑行业高度相关，因为该行业的合同变更通常未导致转让额外的可明确区分的商品或服务。

就是说，新增的商品或服务自身可能可明确区分，但基于合同内容考虑时这些商品或服务不可明确区分。因此，主体按累计追加调整法对此类合同变更进行会计处理。

合同范围缩小或部分终止

合同范围的缩小或合同的部分终止满足 ASC 606 中合同变更的定义，即合同的范围或价格（或两者）的更改。即便如此，合同范围的缩小或合同的部分终止可能永远无法满足 ASC 606-10-25-12 中作为单独合同进行会计处理的标准，因为合同变更作为单独合同进行会计处理，合同的范围必然增大。

因此，当主体和客户同意缩小合同范围或终止部分合同时，主体应用 ASC 606-10-25-13 中的指引。如果剩余商品或服务与在合同变更日或之前已转让的商品或已提供的服务可明确区分，则主体根据 ASC 606-10-25-13（a）将合同变更作为原合同的终止和新合同的订立进行会计处理。如果剩余的商品或服务不可明确区分，并因此构成合同变更日已部分履行的单一履约义务的一部分，主体将合同变更作为原合同的一部分进行会计处理（即，对收入进行累计追加调整）。

> **合同范围的缩小**
>
> 20×8 年 1 月 1 日，主体 A 与客户 B 签订一份合同，以 100 万美元的价格提供一台机器，并以每月 10000 美元的价格提供一年的维修服务。根据 ASC 606-10-25-15，主体 A 确定机器可明确区分，并且服务构成一系列实质相同且转让模式相同的可明确区分的服务。因此，主体 A 将服务作为在一段时间内履行的单一履约义务进行会计处理。主体 A 确定机器和服务的定价均是其单独售价。主体 A 在 20×8 年 1 月 1 日交付该机器，并在该时点（向客户交付机器时）转移了机器的控制权。
>
> 20×8 年 9 月 30 日，主体 A 和客户 B 同意更改合同减少剩余合同期内主体 A 向客户 B 提供的服务，这导致合同对价从每月 10000 美元减少到每月 6000 美元。
>
> 因为最后 3 个月的服务与前 9 个月已提供的服务可明确区分，合同变更根据 ASC 606-10-25-13（a）进行会计处理，主体 A 将合同变更作为原合同的终止和新合同的订立进行会计处理。分摊至剩余履约义务（即，最后 3 个月的服务）的对价金额为以下金额的总和：
> - 纳入交易价格估计值的尚未确认为收入的客户所承诺的对价（包括已自客户收取的金额）；
> - 作为合同变更的一部分而承诺的对价。

11 合同成本

ASU 2014-09 在汇编中新增了一个子主题《ASC 340-40，其他资产和递延成本：与客户之间的合同》，以解决取得或履行与客户之间的合同所发生的成本的会计处理。

该子主题中的指引适用于为取得与客户之间的合同所发生的所有成本，但是，在应用 ASC 340-40 关于履行合同发生的成本的指引前，主体应首先考虑这些成本是否属于汇编中其他主题或子主题的规范范围。这些主题或子主题包括但不限于下述范围：

a. 应付客户对价（ASC 606-10-32-25 至 32-27）；
b. 存货（ASC 330）；
c. 与长期供应合同相关的试生产成本（ASC 340-10-25-1 至 25-4）；
d. 内部使用软件（ASC 350-40）；
e. 不动产、厂场和设备（ASC 360）；
f. 用于出售、出租或任何其他商业目的的软件的成本（ASC 985-20）。

就是说，如果这些成本在其他汇编主题或子主题规范的范围内，主体无须按照 ASC 340-40 确定如何对这些成本进行会计处理。

ASC 340-40-15-2

本子主题的指引适用于主题 606 客户合同收入范围内的为取得合同发生的增量成本（不包括应付客户对价，参见第 606-10-32-25 至 32-27 段）。

ASC 340-40-15-3

本子主题的指引适用于主题 606 客户合同收入范围内的为履行合同发生的成本，除非这些成本属于汇编中其他主题或子主题的规范范围。这些主题或子主题包括但不限于下述范围：

a. 主题 330——存货；
b. 第 340-10-25-1 至 25-4 段——与长期供应合同相关的试生产成本；
c. 子主题 350-40——内部使用软件；
d. 主题 360——不动产、厂场和设备；
e. 子主题 985-20——用于出售、出租或任何其他商业目的的软件的成本。

客户合同收入
——ASC 606 和 ASC 340-40 实务指引

> **重大选择：新成本指引的影响**
>
> 除了对于单独定价的延保服务、建造合同和存货的指引外，原准则对于与收入合同相关成本的会计处理仅提供了有限的指引。因此，对于取得合同所发生的成本，一些主体以往一直类推应用其他要求资本化的指引将这些成本资本化，而另一些主体选择将取得收入合同相关的直接和增量成本费用化，导致了实务处理的差异。
>
> 随着 ASU 2014-09（ASC 340-40）的发布，主体现在对于合同成本的会计处理有了一致的框架。这最终引起一些主体会计实务的重大变化，尤其是与取得合同成本相关的部分，因为新指引要求将取得合同发生的大部分增量成本资本化。
>
> 此外，对于履行合同发生的成本的新指引可能引起一些主体对于试生产和其他类似成本的会计处理发生变化。

11.1 取得合同成本

如果为取得合同所发生的成本满足 ASC 340-40 中资本化要求的条件，则这种会计处理方法不是可选择的。就是说，主体没有会计政策选择权对成本进行资本化或费用化。唯一的例外是下述讨论的对摊销期限不超过一年的成本的实务简便操作方法。图表 11.1 说明了 ASC 340-40 对于取得合同成本的会计处理指引。

图表 11.1　取得合同发生的增量成本

```
                    ┌──────────────┐   否   ┌──────────────────────┐
                    │是否为增量成本？├──────→│无论是否取得合同，这些成本│
                    └──────┬───────┘        │是否预期能够收回？        │
                           │是              └──────┬──────────┬──────┘
                           │                       是         否
                           ↓                       │          ↓
                    ┌──────────────────┐   否      │    ┌──────────────┐
                    │主体是否预期能够收回这些├────────────→│在发生时计入当期损益│
                    │成本？               │          │    └──────────────┘
                    └──────┬───────────┘           │
                           │是  ←─────────────────┘
                           ↓
                    ┌──────────────────┐
         否         │主体将确认的资产的摊销期限│
      ┌────────────│是否不超过一年？       │
      │            └──────┬───────────┘
      │                   │是
      ↓                   ↓
┌──────────────┐   ┌──────────────────────┐
│作为取得合同的增量│   │可以选择实务简便操作方法│
│成本确认为一项资产│   │（计入当期损益）或将成本 │
└──────────────┘   │确认为一项资产          │
                   └──────────────────────┘
```

为了取得或购买与客户之间的合同,主体可能发生各种成本,包括但不限于律师费、广告费、差旅费和销售人员的工资和佣金。一旦主体确定发生的成本与一份特定客户的合同相关,其应确定这些成本是否满足 ASC 340-40-25-1 至 25-3 段的资本化条件。

主体预期能够收回的取得合同的增量成本应当资本化,而不满足资本化条件的取得合同成本应当在发生时计入当期损益。

> **ASC 340-40-25-1**
>
> 主体为取得合同发生的增量成本预期能够收回的,应当作为合同取得成本确认为一项资产。
>
> **ASC 340-40-25-2**
>
> 增量成本是指主体不取得合同就不会发生的成本(例如,销售佣金)。
>
> **ASC 340-40-25-3**
>
> 无论是否取得合同均会发生的取得合同成本应当在发生时计入当期损益,除非这些支出明确由客户承担。

根据 ASC 340-40,主体只有在预期能够收回取得合同的增量成本时才能将其资本化。这些成本可以直接按照合同能够收回或通过包含在合同的预期利润中收回。

通过判断如果一方或双方在合同签订前决定退出主体是否会发生某项成本来确定该成本是否为增量成本。因此,任何律师费(例如,起草或谈判合同)或销售人员的工资是无论合同是否最终签订都会发生的,这些成本不是增量成本。另一方面,仅基于合同的成功签订支付的佣金是增量成本,应当资本化。

图表 11.2 探讨了为取得与客户之间的合同所发生的常见成本,以及对这些成本的会计处理。

图表 11.2 评估取得合同的成本

成本	资本化或费用化	原因
仅基于合同的成功签订支付的佣金	资本化	假设主体预期能够收回这些成本,因为如果在合同签订前合同各方决定退出,无须支付这些佣金,该佣金是增量成本
销售人员为取得一份新客户合同发生的差旅费	费用化	因为无论新合同是否取得这些成本都会发生,主体应当将其费用化,除非合同条款中明确这些成本是可收回的

续表

成本	资本化或费用化	原因
起草合同条款供合同各方批准和签订发生的律师费	费用化	如果合同各方在谈判期间退出,这些成本仍需发生,因此不是取得合同的增量成本
支付给销售人员的专为取得一个新客户的工资	费用化	无论是否取得合同,这些工资都会发生,因此不是取得合同的增量成本
基于季度销售目标的奖金	资本化	仅基于销售的奖金是取得合同的增量成本
基于销售经理所管理区域的当地员工取得的合同而支付给销售经理的佣金	资本化	佣金是增量成本,如果主体未取得合同则不会发生该成本。ASC 340-40 并未基于取得佣金的员工的职能或头衔区分不同成本

ASC 340-40 的例 1 分析了一家咨询主体在投标取得一个新客户的过程中发生的不同成本。

例1——取得合同的增量成本

ASC 340-40-55-2

作为一家咨询服务提供商的主体赢取了向一家新客户提供咨询服务的竞标。主体为取得合同发生了下列成本:

与尽职调查相关的外部法律费用	15000 美元
提交建议书的差旅费用	25000
向销售员工支付的佣金	10000
已发生的成本合计	50000 美元

ASC 340-40-55-3

根据第 340-40-25-1 段,主体将向销售员工支付佣金而形成的取得合同的增量成本 10000 美元确认为一项资产,因为主体预期将可通过未来的咨询服务费收回该成本。主体同时基于年度销售目标、主体的整体盈利情况及个人业绩评估向销售主管酌情支付年度奖金。根据第 340-40-25-1 段,主体未将向销售主管支付的奖金确认为一项资产,因为这些奖金并非取得合同的增量成本。奖金金额是酌情确定的且取决于其他因素(包括主体的盈利情况和个人的业绩)。奖金并非可直接归属于可辨认的合同。

ASC 340-40-55-4

主体认为外部法律费用和差旅费用无论是否取得合同均将发生。因此,根据

> 第 340-40-25-3 段，这些成本在发生时确认为费用，除非其属于其他主题的范围（在这些情况下，适用其他主题的规定）。

实务简便操作方法

虽然根据 ASC 340-40 要求将取得合同的增量成本资本化，但是如果所确认的资产的摊销期限不超过一年，主体可以选择采用实务简便操作方法将取得合同的增量成本费用化。

> **ASC 340-40-25-4**
>
> 作为实务简便操作方法，如果所确认的资产的摊销期限不超过一年，主体可以将取得合同的增量成本在发生时计入当期损益。

但是这并不意味着如果初始合同期限不超过一年，主体可以默认采用实务简便操作方法。在某些情形下，摊销期限可能长于初始合同期限。在确定摊销期限是否不超过一年时，主体需要考虑预期合同续约和变更的影响。

下述示例说明了即使最初合同期限为一年，主体得出结论认为实务简便方法不适用的情形。

> **初始合同期限为 1 年，但实务简便方法并不适用**
>
> 某专业服务机构为员工取得与客户 1 年期的合同奖励其 5% 的佣金，并在合同续约时支付与初始合同佣金不匹配的佣金（例如，仅为 2%）。主体确定初始佣金的摊销期限长于初始合同期限，因为预期客户会续约，且续约佣金与初始合同的佣金不匹配，因此，该合同不符合采用实务简便方法。

更多关于确定适当的摊销期限（包括与续约相关的问题）的信息参见第 11.4 部分。

11.1.1 佣金

如上述 ASC 340-40 例 1 所示，在新的成本指引中销售佣金经常被引用作为取得合同的增量成本的一个示例。TRG 在多次会议中讨论了佣金安排的不同方面。在 2015 年 1 月的 TRG 会议上，TRG 关注主体何时应应用 ASC 340-40 的指引，而非关注利益相关者提交的特定问题。

> **TRG 基本达成一致的问题：了解佣金安排**
>
> 在 2015 年 1 月的会议上①，TRG 关注 ASC 340-40 中的成本资本化原则，并就评估成本的适当时点是相关负债发生时基本达成一致意见。TRG 成员同时强调新收入准则并未改变现行的负债指引，主体应根据其他适用准则确定佣金负债的确认时点（例如，职工薪酬准则）。
>
> 当主体根据适用的负债指引得出结论认为其应就发生的成本确认一项负债时，主体应根据 ASC 340-40 中的指引确定是否将相关成本资本化或费用化。

虽然将取得合同的增量成本的指引应用于合同中的固定佣金（例如，每份取得的新合同 100 美元）或按新合同所列金额的固定比率确定的佣金（例如，销售额的 5%）可能是非常明确的，但是某些主体的佣金条款不太明确。TRG 的美国成员在 2016 年讨论了许多佣金结构的问题。

> **TRG 基本达成一致的问题：评估各类佣金安排**
>
> 在 2016 年 11 月的 TRG 会议上②，TRG 的美国成员讨论了下述评价与客户合同相关的不同类型的销售佣金的示例。
>
> **例 1：佣金支付的时间**
>
> > 主体就员工签订的所有客户合同向员工支付 4% 的销售佣金。为了进行现金流管理，主体在完成销售时向员工支付一半的佣金（总体合同金额的 2%），6 个月后支付剩余的一半佣金（总体合同金额的 2%）。即使应付款到期时员工已不再受雇于该主体，员工仍有权取得未支付的佣金。员工在第 1 年年初完成了 50000 美元的销售。
> >
> > 主体将 2000 美元的佣金全部资本化，因为佣金是与所签订的合同相关的增量成本，并且员工有权取得未支付的佣金。支付的时间并不影响如果未取得该合同，这些成本是否会发生的结论。
>
> **例 2：支付给不同级别员工的佣金**
>
> > 主体的销售人员就取得的每份合同获得 10% 的销售佣金。此外，主体的下列员工就销售人员谈判并签订的每份合同获得销售佣金：经理取得 5% 的销售佣金，区域经理取得 3% 的销售佣金。

---

① TRG 文件 23，《取得合同的增量成本》。
② TRG 文件 57，《取得合同的增量成本的资本化和摊销》。

主体将全部佣金资本化，因为这些销售佣金是增量成本，并且如果主体未取得合同则不会发生这些成本。新的指引不会由于取得佣金的员工的职能或头衔的不同而不同。

例3：不同层级的佣金支付

主体有一个佣金计划，销售人员获得的佣金金额随其在一个年度内取得的合同数量增加。具体情况如下：

合同数量	佣金
0～9	0
10～19	第1～19个合同金额的2%
20+	第1～20+个合同金额的5%

虽然主体的佣金计划是基于一组合同（不是直接基于一个特定合同），但是如果主体没有取得与客户之间的合同，佣金就不会发生。因此，在主体确认负债时，其应当确认一项与佣金相关的资产。主体应应用 ASC 606 和 ASC 340-40 以外的指引确定何时应当确认一项佣金支付的负债。

一些主体的薪酬结构可能将佣金或奖金的支付基于签订新合同或满足新合同的总量目标以外的因素。例如，主体可能保留与新合同相关的一半的销售佣金，并直至特定事项发生时才支付剩余一半的佣金，例如销售人员在特定时间内仍在主体任职。如果其他因素对于确定佣金是否支付是实质性的，佣金可能不是取得合同的增量成本，因为佣金的支付需要满足其他条件。

继续 TRG 上述讨论的例1，考虑另外一种事实情况，即员工为了取得第二部分的销售佣金必须在初始销售后的6个月在主体任职。在此情况下，主体第二部分佣金的支付取决于鼓励销售人员留任。因为第二部分佣金的支付取决于时间流逝以外的因素，主体必须确定任职的条件是否是实质性的。如果主体得出结论认为，任职条件是实质性的，第二部分佣金不是取得合同的增量成本。

当合同变更不作为新的合同进行会计处理时，对佣金的会计处理

当客户协议展期时，许多主体也支付佣金，例如，为了包括额外的商品或服务。根据 ASC 606，不是所有的合同变更均作为新合同进行会计处理。因此，有些主体对与未作为新合同进行会计处理的合同变更相关的佣金是否应该资本化存在疑问，因为合同已经存在，且佣金不是取得新合同的成本。TRG 在 2015 年 1 月对此问题进行了讨论。

> **TRG 基本达成一致的问题：当合同变更不作为新合同进行会计处理时，如何处理赚取的佣金**
>
> 在 2015 年 1 月的会议上[①]，TRG 讨论了下述示例：
>
> 　　主体基于初始合同价格向销售人员支付佣金。该初始佣金被认为是增量成本且进行了资本化。
>
> 　　之后，客户变更了合同以购买额外的商品。根据 ASC 606-10-25-12，该变更未作为单独的合同进行会计处理。销售人员基于合同价格的增加取得了额外的佣金。
>
> 　　TRG 注意到，尽管合同变更未作为单独的合同进行会计处理，合同价格的增加产生了一项成本（第二笔佣金），该成本是取得变更后合同的增量成本，应该资本化。TRG 注意到，无论合同变更根据 ASC 606-10-25-13（a）作为现有合同的终止和新合同的建立进行会计处理，还是根据 ASC 606-10-25-13（b）作为现有合同的一部分进行会计处理，均是这种情况。

11.2　履行合同的成本

除对于取得合同发生的增量成本的会计处理指引外，ASC 340-40 还包括对于履行合同的成本的会计处理的指引。根据该指引，某些成本确认为资产，而其他成本在发生时计入当期损益。在评估履行与客户合同发生的成本是否应当根据 ASC 340-40 确认为一项资产前，主体应首先评估成本是否在其他 ASC 主题或子主题的规范范围内，如果是，则主体应适用其他主题中的指引。

如下述讨论，如果履行合同的成本满足资本化的条件，主体对于其应资本化还是费用化并不具有会计政策选择权。

> **ASC 340-40-25-6**
>
> 主体为履行合同发生的成本属于其他主题的规范范围的（例如，主题 330——存货；第 340-10-25-1 至 25-4 段关于长期供应安排相关的生产准备成本；子主题 350-40——内部使用软件；主题 360——不动产、厂场和设备；或子主题 985-20——用于出售、出租或其他商业目的的软件成本），主体应当按照其他主题或子主题对这些成本进行会计处理。

按照 ASC 340-40，如果履行合同的成本同时满足下列条件，主体应将该成本确认

[①] TRG 文件 23，《取得合同的增量成本》。

为一项资产：
- 该成本与一份当前或预期取得的合同直接相关；
- 该成本增加了主体未来用于履行履约义务的资源；
- 该成本预期能够收回。

> **ASC 340-40-25-5**
>
> 只有履行合同的成本同时满足下列条件时，主体应当将该成本确认为一项资产：
> a. 该成本与一份当前或预期取得的合同直接相关（例如，与现有合同续约后将提供的服务相关的成本，或者尚未获得批准的特定合同下拟转让资产的设计成本）；
> b. 该成本增加了主体未来用于履行（或持续履行）履约义务的资源；
> c. 该成本预期能够收回。

图表 11.3 说明了根据 ASC 340-40 如何对履行合同的成本进行会计处理。

图表 11.3　履行合同的成本

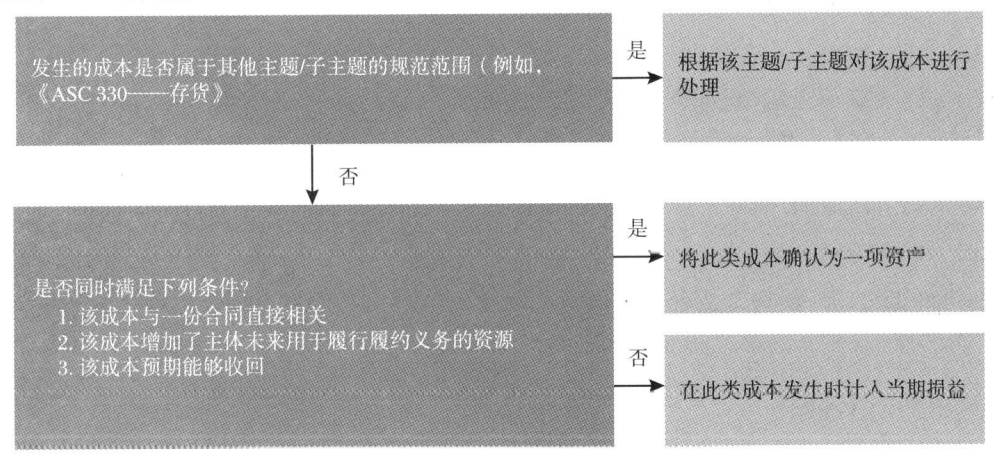

```
┌─────────────────────────────┐       ┌─────────────────────────┐
│ 发生的成本是否属于其他主题/  │  是   │ 根据该主题/子主题对该成本│
│ 子主题的规范范围（例如，    │─────→ │ 进行处理                │
│ 《ASC 330——存货》）         │       │                         │
└─────────────────────────────┘       └─────────────────────────┘
              │ 否
              ↓
┌─────────────────────────────┐       ┌─────────────────────────┐
│ 是否同时满足下列条件？       │  是   │ 将此类成本确认为一项资产 │
│ 1. 该成本与一份合同直接相关  │─────→ │                         │
│ 2. 该成本增加了主体未来用于  │       └─────────────────────────┘
│    履行履约义务的资源        │       ┌─────────────────────────┐
│ 3. 该成本预期能够收回        │  否   │ 在此类成本发生时计入当期 │
│                             │─────→ │ 损益                    │
└─────────────────────────────┘       └─────────────────────────┘
```

ASC 340-40-25-7 和 25-8 的指引提供了与合同直接相关的成本以及发生时应当计入当期损益的成本的示例。

例如，直接人工、直接材料、直接可分摊成本，和可收回成本属于与合同直接相关的成本，因此应当根据 ASC 340-40 的指引评估并确定是否应当确认为资产。

另一方面，管理费用、浪费的资源、与已履行的或部分履行的履约义务相关的成本必须在发生时计入当期损益。即，与过去的履约相关的成本必须计入当期损益。当主体不能确定成本是否与已履行或尚未履行的履约义务相关时，应当将这些成本计入当期损益。

ASC 340-40-25-7

与合同（或特定预期合同）直接相关的成本包括以下任一项：
a. 直接人工（例如，直接向客户提供已承诺服务的员工的工资和奖金）；
b. 直接材料（例如，向客户提供已承诺服务时使用的物料）；
c. 与合同或合同活动直接相关的成本（例如，合同管理和监督成本、履行合同时使用的工具及设备的保险和折旧）的分摊；
d. 明确由客户承担的成本；
e. 仅因该合同而发生的其他成本（例如，向分包商支付的款项）。

ASC 340-40-25-8

主体应当在下列成本发生时，将其计入当期损益：
a. 管理费用（除非合同明确规定该成本可向客户收取，在这种情况下，主体应当根据第 340-40-25-7 段评估该成本）；
b. 非正常消耗的直接材料、直接人工或其他资源，这些支出为履行合同发生，但并未反映在合同价格中；
c. 与已经履行（或部分履行）的合同中的履约义务相关的成本（即，与过往履约相关的成本）；
d. 无法在尚未履行的与已履行的（或部分履行的）履约义务之间区分相关成本。

ASC 340-40 中的例 2 对取得合同的增量成本和履行合同的成本进行了评价。

例 2——形成一项资产的成本

ASC 340-40-55-5

主体订立了一项为期 5 年的管理客户信息技术数据中心的服务合同。合同可随后每次续约 1 年。客户的平均服务期限为 7 年。主体在客户签署合同时向员工支付 10000 美元的销售佣金。在提供服务之前，主体设计和构建了一个供主体内部使用的与客户系统相连接的技术平台。这一平台并不会转让给客户，但将用于向客户交付服务。

取得合同的增量成本
ASC 340-40-55-6

根据第 340-40-25-1 段，主体将取得合同的增量成本（即，销售佣金）10000 美元确认为一项资产，因为主体预期将通过未来提供服务收取的费用收回这一成本。主体根据第 340-40-35-1 段将该资产在 7 年内摊销，因为该资产涉及 5 年合同期内向客户转让的服务，且主体预期该合同随后将续约两次（每次续约 1 年）。

履行合同的成本
ASC 340-40-55-7

构建技术平台发生的初始成本如下：

设计服务	40000 美元
硬件	120000 美元
软件	90000 美元
数据中心的迁移和测试	100000 美元
成本合计	350000 美元

ASC 340-40-55-8

初始准备活动成本主要涉及履行合同但不是向客户转让商品或服务的活动。主体对初始准备活动的成本的会计处理如下：

a. 硬件成本——按照主题 360——不动产、厂场和设备进行会计处理。
b. 软件成本——按照子主题 350-40——内部使用的软件进行会计处理。
c. 数据中心的设计、迁移和测试成本——根据第 340-40-25-5 段进行评估，以确定可否就履行合同的成本确认为一项资产。所确认的资产将在主体预期提供与数据中心相关服务的 7 年期间内（即 5 年合同期加上预期续约两次，每次 1 年）以系统化的方式进行摊销。

ASC 340-40-55-9

除构建技术平台的初始成本外，主体同时委派 2 名主要负责向客户提供服务的员工。尽管这 2 名员工的成本在向客户提供服务时发生，主体得出结论认为这一项成本不产生或改进主体的资源 [参见第 340-40-25-5（b）段]。因此，这一项成本不符合第 340-40-25-5 段的条件且不可应用本主题确认为一项资产。根据第 340-40-25-8 段，主体应在这 2 名员工的工资费用发生时确认相应的工资费用。

先期亏损的销售

有时主体亏本销售商品或提供服务，因为其预期在向同一客户后续销售其他商品或提供其他服务中盈利，从而总体上是一份盈利的合同。由此产生的问题是如何对先期亏损合同的成本进行会计处理。在大多情况下，当一项产品已经交付时，应根据《ASC 330——存货》对与该产品相关的成本进行会计处理，相应的成本结转至销售成本中。而且，ASC 340-40-25-8（c）要求主体将与已履行或部分履行的履约义务相关的成本计入当期损益。因此，当主体亏本转让了一项可明确区分的商品或服务的控制权时，主体应当确认损失。TRG 关于亏损合同的讨论总结如下：

> **TRG 基本达成一致意见的问题：亏损合同**
>
> 在 2015 年 11 月的会议上，TRG 讨论了下述事实情况[①]：
>
> 　　主体与客户订立了一份销售设备及其消耗性零部件的独家合同，并确定设备和零部件都是可明确区分的。设备必须与消耗性零部件配套才能正常使用，但是客户可以将该设备转售。设备的单独售价为 10000 美元，零部件的单独售价为 100 美元。设备和每个零部件的成本分别为 8000 美元和 60 美元。主体以 6000 美元的价格销售设备（单独售价的 40% 折扣），同时合同提供以 100 美元的价格购买每个零部件的选择权。合同没有规定最低购买量，但是主体基本确定客户将在后续两年内购买 200 个零部件。
>
> ASC 340-40-25-6 规定履行客户合同发生的成本如果在其他主题的规范范围内，则应当按照该主题进行会计处理。在本例中，适用《ASC 330——存货》，所以主体在销售该设备时将设备的成本计入当期损益。如步骤 2 所讨论的，从法律角度来看，对客户而言是可选择的商品或服务并不是合同中承诺的商品或服务。因此，主体将该成本递延以反映其预期客户未来将购买消耗性零部件是不恰当的。在本例中，交易价格 6000 美元全部分摊至设备，主体将在向客户转让设备的控制权时确认 2000 美元的损失。

11.3 生产准备成本

一些长期供应安排要求主体预先采取措施调动设备或设计新的工艺或设备，这些被称为生产准备活动。在按照制造合同交付商品或服务前，开展生产准备活动通常是必要的。

[①] TRG 文件 48，《客户对额外商品和服务的选择权》。

11.3.1 生产准备成本

主体必须首先确定生产准备成本的范围。现在已被废止的原指引《ASC 605-35——建造和生产类合同》中包含与长期建造和生产类合同相关的生产准备成本的详细指引,例如调动成本、学习成本、购买生产设备的成本。《ASC 340-10——其他资产和递延成本:总述》仍然有效,其就长期供应安排相关的生产准备成本提供了指引,例如,模具、器模和其他工具的设计和开发成本。

TRG 在 2015 年 11 月会议上讨论了生产前准备成本的范围。[①] 通常,生产前准备成本属于下述三类之一:

- 原应用 ASC 605-35 中指引的主体应对生产前准备成本应用 ASC 340-40,因为 ASC 2014-09 废除了 ASC 605-35 中的合同前指引。
- 原应用 ASC 340-10 中指引的主体应继续对其范围内的成本应用 ASC 340-10,因为该指引未被 ASC 606 废除。
- 采用 ASC 340-10 或类推应用其他准则的主体应重新评估该指引的适用范围,以确定其会计结论是否仍然恰当。

11.3.2 确定生产前准备活动的性质

如果生产准备活动在 ASC 606 的规范范围内,主体进而必须确定生产准备活动是否是一项承诺的商品或服务还是一项履约活动,该项判断影响收入确认的时间。如果生产准备活动是合同中承诺的一项商品或服务,并构成单项履约义务,主体将确定最佳的履约进度计量方法以反映向客户转移该商品或服务的控制权,并相应地确认收入。如果生产准备活动是合同中承诺的一项商品或服务,其与其他承诺一起作为单项履约义务,主体在计量履约义务的完工进度时将考虑生产准备活动。

但是,如果生产准备活动并不是客户合同中所承诺的一项商品或服务,那么该成本应当作为履约成本进行会计处理(参见第11.2 部分)。

> **ASC 606-10-25-17**
>
> 主体为履行合同而应开展的初始活动通常不构成履约义务,除非该活动向客户转让了承诺的商品或服务。例如,服务提供方可能需要执行各类行政任务以便为合同的订立做好准备。这些任务的执行并未在其实施时向客户转让一项服务。因此,这些初始活动并非客户合同中承诺的商品或服务。

TRG 文件 46——《生产前准备活动》提供了主体在确定活动是否构成合同中承诺的一项商品或服务时考虑的下列因素:

---

① TRG 文件 46,《生产前准备活动》。

- 向客户承诺的性质。换言之，生产准备活动是否是一项承诺的服务，或是主体在履行合同以转让所承诺的最终商品或服务时必须开展的活动？
- 控制是否转移。收入应当反映承诺的商品和服务的转移。例如，如果主体提供技术服务作为为客户开发新产品的一部分，并且客户将拥有这些活动产生的知识产权，那么主体很可能得出结论认为其向客户转让了知识产权的控制。
- 其他主体是否需要重新执行累计至今已完成的工作。在评估控制是否在生产准备阶段转移时，这可能是次要条件。

如果生产准备活动向客户转让了商品或服务的控制，并与其他承诺一起作为在某一时段履行的单项履约义务，主体将确定合适的履约进度计量方法，并相应确认收入。

> **致同见解：评估生产准备成本**
>
> 当主体考虑哪些生产前准备活动（如有）应包括在履约进度的计量中，以反映在某一时段内确认收入中控制的转移时，其应仅包括已转移给客户的商品或服务。基于安排的情况，主体可能确定生产准备成本应包括在履约进度的计量中。但是，如果主体在临近合同开始时发生了重大成本，且与这些成本相关的活动并未向客户转让一项商品或服务，那么在运用成本基础的投入法时主体应当考虑排除在履约进度计量之外的项目的指引（参见第 7.1.2 部分）。应用该指引要求主体考虑在计量履约进度时是否应当排除某些特定活动所发生的成本（因为这些成本不能代表履行履约义务的进度），或是否应当调整投入法计量的履约进度仅基于已发生的成本确认收入。

11.3.3 生产前安排

生产前安排通常要求主体在开始生产商品前开展活动，客户通过初始付款或商品开始生产时单位成本的一部分对这些活动进行支付。根据 ASC 605，这些活动通常被认为是需交付的一项服务或非收入安排。在 2017 年的演讲中，SEC 首席会计师办公室（OCA）的工作人员说明[①]，这些过往的认定可能影响主体如何根据 ASC 606 对这些安排进行会计分析，包括收到的相关对价是否应包括在交易价格中。

> **重大选择：生产前安排**
>
> 在原准则下将生产前准备活动作为需交付的一项服务的注册者现在必须评估该活动，以确定其是否满足新收入准则下的履约义务。OCA 工作人员注意到，这可能使得注册者得出结论认为，原准则下需交付的一项服务在 ASC 606 下不是一项

---

① 参考 SEC 工作人员的建议，在 2017 年 AICPA 关于目前 SEC 和 PCAOB 进展会议前的评论。

履约义务。在 OCA 工作人员进行的一项预备案的咨询中，注册者确定定制商品设计的生产前安排未向客户转移商品或服务的控制。为得出此结论，如果客户选择不同的制造商，注册者认为在设计过程中提供给客户的信息不足以避免重复已完成的设计工作，这表明客户未取得设计工作的控制。工作人员未反对注册者的结论，即生产前设计活动应作为研发费用进行会计处理，收到的付款应作为未来定制商品销售的预付款。工作人员还认为这不是《ASC 250——会计政策变更和差错更正》中自发的会计政策变更，而是根据 ASC 606 应用过渡指引，因为注册者在收入准则下进行分析，符合其在 ASC 605 下的会计政策，也为根据 ASC 606 得出结论进行了适当判断。

对于将生产前安排作为非收入安排的注册者（例如，研发，自客户收取对价并作为商品预付款进行会计处理的履约活动，或成本补偿模式下的对冲费用），OCA 工作人员认为，当向 ASC 606 过渡时，其不能反对这些注册者继续应用其原来的非收入模型。但是，采用非收入模型的注册者如考虑变更该非收入模型或采用 ASC 606 下的收入模型，工作人员鼓励这些注册者首先向其咨询。私营主体在评估生产前安排时也可以考虑 OCA 指引。

11.4 合同成本的摊销

根据 ASC 340-40，主体应当采用与合同成本相关的商品或服务向客户的转让相一致的系统化基础对资本化的合同成本进行摊销。如果主体识别出预期转让模式的重大变化，其应当根据 ASC 250 更新摊销以反映该估计的变化。

> **ASC 340-40-35-1**
>
> 按照第 340-40-25-1 段或第 340-40-25-5 段规定确认的资产，应当采用与该资产相关的商品或服务向客户的转让相一致的系统化基础进行摊销。此类资产可能与特定预期合同［如第 340-40-25-5（a）段所述］下拟转让的商品或服务有关。
>
> **ASC 340-40-35-2**
>
> 主体应当根据向客户转让与该资产相关的商品或服务的预期时间变化，对资产的摊销情况进行复核并更新，以反映该预期时间的重大变化。此类变化应当作为会计估计变更，按照子主题 250-10 会计变更和差错更正进行会计处理。

估计增量成本所确认的资产的摊销期限与估计其他有形和无形资产的摊销或折旧期限是类似的。两者都是主观的，需要进行判断。在某些情形下，如果成本与一份预期将要取得的合同相关，则摊销期限可能比初始合同期限长。

在 ASU 2014-09 BC 309 段中，委员会和理事会表明如果在合同续约时主体支付与取得原合同相当的佣金，佣金的摊销期限长于原合同期限是不恰当的。TRG 在其 2016 年 11 月的会议上讨论了"相当"的含义，对确定摊销期限及主体是否可以采用第 11.1 部分讨论的实务简便方法具有借鉴意义。

> **TRG 基本达成一致的问题："相当"是指工作程度，还是仅指定量评估？**
>
> 在 2016 年 11 月的会议上[①]，TRG 美国成员基本同意，如果合同包含一项续约选择权，且历史经验表明合同将被续约，并且续约无须支付佣金或续约佣金与取得原合同所支付的佣金是不相当的，佣金所确认的资产应在长于初始合同期限内摊销。
>
> 在评估为续约合同支付的佣金是否与取得原合同所支付的佣金"相当"时，TRG 同意评估不应当基于取得原合同和合同续约所要求的工作程度。而是，主体应确定佣金是仅与原合同相关，还是也与预期将要取得的合同所提供的商品或服务相关。
>
> TRG 文件 23——《取得合同的增量成本》表明如果两类佣金与各自的合同金额是合理成比例的（例如，原合同和合同续约均按照合同金额的 5% 支付佣金），则主体得出结论认为续约佣金与原合同佣金是"相当"的将是合理的。相反，如果续约佣金与原合同佣金不成比例（例如，原合同的佣金为合同金额的 6%，续约合同的佣金为 2%），则可以合理得出结论认为续约佣金与原合同佣金是不相当的。
>
> 因此，如果主体为合同续约支付的佣金比取得原合同支付的佣金低，摊销期将超过 1 年，将不能适用第 11.1 部分所讨论的实务简便操作方法。

TRG 也讨论了如果由于成本与预期将要取得合同相关，主体确定增量成本所确认的资产的摊销期限长于原合同期限，适当摊销期限的确定。

> **TRG 基本达成一致的问题：客户生命周期是否为取得合同成本的默认摊销期限？**
>
> 在 2016 年 11 月的会议上[②]，TRG 美国成员同意估计增量成本所确认的资产的摊销期限与估计其他有形和无形资产的摊销或折旧期限是类似的。两者都是主观的，需要进行判断。虽然合同中特定的事实和情况可能表明摊销期限与平均客户生命周期一致是该指引的合理应用，但是 TRG 同意在确定取得合同成本的摊销期限时，新指引并不要求主体采用或主体默认采用平均客户生命周期。

---

①② TRG 文件 57，《取得合同的增量成本的资本化和摊销》。

> **致同见解：确定摊销期限**
>
> 当主体确定合同续约的佣金与原合同的佣金是不相当的时，其必须评估事实和情况，并运用判断以确定摊销期限。如上所述，TRG 基本同意工作人员文件中的结论，即准则不要求主体在平均客户生命周期内进行摊销，而是主体应当确定该资产与哪些商品或服务相关，可能包括原合同和预期续约合同中的商品或服务。在一些情形下，该评估可能使得主体得出结论认为适当的摊销期限为平均客户生命周期。但是，在其他情形下，例如当主体与客户建立长期关系时，平均客户生命周期将超过 15 年，主体将需要考虑其他因素以确定适当的摊销期限。
>
> 根据 ASC 340-40-35-1，取得合同的成本所确认的资产采用按照与该资产相关的商品或服务向客户转让相一致的系统化基础进行摊销。例如在主体的平均客户生命周期超过 15 年的情形下，主体可能得出结论认为 15 年前支付的佣金与今天提供的商品或服务几乎没有关系。也就是说，在确定摊销期限时的一个考虑因素是商品或服务的预期生命周期。这可能包括如考虑商品或服务提供的生命周期。即，基于技术或其他属性，主体预期产品或服务的提供在未来哪一时点将发生根本上改变，使得合理确定过去支付的佣金不再与客户持续的购买相关，即使这些未来的产品或服务持续使客户获得类似收益。

下述示例强调了主体在制定基于系统方法（该基础与这些合同成本相关的商品或服务的转移模式一致）摊销资本化的合同成本时可能考虑的因素。

> **资本化销售佣金的摊销**
>
> 史密斯（Smith）公司与客户签订合同，在 5 年内提供 A 服务。当执行初始合同时，史密斯公司向其员工支付 10% 的佣金。史密斯目前的佣金结构还包括合同续约时 5% 的佣金。史密斯预期客户会续约，并认为其平均客户生命周期超过 15 年。
>
> 史密斯公司经营的行业容易受到技术和客户偏好的影响，并预期在未来的 5~8 年中，A 服务将被史密斯公司下一代提供的服务取代。此外，史密斯公司还在每 3 年通过外部薪酬咨询方对其佣金计划进行审阅，以确保其薪酬实务与市场相比具有竞争性并保持一致。下次审阅将在 2 年内完成。
>
> 为了确定初始佣金合适的摊销期限，史密斯公司首先考虑预期续约佣金是否与初始佣金相当。尽管续约佣金比例可能因下次的薪酬政策审阅而变化，史密斯公司得出结论认为，合同签订时能够获得的最佳信息是当前的佣金计划。

> 史密斯公司还确定在当前的佣金计划下，合同续约的佣金与初始合同佣金不相当，因为这两项佣金与合同价值不成合理比例：初始 10% 的佣金是 5% 续约佣金的合同价值的 2 倍比例。因为合同预期将续约，且预期续约佣金与初始佣金不相当，与初始佣金相关的服务将在长于初始 5 年合同期的期间内转移给客户。
>
> 尽管史密斯公司的平均客户生命周期为 15 年，佣金相关的服务预期的剩余期限为 5~8 年。因此，选择与平均客户生命周期相同的摊销期限与向客户转移软件即服务的控制不符。史密斯公司对初始佣金的摊销期限选择为 7.5 年，是其对客户将自服务 A 受益的最佳估计期间。

主体将需要确保其存在恰当的流程和控制以识别与资本化合同成本相关的商品或服务转移模式的变化，并进行相应的会计处理。ASC 340-40-35-2 表明主体应更新其摊销以反映与该资产相关的商品或服务预期转移给客户时间的重大变化。

资本化销售佣金摊销期间的变化

考虑上述示例中相同的情况。

在史密斯公司与其客户就 A 服务签订初始合同的 2 年后，其完成了定期的薪酬实务审阅，并将合同续约佣金变更为与初始合同佣金一样的比例，即 10%，这与行业实务一致。

史密斯公司考虑预期续约佣金的增加是否影响初始佣金资产的摊销期间。因为预期续约佣金和初始佣金现在均为合同价格的 10%，史密斯公司考虑初始佣金和续约佣金是否相当。史密斯公司得出结论认为，初始合同资产与初始合同期限后的期间不相关，因此其将初始佣金在长于初始合同期限的期间内摊销是不合适的。

史密斯公司根据 ASC 250 关于会计估计变更的指引，确认对当期摊销额的调整。

TRG 还讨论[①]了当合同资产与主体在不同时点或不同时段内履约的多项履约义务相关时，确定恰当的摊销方法的考虑因素。

多项履约义务的单项佣金

史密斯公司与客户签订合同，提供商品 A 和服务 B。商品 A 的控制在合同第 1 天转移给客户，而服务 B 将在 2 年的合同期内履行。史密斯公司向其销售人员支付取得合同的佣金，并确定根据 ASC 340-40 该佣金是取得合同的增量成本。该佣金与商品 A 和服务 B 均相关。

---

① TRG 文件 23，《取得合同的增量成本》。

交易价格为 1000 美元，佣金为 100 美元。基于商品 A 和服务 B 的单独售价，商品 A 占合同总交易价格的 75%，服务 B 占总交易价格的 25%。

史密斯公司基于单项履约义务的单独售价将佣金资产分摊至各单项履约义务，并基于相关履约义务履约的模式确定相关的资产部分。因此，金额为 75 美元的合同资产分摊至商品 A（100 美元×75%），并在合同第 1 天摊销，金额为 25 美元的合同资产分摊至服务 B（100 美元×25%），并在 2 年合同期内摊销。

除上述分摊方法外，在其 2015 年 1 月会议上[①] TRG 还说明，使用考虑合同中所有履约义务的一种履约进度方法摊销单项佣金资产也可能是合理的。

11.5 合同成本的减值

如果资产的账面价值超过其可收回金额，主体应当在损益中确认一项减值损失。根据 ASC 340-40，可收回金额等于主体因预期能够取得或已取得但未确认为收入的对价减去与转让该相关商品或服务直接相关但未费用化的成本。

> **ASC 340-40-35-3**
>
> 如果根据第 340-40-25-1 段或第 340-40-25-5 段确认的资产账面价值高于下述金额，则主体应当在损益中确认一项减值损失：
> a. 主体因转让与该资产相关的商品或服务预期能够取得或已取得但未确认为收入的对价，减去
> b. 与转让该相关商品或服务直接相关但未确认为费用的成本（参见第 340-40-25-2 段和第 340-40-25-7 段）。
>
> **ASC 340-40-35-4**
>
> 在应用第 340-40-35-3 段确定主体预计收取的对价金额时，主体应当使用确定交易价格的原则（第 606-10-32-11 至 32-13 段关于可变对价估计限制的要求除外），并调整该金额以反映客户信用风险的影响。根据第 340-40-35-3 段确定对价时，主体也应当考虑预期合同续约和展期（与同一客户）。

如 ASC 340-40-35-4 所强调的，主体在确定 ASC 340-40-35-3（a）的对价金额时应用新收入模型步骤 3 中确定交易价格相同的指引，除两项例外：(1) 限制要求不适用，和 (2) 调整金额以反映客户信用风险。

---

① TRG 文件 23，《取得合同的增量成本》。

作为 2016 年 12 月发布的 ASC 606 技术修订的一部分①，FASB 澄清 ASC 340-40-35-3 中因减值测试目的确定对价金额时，主体应当包括其已收取但尚未确认为收入的金额，以及与预期合同续约和展期相关的金额。就是说，如果主体预期合同将被续约，其应当包括续约相关的对价以及续约的预期成本（例如，佣金）。

图表 11.4 总结了 ASC 606 中确定交易价格的指引与 ASC 340 评估减值的指引之间的区别

图表 11.4　交易价格与减值考虑

ASC 606	ASC 340
在确定交易价格时，估计可变对价并考虑限制要求的影响	为减值测试目的确定对价时，估计可变对价，但不考虑限制要求，并同时反映客户信用风险
在确定交易价格时，并不预期合同将被取消、续约或修订	包括同一客户的预期合同续约和展期

主体应当首先对在 ASC 340、ASC 350、或 ASC 360 范围外（例如，ASC 330——存货）的合同相关的资产进行减值测试。然后，主体再对根据 ASC 430 确认的与合同相关的资产应用减值指引。

应用 ASC 340-40-35-3 的减值指引后，根据 ASC 350 和 ASC 360 的减值指引，主体将该资产新的账面价值纳入资产所属的资产组或报告单元的账面价值中。

与 U.S. GAAP 中其他减值指引一致，主体不允许将原按照 ASC 340-40 计提的减值准备转回。

图表 11.5 说明了 ASC 340-40 以及其他与客户合同相关的资产汇编主题减值测试指引的顺序。

图表 11.5　减值测试

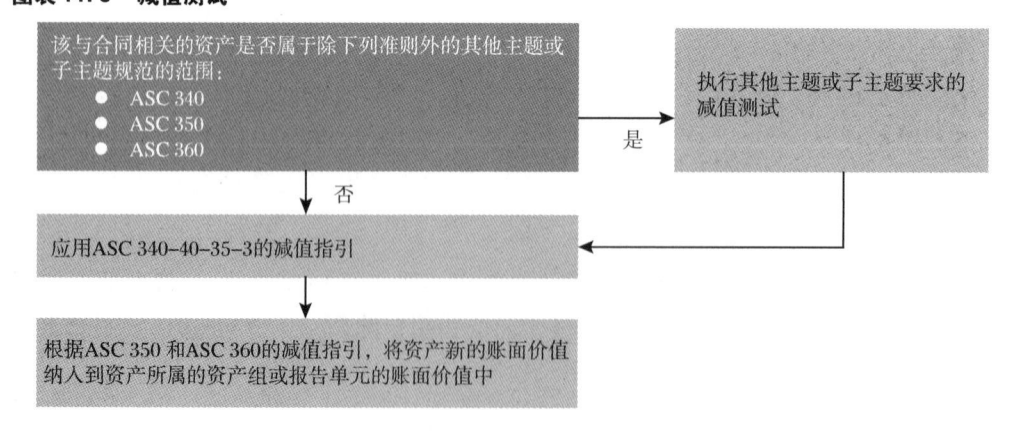

---

① ASU 2016-20，《主题 606——客户合同收入的技术修订和更新》。

> **ASC 340-40-35-5**
>
> 在就根据第 340-40-25-1 段或第 340-40-25-5 段确认的资产确认一项减值损失之前，主体应当首先确认根据除主题 340——其他资产和递延成本、主题 350——商誉和其他无形资产，或主题 360——不动产、厂场和设备外其他主题（例如，主题 303——存货和子主题 985-20——用于出售、出租或其他商业目的的软件的成本）确认的合同相关资产的减值损失。在应用第 340-40-35-3 段所述的减值测试后，主体应当将由此得出的根据第 340-40-25-1 段或第 340-40-25-5 段确认的资产的新的账面价值纳入其所属的资产组或报告单元的账面价值中，以便对该资产组或报告单元应用 ASC 350 和 ASC 360。
>
> **ASC 340-40-35-6**
>
> 主体不应当将原已计提的减值准备转回。

11.5.1 亏损合同

ASC 606 未包含亏损合同的指引。但是，FASB 保留了 ASC 605-35 中关于建造和开发合同的亏损合同指引，并进行了更新以反映 ASC 606 的术语，同时澄清亏损是在合同层面确定的。作为一项会计政策选择，主体可以考虑在履约义务层面是否需要确认一项损失准备。[①]

---

① ASU 2016-20。

12 列　报

在每个报告日，依据当日主体履行履约义务与客户付款之间的关系，主体在资产负债表中列报一项合同负债、合同资产或应收款项，以反映其与客户合同中包含的权利和义务。ASC 606 的指引使用术语"合同资产"和"合同负债"，但是如果能够向财务报表使用者提供区分应收款项和合同资产的充分信息，主体可以使用其他描述。主体将拥有的收取对价的无条件权利列报为应收款项。

> **ASC 606-10-45-1**
>
> 当合同其中一方已履约，主体应当视主体履行履约义务与客户付款之间的关系在财务状况表中将该合同作为合同资产或合同负债列报。主体应当将拥有的收取对价的无条件权利作为应收款项单独列报。
>
> **ASC 606-10-45-5**
>
> 本准则使用术语"合同资产"及"合同负债"，但并不禁止主体在财务状况表中对这些项目使用其他描述。如果主体对合同资产使用其他描述，主体应当向财务报表使用者提供区分应收款项与合同资产的充分信息。

图表 12.1 总结了 ASC 606 中合同资产、应收款项和合同负债的列报指引。下文详细解释了该指引的要求。

图表 12.1　合同资产、应收款项和合同负债的列报

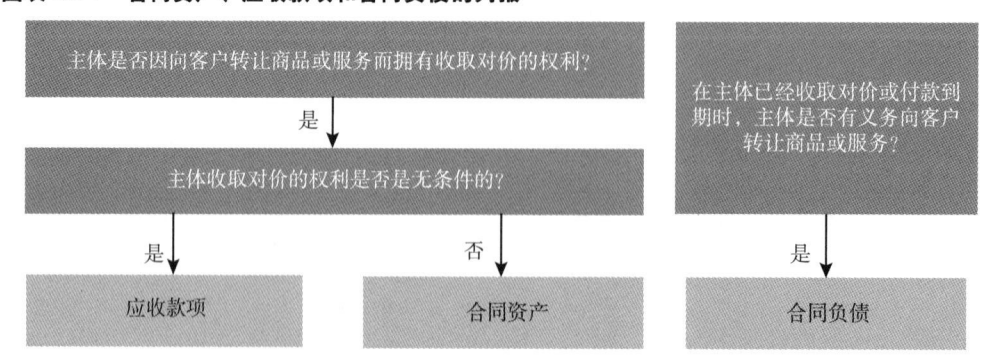

```
主体是否因向客户转让商品或服务而拥有收取对价的权利?
            │是
            ▼
主体收取对价的权利是否是无条件的?
      │是            │否
      ▼              ▼
   应收款项        合同资产

在主体已经收取对价或付款到期时,主体是否有义务向客户转让商品或服务?
            │是
            ▼
         合同负债
```

除遵循 ASC 606 中的列报指引外，向 SEC 报备的财务报表应遵循规则 S-X 中适用的列报指引，包括 S-X 规定 5-03——利润表。关于 S-X 规定 5-03 的更多讨论，参见第 12.5 部分。

12.1 合同资产和应收款项

在报告日，如果主体已经转让了商品或服务，但是客户尚未支付款项，主体应当确认一项合同资产或应收款项。如果主体收取对价的权利取决于时间流逝之外的其他因素（例如，主体还需要履行一项或多项履约义务），则主体确认一项合同资产；否则，主体确认一项应收款项。主体在资产负债表中单独列报合同资产和应收款项。

在 ASU 2014-09 BC 323 中，委员会和理事会强调区分合同资产和应收款项是重要的，因为这样做能够为财务报表使用者提供与主体在合同中的权利相关的风险信息。应收款项和合同资产都面临信用风险，但是合同资产同时面临其他风险，包括履约风险。

在 ASU 2014-09 BC 326 中，委员会和理事会澄清了主体需要向客户返还部分或全部对价的义务不影响主体对于对价的无条件权利。在这种情况下，主体可能同时确认一项应收款项和退款负债。

应收款项和合同资产在初始确认后应当按照 ASC 310 进行减值测试。主体将与客户之间的合同产生的减值损失与其他合同产生的损失分别列报。

ASC 606-10-45-3

如果主体在客户支付对价或付款到期前已通过向客户转让商品或服务而履约，则主体应当将该合同列报为合同资产（不包括作为应收款项列报的金额）。合同资产是指主体因向客户转让商品或服务而收取对价的权利。主体应当根据主题 310 关于应收款项的要求评估合同资产的减值。合同资产的减值应当采用主题 310 进行计量、列报和披露［另见第 606-10-50-4（b）段］。

ASC 606-10-45-4

应收款项是主体收取对价的无条件权利。仅当对价支付前所需的时间流逝到期时，收取对价的权利才是无条件的。例如，如果主体拥有收取付款的当前权利，即使该金额在未来可能会返还，主体仍应当确认一项应收款项。主体应当根据主题 310 对应收款项进行会计处理。在对与客户之间的合同产生的应收款项进行初始确认时，根据主题 310 计量的应收款项金额与已确认的相应收入金额之间的差额应作为费用（例如，减值损失）列报。

ASC 606 的下述示例说明了主体何时应当列报一项合同资产和应收款项。

例39——就主体履约确认的合同资产

ASC 606-10-55-287

20×8年1月1日,主体与客户订立一项以1000美元向客户转让产品A和产品B的合同。合同要求首先交付产品A,并规定针对产品A的交付的付款将取决于产品B的交付。换而言之,仅当主体将产品A及产品B均转让给客户之后,才能收取1000美元的对价。据此,直至产品A及产品B都被转让给客户之前,主体不具有取得对价的无条件权利(一项应收款项)。

ASC 606-10-55-288

主体将转让产品A及产品B的承诺识别为履约义务,并基于该两项产品单独售价的相对比例将400美元分摊至转让产品A的履约义务、将600美元分摊至转让产品B的履约义务。主体在产品的控制转移至客户时针对每一项单独的履约义务确认收入。

ASC 606-10-55-289

主体履行转让产品A的履约义务
合同资产 400美元
　　收入 400美元

ASC 606-10-55-290

主体履行转让产品B的履约义务,同时确认收取对价的无条件权利
应收款项　　　1000美元
　　合同资产　　　400美元
　　收入　　　　　600美元

例40——就主体履约确认的应收款项
ASC 606-10-55-291

20×9年1月1日,主体与客户订立一项以150美元/件的价格向客户转让产品的合同。合同规定若客户在一个日历年内购买超过100万件产品,则产品单价将追溯下调为125美元/件。

ASC 606-10-55-292

对价将在产品控制权转移给客户时收取。因此,直至有需要对产品单价作出追溯下调(即,产品发货超过 100 万件)之前,主体具有收取 150 美元/件对价的无条件权利(即一项应收款项)。

ASC 606-10-55-293

在确定交易价格时,主体在合同开始时得出客户将能够达到 100 万件产品的门槛值的结论,因此估计交易价格为 125 美元/件。所以,在首次发货 100 件产品时,主体确认了下列各项:

应收款项	15000 美元[a]
收入	12500 美元[b]
退款负债	2500 美元

(a) 150 美元/件 × 100 件产品
(b) 125 美元/件的交易价格 × 100 件产品

ASC 606-10-55-294

退款负债(参见第 606-10-32-10 段)代表 25 美元/件的退款,为预期提供给客户的数量折扣(即,主体有权无条件收取的合同规定价格 150 美元与估计交易价格 125 美元之间的差额)。

12.2 合同负债

在报告日,如果客户支付了对价或付款已到期,但是主体尚未履行向客户转让商品或服务的履约义务,主体应当将合同确认为一项合同负债。

ASC 606-10-45-2

如果客户支付了对价或主体取得对价金额的权利是无条件的(即,是一项应收款项),在主体向客户转让商品或服务之前,主体应当在对方付款或付款到期时(以两者中的较早者为准)将合同列报为合同负债。合同负债是指主体就其已向客户收取的对价(或应收对价金额)而向客户转让商品或服务的义务。

除上述例 40 外,ASC 606 的下述示例说明了主体何时应当列报一项合同负债和应收款项。

例38——合同负债和应收款项

案例A——可撤销的合同
ASC 606-10-55-284

20×9年1月1日，主体订立了一项于20×9年3月31日向客户转让产品的可撤销合同。合同要求客户在20×9年1月31日预先支付1000美元的对价。客户在20×9年3月1日支付了对价。主体于20×9年3月31日转让了相应的产品。下列会计分录说明了主体如何对该项合同进行会计处理：

a. 主体于20×9年3月1日取得1000美元的现金（在履约前取得现金）。

　　现金　　　　　1000美元
　　　　合同负债　　　　1000美元

b. 主体于20×9年3月31日履行履约义务。

　　合同负债　　　1000美元
　　　　收入　　　　　　1000美元

案例B——不可撤销的合同
ASC 606-10-55-285

除合同为不可撤销的合同之外，案例B的有关事实与案例A相同。下列会计分录说明了主体如何对该项合同进行会计处理：

a. 对价金额应在20×9年1月31日（即，主体确认应收款项的时点，因为主体有收取对价的无条件权利）支付。

　　应收款项　　　1000美元
　　　　合同负债　　　　1000美元

b. 主体于20×9年3月1日取得现金。

　　现金　　　　　1000美元
　　　　应收款项　　　　1000美元

c. 主体于20×9年3月31日履行履约义务。

　　合同负债　　　1000美元
　　　　收入　　　　　　1000美元

ASC 606-10-55-286

如果主体于20×9年1月31日前开具发票，主体不应在财务状况表内列报应收款项和合同负债，因为主体尚无收取对价的无条件权利（合同在20×9年1月31日前是可撤销的）。

> **致同见解：对于预开账单应何时确认一项合同资产或应收款项？**
>
> ASC 606 中的例 38 说明了在资产负债表中何时确认一项合同负债和应收款项。主体可能考虑向客户预开账单是否应当作为一项合同资产还是应收款项反映。例如，主体在 12 月 1 日就下一年度的订购向客户开具账单。客户可能在 1 月 1 日前取消订单；但是，合同在 1 月 1 日变成不可撤销。因为根据撤销条款，1 月 1 日前主体不拥有无条件收取账单金额的权利。在 12 月 31 日主体不应确认合同资产或应收款项。1 月 1 日，主体取得了对未收取金额的无条件权利，从而确认一项应收款项。
>
> 在确定将预开账单金额确认为应收款项的适当时点时，仔细评估事实和情况是必要的。

12.3 计量单元

利益相关者询问 TRG 主体是否应当为每项履约义务列报合同资产或合同负债，还是在合同层面汇总列报所有的合同资产和合同负债。

> **TRG 基本达成一致的问题：当一项合同包含多个履约义务时，主体应当如何列报资产和负债？**
>
> ASC 606 的指引在许多方面是在履约义务层面应用的。但是，在 2014 年 10 月 31 日的会议上[①]，TRG 基本同意主体应当在合同层面而非履约义务层面确定是否存在一项合同资产或合同负债。TRG 参考了 ASU 2014-09 BC 317 的指引，如下：
>
> > 委员会和理事会决定合同中的剩余权利和履约义务应当以净额为基础进行会计处理和列报，作为合同资产或合同负债。委员会和理事会指出客户合同中的权利和义务是相互依赖的——从客户收取对价的权利取决于主体的履约，同样主体只在客户持续付款时才履行履约义务。委员会和理事会决定在财务状况表中按照净额基础对剩余权利和义务进行会计处理和列报能够最好地反映这种相互依赖的关系。

> **多项履约义务合同资产和负债的列报**
>
> 某软件即服务供应商签订一项合同，提供自 20×1 年 12 月 1 日开始的为期 1 年的软件即服务，及在前 3 个月提供 40 小时的培训。该主体确定培训及软件即服务的承诺是可明确区分的，因此，识别为两项履约义务。

---

① TRG 文件 7，《将合同列报为合同资产或合同负债》。

合同条款要求初始支付8000美元。该合同还包括一项前6个月免费提供软件即服务，而后6个月软件即服务的收费为4000美元/每月的条款。该合同包含实质的终止罚款。因此，该主体确定双方均承诺履行协议，在20×1年12月1日存在能够应用ASC 606的合同，并在合同项下的服务提供时开始确认合同的收入。

该软件即服务供应商估计总交易价格为32000美元，并确定培训和软件即服务的单独售价分别为8000美元和24000美元。20×1年12月31日，该主体提供了1个月的软件即服务及20个小时的培训。

该主体确认了一项与提供的1个月服务相关的金额为2000美元的合同资产（24000美元/12个月=2000美元/每月）。该主体还确认了一项金额为4000美元的合同负债（8000美元×提供的20个小时的培训/承诺的40个小时的培训）。在20×1年12月31日，主体列报一项净额为2000美元的合同负债（4000美元合同负债-2000美元资产）。

12.4 抵销

由于ASC 606中未包含抵销指引，如果基于每项安排的事实和情况将其他资产负债项目与合同资产或合同负债抵销是恰当的，TRG同意主体应当应用其他相关指引确定是否抵销。

> **TRG基本达成一致的问题：主体是否可以将其他资产负债表项目（例如，应收款项）与合同资产或合同负债抵销？**
>
> 在2014年10月31日的会议上[①]，TRG讨论了下述示例：
> 　　假设在一项单独合同中，主体向客户开具了账单并就账单金额确认了一项应收款项，因为其代表收取对价的无条件权利。并且假设在履行履约义务前，主体已经收取了以前开具账单的应收款项。因此，主体就全部账单金额确认了一项应收款项，同时就以前收取的款项确认了一项合同负债。
> 　　如第12.3部分所述，ASC 606的指引允许按净额列示合同资产和合同负债，但是利益相关者提出在资产负债表中应收款项和合同负债是否可以相互抵销。
> 　　TRG成员基本一致同意主体必须参考ASC 606之外的其他指引确定在该种情形下抵销是否恰当，因为ASC 606缺少明确的抵销指引。

---

① TRG文件7，《将合同列报为合同资产或合同负债》。

> **致同见解：应收款项和合同负债抵销**
>
> 《ASC 210-20——资产负债表：抵销》通常是评估抵销资产和负债是否恰当的起点。该指引表明除非存在抵销权，否则抵销资产和负债是不恰当的。因此，通过考虑 ASC 606 中关于合同资产和合同负债的指引，同时结合 TRG 上述基本达成一致意见的讨论结果，主体通常将参照 ASC 210-20 中关于抵销的指引。通常主体将得出结论抵销（例如，一项应收款项和一项合同负债）是不恰当的，除非如 ASC 210-20-45-1 所述存在一项明确的抵销权。该段列出了在抵销资产和负债时必须满足的四个条件：
> - 应收和应付金额必须是可确定的。
> - 主体拥有抵销权。
> - 主体计划以净额结算。
> - 抵销权是法律强制可执行的。

12.5 ASC 606 与 SEC 规则 S-X，规定 5-03（b）之间的关系

如果 S-X 规定 5-03（b）中明确的多类收入超过总收入的 10%，这些种类的收入应在利润表主表中分别列报。例如，如果商品收入和服务收入分别占总收入的 30% 和 70%，这两类收入应在利润表主表中分别列报。

S-X 规定 5-03（b）中的要求并未因采用 ASC 606 而改变。因此，SEC 关于在利润表主表中分别列报商品和服务收入的观点仍然存在。据此，如果主体得出结论认为，其根据 ASC 606 仅有一项同时包含商品和服务的履约义务，根据 S-X 规定 5-03（b）可能需要在利润表中单独列报商品和服务收入。类似地，S-X 规定 5-03（b）也要求单独列报每类单独列报收入相关的销售成本。

在 2007 SEC 工作人员的一项演讲中，[①] 工作人员表示他们不反对单独列报在收入确认时不能区分的商品和服务收入，只要主体有合理的基础制定区分的方法，并一直应用及披露该区分方法。

当交易价格基于多项收费结构时，如何应用 S-X5-03（b）中的指引存在疑问。当单项履约义务的交易价格使用一种以上的收费结构确定时，主体不应假定对于利润表列报存在多类收入。例如，一项运输合同可能包含每公里的固定费率和每公里的燃料收费。在此例中，仅提供一项商品或服务，即运输服务。因此，该合同仅包含在利润表列报中的一类收入，即，交通服务。

---

① https：//www.sec.gov/news/speech/2007/spch121007mb.htm。

13 披 露

财务报表使用者批评原准则缺少充分的收入披露要求。委员会和理事会寻求通过在规范公众经营主体和私有经营主体的 ASC 606 和 ASC 340-40 中提供一套充分的披露要求来应对这类批评。因此，所有主体将发现在 ASC 606 和 ASC 340-40 中的披露实质上将比原准则更加广泛，并需要进行更多的工作。

委员会和理事会采用整体披露目标制定披露要求以引导主体为财务报表使用者提供清晰、透明和一致的信息，使财务报表使用者了解来自客户合同的收入和现金流量的性质、金额、时间和不确定性。当评估提供哪些披露及披露的详尽程度时，主体应牢记此目标。当确定对每一不同要求的重视程度时，主体应当考虑自身业务的特点。

ASC 606-10-50-1

本主题披露要求旨在确保主体披露充分的信息，以使财务报表使用者能够了解与客户之间的合同产生的收入及现金流量的性质、金额、时间分布和不确定性。为实现这一目标，主体应当披露关于下列各项的定性和定量信息：

a. 主体与客户之间的合同（见第 606-10-50-4 至 606-10-50-16 段）；
b. 对此类合同应用本主题时所作的重大判断和判断的变更（见第 606-10-50-17 至 606-10-50-21 段）；
c. 根据第 340-40-25-1 段或第 340-40-25-5 段就取得或履行与客户之间的合同的成本所确认的资产（见第 340-40-50-1 至 50-6 段）。

ASC 606-10-50-2

主体应当考虑为实现披露目标所必需的详尽程度，以及对于各项要求的强调程度。主体应当对披露进行汇总或分解，以避免有用的信息因包括了大量不重要的细节或将具有实质性不同特征的项目予以汇总而变得模糊。

ASC 606-10-50-3

披露的金额是针对编制利润表（业务表）的每一个报告期间和编制财务状况表的每一个报告时点。如果主体已按照其他主题提供了某项信息，则无须按照本主题披露该信息。

主体必须在财务报表附注或者在利润表中将确认的来自客户合同的收入金额与其他来源的收入相区分。如果与客户之间的合同的减值损失与其他减值损失没有在利润表中分别列报，主体还应将与客户之间的合同的减值损失与其他减值损失分别披露。

> **ASC 606-10-50-4**
>
> 主体应当披露报告期间内的下列所有金额，除非这些金额已按照其他主题在综合收益表（业务表）中单独列报：
> a. 已确认的客户合同收入，该收入的披露应当与主体的其他收入来源区分开来；
> b. 已就主体的客户合同产生的任何应收款项或合同资产（按照主题310——应收款项）确认的减值损失，该减值损失的披露应当与源自其他合同的减值损失区分开来。

由于对公众经营主体和私有经营主体的披露要求不同，本节以下部分分别讨论适用于每类主体的要求和考虑。

13.1 公众经营主体

图表13.1汇总了公众经营主体在每一列报利润表和资产负债表的报告期间的披露要求。本节以下部分将详细讨论每一披露领域。

图表13.1 公众经营主体披露要求汇总

披露领域	要求概述
收入的分解	• 反映经济因素如何影响收入及现金流量的性质、金额、时间和不确定性的类别 • 使得财务报表使用者能够了解与按照《ASC 280——分部报告》所披露的报告分部收入信息之间的关系的足够信息
合同余额	• 合同资产、合同负债和应收款项的期初余额与期末余额（若尚未单独列报或披露） • 在本期确认的包括在合同负债期初账面价值中的收入和前期已经履行（或部分履行）的履约义务在本期确认的收入 • 对履行履约义务的时间与通常的付款时间之间的关系的说明，以及此类因素对合同资产和合同负债的相关影响 • 合同资产和合同负债的账面价值的重大变化

续表

披露领域	要求概述
履约义务	• 主体通常何时履行履约义务 • 重要的支付条款 • 商品或服务的性质，包括主体作为代理人的情形 • 退货、退款等类似义务条款 • 质量保证的类型及其相关义务 • 期末分摊至剩余履约义务的交易价格的总额，包括分摊至部分未履行履约义务的交易价格总额，及该金额确认为收入的预计时间
重大判断及其变更	• 在确定下列两项时所运用的重大判断及其变更： 　— 履行履约义务的时间 　— 交易价格及分摊至履约义务的金额，包括方法、输入值和假设
就取得或履行合同的成本所确认的资产	• 确定资本化成本时所运用的判断 • 采用的摊销方法 • 按该资产的主要类别披露合同取得成本或合同履约成本的期末账面价值 • 摊销费用 • 减值损失

13.1.1 收入的分解

委员会和理事会在 ASU 2014-09 BC 336 中解释并不打算对主体应如何分解客户合同收入进行过于细化的规定。然而委员会和理事会提供了披露目标作为替代，主体在考虑自身经营和决定哪些分解类别对财务报表使用者最有意义时应牢记该披露目标。

> **ASC 606-10-50-5**
>
> 主体应当将已确认的客户合同收入按不同类别进行分解，这些类别应反映经济因素如何影响收入及现金流量的性质、金额、时间和不确定性。在选择用以分解收入的类别时，主体应当应用第 605-10-55-89 至 55-91 段的指引。

某些公众经营主体可能需要使用一种以上的分解类别以满足披露目标。其他主体可能只使用一个类别就可以满足披露目标。在 ASU 2014-09 BC 337 中，委员会和理事会建议主体在作出此项决定时可能考虑其为了其他目的如何披露收入相关信息，包括收益公告或分部披露。

主体应当提供足够的信息使得财务报表使用者了解收入披露和分部披露之间的关系；然而，这两个披露的分解程度可能因为披露目标的不同而不同。

ASC 606-10-50-6（摘录）

如果主体适用主题280——分部报告，主体应当披露足够信息使得财务报表使用者能够了解（按照第606-10-50-5段）披露的收入分解信息与就每一报告分部所披露的收入信息之间的关系。

致同见解：收入分解信息和分部报告的关系

尽管收入分解和 ASC 280 中的分部报告之间存在某些相似之处，但委员会和理事会决定[①]在 ASC 606 中要求披露客户合同收入的分解信息，因为某些主体可能不需要披露分部信息。而且，即使主体需要披露分部信息，其披露的分解程度可能不足以实现收入分解的披露目标。

ASC 280 和 ASC 606 之间的一个显著差别是 ASC 280 要求披露一定程度的细节，除非这是"不可行的"，然而在 ASC 606 中并没有"可行"的要求。根据ASC 280-10，如果信息难以获得且获取成本过高，则信息的列报是"不切实可行"的。

ASC 606 未包括这样的措辞。所以，可以推断委员会和理事会期望公司进行必要工作为使用者提供恰当程度的分解收入信息。

主体的最终目标是在其所有沟通方面披露其清晰、透明和紧密结合的收入信息，无论是通过 ASC 606 的披露、管理层讨论和分析、分部披露、投资者报告或网站概述。

新收入准则提供了下述考虑和示例以帮助主体决定最恰当的分解程度。

ASC 606-10-55-89

第606-10-50-5 段要求主体对客户合同收入按不同类别进行分解，以描述经济因素如何影响收入及现金流量的性质、金额、时间和不确定性。因此，为符合该披露要求对主体收入进行分解的程度取决于主体与客户之间的合同所涉及的事实和情况。为达到第606-10-50-5 段有关分解收入的目标，某些主体可能需要使用一种以上的类别，而其他主体则可能仅使用一种收入分解类别便可达到这一目标。

ASC 606-10-55-90

在选择用以分解收入的类别时，主体应当考虑有关主体收入的信息出于其他目的是如何列报的，包括：

[①] BC 340，ASU 2014-09。

a. 在财务报表外（例如，在收益情况公告、年报或呈递投资者的简报中）列报的披露；
b. 首席经营决策者为评价各经营分部的财务业绩定期审阅的信息；
c. 主体或主体财务报表使用者评价主体的财务业绩或作出资源配置决策时使用的类似于上述（a）和（b）所述的信息类型的其他信息。

ASC 606-10-55-91

可能是适当类别的示例包括但不限于：
a. 商品或服务的类型（例如，主要的生产线）；
b. 地域（例如，国家或地区）；
c. 市场或客户类型（例如，政府客户及非政府客户）；
d. 合同类型（例如，固定价格合同及价格因工料成本而异的合同）；
e. 合同期限（例如，短期合同和长期合同）；
f. 商品或服务转让的时间（例如，源自在某一时点转让给客户的商品或服务的收入，及源自在一段时间内转让给客户的商品或服务的收入）；
g. 销售渠道（例如，直接出售给客户的商品及通过中介出售的商品）。

ASC 606 中的例 41 说明了主体如何满足与分解收入相关的披露要求。

例 41——收入的分解——定量披露

ASC 606-10-55-296

主体根据主题 280——分部报告披露以下分部：客户产品、运输及能源。当主体编制其呈递投资者的简报时，按主要地域市场、主要产品线和收入确认时间（即，在某一时点转让的商品或在某一时段内转让的服务）对收入进行分解。

ASC 606-10-55-297

主体确定呈递投资者的简报所使用的类别可用于满足第 606-10-50-5 段中分解披露要求的目标，即对源自客户合同的收入按不同类别进行分解，以描述经济因素如何影响收入及现金流量的性质、金额、时间和不确定性。下表列示了根据第 606-10-50-6 段按主要地域市场、主要产品线以及收入确认时间进行的分解披露，包括已分解的收入如何与客户产品、运输及能源分部相对应进行的调节。

分部	客户产品	运输	能源	合计
主要地域市场				
北美	990 美元	2250 美元	5250 美元	8490 美元
欧洲	300	750	1000	2050
亚洲	700	260	–	960
	1990 美元	3260 美元	6250 美元	11500 美元
主要商品/服务线				
办公用品	600 美元	–	–	600 美元
电器	990			990
服饰	400			400
摩托车	–	500		500
汽车	–	2760	–	2760
太阳能板			1000	1000
发电厂	–	–	5250	5250
	1990	3260 美元	6250 美元	11500 美元
收入确认的时间				
在某一时点转让的商品	1990 美元	3260 美元	1000 美元	6250 美元
在某一时段内转让的服务	–	–	5250	5250
	1990 美元	3260 美元	6250 美元	11500 美元

致同见解：分解收入

ASC 606 中的指引提供了主体可能如何分解收入的总体目标和若干示例，但并未提供一个详细要求的核对表。因此，主体应当采用全面方法以确定最能反映其业务的分解程度。在决定分解的恰当程度时，主体应当考虑可获取信息的广度，这些信息是在利益相关者沟通中利用的信息或在传统财务报表之外提供给利益相关者的其他信息。

在上述例 41 中，尽管主体根据 ASC 280 仅识别出 3 个报告分部（消费品、运输和能源），其曾在呈递给投资者的简报中披露比 ASC 280 要求的更为详细的收入信息，包括披露主要产品线的收入。因为主体确定在呈递给投资者的简报中的披露满足收入披露要求的分解目标，其提供较 ASC 280 所要求的更为详细的收入分解信息。

13.1.2 合同余额

合同余额披露要求的目标是帮助财务报表使用者了解在报告期间已确认收入和合同整体余额（合同资产和合同负债）变动之间的关系。使用者希望了解合同资产何时将转化为应收款项或现金及合同负债何时将转化为收入。公众经营主体可以通过表格和描述性信息满足披露要求。

ASC 606-10-50-8

主体应当披露下列各项内容：
a. 与客户之间的合同产生的应收款项、合同资产和合同负债的期初余额与期末余额（若尚未单独列报或披露）；
b. 在报告期内确认的包括在期初合同负债余额中的收入。

ASC 606-10-50-9

主体应当说明其履行履约义务的时间 [见第 606-10-50-12（a）段] 与通常的付款时间 [见第 606-10-50-12（b）段] 之间的关联，以及此类因素对合同资产和合同负债余额的影响。该说明可使用定性信息。

ASC 606-10-50-10

主体应当说明合同资产和合同负债余额在报告期内发生的重大变化。该说明应包括定性和定量信息。主体合同资产和合同负债余额变动的例子包括下列任一项：
a. 因企业合并而发生的变动；
b. 影响相应合同资产或合同有负债的对收入的累计追加调整，包括因履约进度计量结果的变化、交易价格估计值的变动（包括关于可变对价估计是否受到限制的评估结果的任何变更），或合同的修订所导致的调整；
c. 合同资产的减值；
d. 取得对价的权利成为无条件权利（即，导致合同资产重分类为应收款项）的时间安排变动；
e. 履行履约义务（即，确认与合同负债相关的收入）的时间安排变动。

13.1.3 履约义务

为了应对财务报表使用者对大多数主体在原准则下收入政策的披露模板化,且披露中没有描述会计政策与主体当前合同相关联的批评,委员会和理事会决定要求公众经营主体提供如下关于其履约义务的详细信息。[①]

> **ASC 606-10-50-12**
>
> 主体应当披露关于其在与客户之间的合同中的履约义务的信息,包括对下列各项的描述:
> a. 主体通常于何时履行其履约义务(例如,在发货时、交货时、在提供服务过程中或在服务完成时),包括在"开出账单但代管商品"安排中履约义务何时得到履行;
> b. 重大付款条款(例如,付款通常何时到期、合同是否包含重大融资成分、对价金额是否为可变金额,以及对可变对价的估计是否通常根据第 606-10-32-11 至 606-10-32-13 段受到限制);
> c. 主体已承诺转让的商品或服务的性质,着重强调为另一方安排转让商品或服务的履约义务(即,若主体担任代理人);
> d. 退货、退款的义务及其他类似义务;
> e. 质保的类型及相关义务。

最后,委员会和理事会决定要求公众经营主体披露在本期确认的但不是本期履约的结果,而是与以前期间已经履行(或部分履行)的履约义务相关的收入金额。例如,在交易价格是可变的且在履约义务完成后发生变化时可能发生这种情况。

> **ASC 606-10-50-12A**
>
> 主体应当披露在报告期内确认的源自前期已履行(或部分履行)的履约义务的收入(例如,交易价格的变动)。

财务报表使用者还要求关于主体剩余履约义务和主体预期何时确认与这些剩余履约义务有关的收入的额外信息,特别是长期合同,因为这些合同存在最大的未确认收入金额。总体上,委员会和理事会同意上述观点,因为关于剩余履约义务的披露可以提供:
- 与源自合同剩余履约义务的收入金额和预期时间相关的趋势的额外信息;

---

① BC 354,ASU 2014-09。

- 与预期未来收入关联的风险；
- 对主体收入判断和情况变化的影响。①

> **重大选择：储备收入的披露**
>
> 尽管很多主体遵循SEC规定披露"储备收入"的信息②，ASC 606关于剩余履约义务的披露要求是全新的且不同的。所以，未曾披露过储备收入信息的主体及已经根据规定S-K披露过储备收入信息的主体现在均应根据ASC 606的要求提供剩余履约义务的信息。而且，新的收入指引并未改变SEC规定要求披露的储备收入信息。

> **ASC 606-10-50-13**
>
> 主体应当披露关于其剩余履约义务的下列信息：
> a. 在报告期末分摊至未履行（或部分未履行的）剩余履约义务的总交易价格。
> b. 关于主体预计按照第606-10-50-13（a）段的要求所披露的金额将何时确认为收入的说明，主体应以下列两种方式之一提供这一披露：
>   1. 使用最适合于反映剩余履约义务存续期的时间段提供定量信息；
>   2. 使用定性信息。

如ASC 606-10-50-13（b）所述，关于剩余履约义务的披露可以采用定量信息（即，在既定时间段内确认的金额，例如在1年内、2年内和3年内），也可以采用定性信息。某些主体可能同时披露定量和定性信息。

指引包括了某些豁免，允许主体在下述情形中免于披露剩余履约义务的信息：
- 履约义务是初始预期存续期为一年或更短的合同的一部分；
- 主体应用"根据发出账单所享有的权利"的实务简便方法确认收入（第7.1.3部分）；
- 可变对价是以销售为基础或以用量为基础计算的用于换取知识产权许可的特许权使用费（第8.5部分）；
- 可变对价整体分摊至一项完全未履行的履约义务或一项完全未履行的转让构成单项履约义务的可辨认商品或服务的承诺（第6.5部分）。

当公众经营主体选择应用以上任一可选的豁免时，其仍需披露履约义务的性质、剩余期限以及对排除在披露信息外的可变对价的描述。

---

① BC 348-350，ASU 2014-09。
② 规定S-K，项目101（c）（ⅷ）。

ASC 606-10-50-14

若符合下列两个条件之一，主体无须披露第 606-10-50-13 段所要求的关于履约义务的信息：
a. 该履约义务是初始预计存续期为一年或更短的合同的一部分；
b. 主体按照第 606-10-55-18 段确认履行履约义务所产生的收入。

ASC 606-10-50-14A

若符合下列两个条件之一，主体无须披露第 606-10-50-13 段所要求的关于可变对价的信息：
a. 可变对价是根据第 606-10-55-65 至 55-65B 段进行会计处理的以销售为基础或以用量为基础计算的用于换取知识产权许可的特许权使用费；
b. 可变对价整体分摊至一项完全未履行的履约义务或一项完全未履行的转让可明确区分的商品或服务的承诺，该可明确区分的商品或服务根据第 606-10-25-14（b）段构成单项履约义务的一部分，因而符合 606-10-32-40 段的标准。

ASC 606-10-50-14B

第 606-10-50-14（b）段和第 606-10-50-14A 段中的可选豁免不能应用于固定对价。

ASC 606-10-50-15

主体应当披露其应用了第 606-10-50-14 至 50-14A 段的哪项可选豁免。此外，应用第 606-10-50-14 至 50-14A 段可选豁免的主体应当披露履约义务的性质、剩余期限（见第 606 10 25 3 段）和对根据第 606 10 50 13 段免除披露的可变对价的描述（例如，变动的性质及变动如何解决）。这些信息应当包括充分细节使得财务报表使用者了解根据 606-10-50-13 段免除披露的剩余履约义务。此外，主体应当说明是否存在客户合同的任何对价未包括在交易价格中，因此也没有包括在根据第 606-10-50-13 段要求披露的信息中。例如，交易价格的估计未包括受到限制的可变对价的估计值（见第 606-10-32-11 至 32-13 段）。

ASC 606 在例 42 和例 43 中说明了采用定量和定性的方法披露剩余履约义务。

例42——披露分摊至剩余履约义务的交易价格

ASC 606-10-55-298

主体于20×7年6月30日分别与独立的客户订立了3份提供服务的合同（合同A、B和C）。每份合同的期限均为2年且不可撤销。主体考虑了第606-10-50-13至50-15段的要求，以确定对于在20×7年12月31日包括在分摊至剩余履约义务的交易价格披露之中的每份合同的信息。

合同A
ASC 606-10-55-299

保洁服务将在未来两年内提供，一般至少每月提供一次。对于所提供的服务，客户按每小时25美元的费率支付。

ASC 606-10-55-300

由于主体针对所提供的每小时服务开具固定金额的账单，根据第606-10-55-18段，主体有权向客户开具发票，而发票金额与主体迄今为止已完成的履约价值直接相对应。因此，主体可以选择应用第606-10-50-14（b）段的可选豁免。如果主体选择不披露分摊至合同A剩余履约义务的交易价格，主体需披露其应用了第606-10-50-14（b）段的可选豁免。主体还需披露履约义务的性质、剩余期限和根据第606-10-50-15段免除披露的可变对价的描述。

合同B
ASC 606-10-55-301

保洁服务和草坪维护服务将在有需要时提供（在未来两年内每月最多提供4次上门服务）。客户针对该两项服务每月支付固定价格400美元。主体使用基于时间的计量方法计量其履约义务的履约进度。

ASC 606-10-55-302

主体以表格形式披露尚未确认为收入的交易价格金额，这个表格包含说明主体预计这些金额何时确认为收入的定量时间段。纳入总体披露的合同B的信息如下：

20×7年12月31日预计这份合同B将确认的收入

20×8	20×9	合计
4800美元[a]	2400美元[b]	7200美元

(a) 4800 美元 = 400 美元 × 12 个月
(b) 2400 美元 = 400 美元 × 6 个月

合同 C
ASC 606-10-55-303

保洁服务将于未来两年内在有需要时提供。客户每月支付固定对价 100 美元，此列根据对客户设施的一次性管理检查和检定一次性支付 0 美元至 1000 美元之间的可变对价（即履约奖金）。主体估计其将有权获得 750 美元的可变对价。基于主体对第 606-10-32-12 段所述因素的评估，主体将估计的可变对价 750 美元纳入交易价格，因为已确认的累计收入金额极可能不会发生重大转回。主体使用基于时间的计量方法计量其履约义务的履行进度。

ASC 606-10-55-304

主体以表格形式披露尚未确认为收入的交易价格金额，这个表格包含说明主体预计这些金额何时确认为收入的定量时间段。主体同时披露针对任何未纳入披露的重大可变对价的定性讨论。纳入总体披露的合同 C 的信息如下：

20×7 年 12 月 31 日预计这份合同将确认的收入

20×8	20×9	合计
1575 美元[a]	788 美元[b]	2363 美元

(a) 交易价格 = 3150 美元（100 美元 × 24 个月 + 可变对价 750 美元），平均分摊在 24 个月内确认，每年 1575 美元。
(b) 1575 美元 ÷ 2 = 788 美元（即，针对本年度的 6 个月）。

ASC 606-10-55-305

此外，根据第 606-10-50-15 段，主体提供定性披露以说明部分履约奖金没有包括在披露之中，因为其未被纳入交易价格。这部分履约奖金根据有关可变对价估计限制的要求被排除在交易对价之外。

ASC 606-10-55-305A

主体不满足应用第 606-10-50-14A 段的可选豁免的标准，因为月度对价是固定的，且可变对价不满足第 606-10-50-14A（b）段的条件。

例 43——披露分摊至剩余履约义务的交易价格——定性披露
ASC 606-10-55-306

主体于 20×2 年 1 月 1 日与客户订立一项合同，以固定对价 10000000 美元建造一座商务大楼。大楼的建造是主体在某一时段内履行的单一履约义务。截至 20×2 年 12 月 31 日，主体已确认收入 3200000 美元。主体估计建造将于 20×3 年完成，但该项目有可能在 20×4 年的上半年完成。

ASC 606-10-55-307

在 20×2 年 12 月 31 日，主体在针对分摊至剩余履约义务的交易价格的披露中，对尚未确认为收入的交易价格金额作出披露。主体同时披露关于其预计上述金额将何时确认为收入的说明。这一说明可基于采用最适合反映剩余履约义务存续期的时间段的定量信息进行披露，也可通过提供定性说明进行披露。由于主体并不确定收入确认的时间，因此对该信息作出下列定性披露：

"截至 20×2 年 12 月 31 日，分摊至剩余履约义务的交易价格总金额为 6800000 美元，且主体将在大楼完工时确认这些收入，大楼预计在未来 12~18 个月内完工。"

13.1.4 重大判断

因为 ASC 606 要求主体运用更多的判断和作出大量的估计（特别是关于履行履约义务的时间、确定交易价格和分摊交易价格至履约义务），委员会和理事会决定[1]对这些判断和估计的具体披露超越原准则中的当前一般要求。

ASC 606-10-50-17

主体应当披露在应用本主题指引时所作的显著影响其确定客户合同收入的金额和时间的判断和此类判断的变更。特别是，主体应当说明在确定下列两项时所运用的判断和判断的变更：
a. 履行履约义务的时间（见第 606-10-50-18 至 50-19 段）；
b. 交易价格及分摊至履约义务的金额（见第 606-10-50-20 段）。

就确定一项履约义务何时履行所做出的重大判断的披露要求对于在某一时段内履行的履约义务和在某一时点履行的履约义务是不同的。

因为这些新的披露要求包含了判断，主体在 ASC 606 下可能需要披露比原准则下更多的信息。例如，主体以往可能披露所有权转移作为一项交易的收入确认时点，

---
[1] BC 355，ASU 2014-09。

但所有权转移只是 ASC 606 下控制转移的若干因素之一。关于 ASC 606 下客户何时取得控制的披露可能比原准则下更为广泛。

ASC 606-10-50-18

对于主体在某一时段内履行的履约义务，主体应当披露下列两项：
a. 用于确认收入的方法（例如，描述所采用的产出法或投入法，及如何运用该方法）；
b. 关于所采用的方法为何能够如实反映转让商品或服务的说明。

ASC 606-10-50-19

对于在某一时点履行的履约义务，主体应当披露在评价客户何时取得对已承诺商品或服务的控制时所运用的重大判断。

对新收入模型第三步和第四步中作出的某些判断要求特别披露。ASC 606 的下列披露要求反映了这些判断的类型。

ASC 606-10-50-20

主体应当披露关于下列各项所采用的方法、输入值和假设的信息：
a. 确定交易价格，包括但不限于估计可变对价、就货币的时间价值影响调整对价及计量非现金对价；
b. 评估可变对价的估计是否受到限制；
c. 分摊交易价格，包括估计已承诺商品或服务的单独售价及将折扣和可变对价分摊至合同的特定部分（如适用）；
d. 计量退货、退款的义务及其他类似义务。

13.1.5 就取得或履行合同的成本所确认的资产

公众经营主体需要披露与就取得或履行与客户之间的合同的成本而确认的资产相关的重大判断和合同余额的信息。根据 ASC 606 对于新的或不同的合同资产和合同负债的潜在影响不仅意味着对其进行会计处理，还要为披露目的获取信息。

ASC 340-40-50-2

主体应当披露下列两项：
a. 在确定为取得或履行与客户之间的合同而发生的成本金额时所运用的判

断（根据第 340-40-25-1 段或第 340-40-25-5 段）；
b. 用于确定每一报告期间摊销额的方法。

ASC 340-40-50-3

主体应当披露下列各项内容：
a. 按资产的主要类别（例如，取得与客户之间的合同的成本、合同订立前成本及准备活动成本）披露就取得或履行与客户之间的合同的成本所确认的资产（根据第 340-40-25-1 段或第 340-40-25-5 段）的期末余额；
b. 报告期内已确认的摊销及任何减值损失的金额。

13.1.6 根据 ASC 606 和 ASC 340-40 计量的便于实务操作的方法

ASC 606 为主体提供了下述简化处理方法：
- 如果在合同开始时，主体预计向客户转让已承诺商品或服务与客户就此类商品或服务进行支付之间的间隔期间为一年或更短期间，主体无须就重大融资成分的影响调整已承诺的对价金额。
- 如果与合同取得增量成本有关的资产的摊销期限为一年或更短期间，主体可以选择不将取得合同的增量成本确认为资产。

但是，如果主体选择利用上述一项或两项便于实务操作的方法，主体需要披露该事实。

ASC 606-10-50-22

如果主体选择采用第 606-10-32-18 段（关于存在重大融资成分）或第 340-40-25-4 段（关于取得合同的增量成本）所述的便于实务操作的方法，主体应当披露这一事实。

13.1.7 中期披露要求

ASU 2014-09 扩展了《ASC 270——中期财务报告》中的中期披露要求，以包括根据 ASC 606 与收入核算相关的信息。

收入指引对下列主体要求进行下文中的中期披露：
- 公众经营主体；
- 对于已在交易所或场外市场发行交易、挂牌或标价的证券、或作为此类证券的中介债券债务人的非营利主体；
- 需要向 SEC 报备或提交财务报表的员工福利计划。

> **ASC 270-10-50-1A**
>
> 与第 270-10-50-1 段一致,公众经营主体、已在交易所或场外市场发行交易、挂牌或标价的证券、或作为此类证券的中介债券债务人的非营利主体以及需要向 SEC 报备或提交财务报表的员工福利计划应披露与主题 606 中指引一致的下述与客户合同收入相关的信息:
> a. 该报告期收入的分解,见第 606-10-50-5 至 50-6 段及第 606-10-55-89 至 55-91 段。
> b. 客户合同的应收款项、合同资产和合同负债的期初和期末余额(若未单独列报或披露),见第 606-10-50-8(a)段。
> c. 报告期内确认的包括在期初合同负债余额中的收入,见第 606-10-50-8 (b)段。
> d. 报告期内确认的源自前期已履行(或部分履行)的履约义务的收入(例如,交易价格的变动),见第 606-10-50-12A 段。
> e. 报告期末主体剩余履约义务的信息,见第 606-10-50-13 至 50-15 段。

13.2 非公众主体披露

允许非公众主体披露所有要求公众经营主体披露的信息;然而,为非公众主体提供了某些简化方法,主要是因为提供此类信息的成本超过其收益。[①]

13.2.1 收入的分解

非公众主体应在财务报表附注或在利润表中将确认的来自客户合同的收入与其他来源的收入区分披露。如果来自客户合同的减值损失与其他减值损失未在利润表中分别列报,非公众主体还需将来自客户合同的减值损失与其他减值损失分别披露。

> **ASC 606-10-50-4**
>
> 主体应当披露报告期内下述所有金额,除非这些金额已按照其他主题在综合收益表(业务表)中单独列报:
> a. 确认的客户合同收入,该收入的披露应当与主体的其他收入来源区分披露;

---

① BC 506,ASU 2014-09。

> b. 就主体的客户合同产生的任何应收款项或合同资产确认的减值损失（根据主题310——应收款项），该减值损失应当与源自其他合同的减值损失分开披露。

委员会和理事会在 ASU 2014-09 BC 336 中解释并不打算对主体应如何分解客户合同收入进行过于细化的规定。然而委员会和理事会提供了披露目标作为替代，主体在考虑自身经营和决定哪些分解类别对财务报表使用者最有意义时应牢记该披露目标：为财务报表使用者提供清晰、透明和一致的信息，使财务报表使用者了解来自客户合同的收入和现金流量的性质、金额、时间和不确定性。

ASC 606-10-50-5

主体应当将已确认的客户合同收入按不同类别进行分解，这些类别应反映经济因素如何影响收入及现金流量的性质、金额、时间和不确定性。在选择用以分解收入的类别时，主体应当应用第 605-10-55-89 至 55-91 段的指引。

ASC 606-10-50-6

此外，如果主体适用主题280——分部报告，主体应当披露足够信息，使财务报表使用者能够了解（按照第606-10-50-5段）披露的收入分解信息与就每一报告分部所披露的收入信息之间的关系。

指引提供了下述考虑和示例以帮助主体决定对他们的业务而言最恰当的分解程度水平。

ASC 606-10-55-89

第606-10-50-5 段要求主体对客户合同收入按不同类别进行分解，以描述经济因素如何影响收入及现金流量的性质、金额、时间和不确定性。因此，为符合该披露要求对主体收入进行分解的程度取决于主体与客户之间的合同所涉及的事实和情况。为达到第606-10-50-5 段有关分解收入的目标，某些主体可能需要使用一种以上的类别，而其他主体则可能仅使用一种收入分解类别便可达到这一目标。

ASC 606-10-55-90

在选择用以分解收入的类别时，主体应当考虑有关主体收入的信息出于其他目的是如何列报的，包括：

a. 在财务报表外（例如，在收益情况公告、年报或呈递投资者的简报中）列报的披露；
b. 首席经营决策者为评价各经营分部的财务业绩定期审阅的信息；
c. 主体或主体财务报表使用者评价主体的财务业绩或作出资源配置决策时使用的类似于上述（a）和（b）所述的信息类型的其他信息。

ASC 606-10-55-91

可能是适当类别的示例包括但不限于：
a. 商品或服务的类型（例如，主要的生产线）；
b. 地域（例如，国家或地区）；
c. 市场或客户类型（例如，政府客户及非政府客户）；
d. 合同类型（例如，固定价格合同及价格因工料成本而异的合同）；
e. 合同期限（例如，短期合同和长期合同）；
f. 商品或服务转让的时间（例如，源自在某一时点转让给客户的商品或服务的收入，及源自在某一时段内转让给客户的商品或服务的收入）；
g. 销售渠道（例如，直接出售给客户的商品及通过中介出售的商品）。

允许非公众主体通过定性披露和有限的定量披露实现 ASC 606-10-50-5 和 50-6 的要求。

ASC 606-10-50-7

除公众经营主体、已在交易所或场外市场发行交易、挂牌或标价的证券、或作为此类证券的中介债券债务人的非营利主体，以及需要向 SEC 报备或提交财务报表的员工福利计划之外的主体，可以选择不应用第 606-10-50-5 至 50-6 段和第 606-10-55-89 至 55-91 段的定量分解披露要求。如果主体选择不提供此披露，主体至少应当按照商品或服务转移的时间（例如，源自在某一时点转让给客户的商品或服务的收入和源自在某一时段内转让给客户的商品或服务的收入）披露收入的分解信息，并对经济因素（诸如客户类型、客户的地理位置和合同类型）如何影响收入和现金流量的性质、金额、时间和不确定性进行定性披露。

ASC 606 中的例 41 说明了非公众主体未选择上述豁免时如何满足与分解收入相关的定量披露要求。

13.2.2 合同余额

合同余额披露要求的目标是帮助财务报表使用者了解在报告期间已确认收入和合同整体余额（合同资产和合同负债）变动之间的关系。使用者希望了解合同资产何时将转化为应收款项或现金及合同负债何时将转化为收入。主体可以通过表格和描述性信息满足此披露要求。

非公众主体豁免 ASC 606-10-50-8 至 50-10 中关于合同余额的披露要求，但 606-10-50-8（a）列出的要求除外。大多数主体已经有用于这些披露所需的信息，因为其需要应用 ASC 606 的会计指引。因此，提供此项披露的成本预计不是增量成本。

> **ASC 606-10-50-8（摘录）**
>
> 主体应当披露：
> a. 与客户之间的合同产生的应收款项、合同资产和合同负债的期初余额与期末余额（若尚未单独列报或披露）。

13.2.3 履约义务

为了应对财务报表使用者对大多数主体在原准则下收入政策的披露模板化，且披露中没有描述会计政策与主体当前合同相关联的批评，委员会和理事会决定要求主体提供如下关于其履约义务的详细信息。[①]

> **ASC 606-10-50-12**
>
> 主体应当披露关于其在与客户之间的合同中的履约义务的信息，包括对下列各项的描述：
> a. 主体通常于何时履行其履约义务（例如，在发货时、交货时、在提供服务过程中或在服务完成时），包括在"开出账单但代管商品"安排中履约义务何时得到履行；
> b. 重大付款条款（例如，付款通常何时到期、合同是否包含重大融资成分、对价金额是否为可变金额及对可变对价的估计是否通常根据第 606-10-32-11 至 32-13 段受到限制）；
> c. 主体已承诺转让的商品或服务的性质，着重强调为另一方安排转让商品或服务的履约义务（即，若主体担任代理人）；
> d. 退货、退款的义务及其他类似义务；
> e. 质保的类型及相关义务。

---

① BC 354，ASU 2014-09。

ASC 606-10-50-12A

主体应当披露在报告期内确认的源自前期已履行（或部分履行）的履约义务的收入（例如，交易价格的变动）。

13.2.4 重大判断

因为 ASC 606 要求主体运用更多的判断和作出大量的估计（特别是关于履行履约义务的时间、确定交易价格和分摊交易价格至履约义务），委员会和理事会决定[①]对这些判断和估计的具体披露超越原准则中的当前一般要求。

ASC 606-10-50-17

主体应当披露在应用本主题指引时所作的显著影响其确定客户合同收入的金额和时间的判断及此类判断的变更。特别是，主体应当说明在确定下列两项时所运用的判断和判断的变更：
a. 履行履约义务的时间（见第 606-10-50-18 至 50-19 段）；
b. 交易价格及分摊至履约义务的金额（见第 606-10-50-20 段）。

非公众主体需要披露确定一项履约义务何时履行所作出的重大判断，该披露要求对于在某一时段履行的履约义务和在某一时点履行的履约义务是不同的。

ASC 606-10-50-18（摘录）

对于主体在某一时段内履行的履约义务，主体应当披露：
a. 用于确认收入的方法（例如，描述所采用的产出法或投入法及如何运用该方法）。

非公众主体还需要披露根据 ASC 606-10-50-20（b）评估可变对价的估计是否受到限制时用到的方法、输入值和假设的信息。

ASC 606-10-50-18（摘录）

主体应当披露关于下列各项所采用的方法、输入值和假设：
b. 评估可变对价的估计是否受到限制。

---

① BC 355，ASU 2014-09。

14 生效日期和衔接规定

14.1 生效日期

本节指引适用于 ASC 606 和 ASC 340-40。"新收入指引"或"ASC 606"的索引同样适用于 ASC 340-40。

对于公众经营主体,新收入指引对自 2017 年 12 月 15 日或以后日期开始的年度财务报告期间生效,包括包含在这些报告期间的中期。对于其他主体,则对自 2018 年 12 月 15 日以后日期开始的年度财务报告期间和 2019 年 12 月 15 日以后日期开始的年度报告期间内的中期生效。

主体可以提前采用新指引。公众经营主体可以自 2016 年 12 月 15 日以后日期开始的年度报告期间采用新准则,包括包含在该期间的中期。其他选择提前采用新准则的主体有一项额外选择权,可以自 2016 年 12 月 15 日以后日期开始的年度报告期间或在采用新准则年度之后的年度报告期间的中期采用新收入指引。

ASC 606-10-65-1

与会计准则更新第 2014-09 号《客户合同收入(主题 606)》、第 2016-08 号《客户合同收入(主题 606):主要责任人与代理人的考虑(按总额还是净额报告收入)》、第 2016-10 号《客户合同收入(主题 606):识别履约义务和许可》、第 2016-12 号《客户合同收入(主题 606):小范围改进和实务简便方法》、第 2016-20 号《对客户合同收入(主题 606)的技术更正和改进》和第 2017-05 号《其他收益——来自非金融资产终止确认的损益(子主题 610-20):澄清资产终止确认指引的范围和非金融资产部分出售的会计处理》有关的衔接规定和生效日期信息列示如下:

  a. 公众经营主体、已在交易所或场外市场发行交易、挂牌或标价的证券、或作为此类证券的中介债券债务人的非营利主体以及需要向 SEC 报备或提交财务报表的员工福利计划应将与本段相关的内容应用于自 2017 年 12 月 15 日以后日期开始的年度报告期间,包括包含在该报告期间的中期。只允许自 2016 年 12 月 15 日以后日期开始的年度报告期间,包括包含在该报告期间的中期提前采用。

b. 其他主体应将与本段相关的内容应用于自 2018 年 12 月 15 日以后日期开始的年度报告期间和自 2019 年 12 月 15 日之后开始的年度报告期间中包含的中期。然而，其他主体可以选择仅在以下两个时点之一提前采用与本段相关的内容：
   1. 自 2016 年 12 月 15 日以后日期开始的年度报告期间，包括包含在该报告期间的中期；
   2. 自 2016 年 12 月 15 日以后日期开始的年度报告期间和在主体首次采用与本段相关内容的年度告期间之后的年度报告期间所包含的中期。

公众经营主体是满足以下任一标准的经营主体。非营利主体或员工福利计划不是经营主体。
a. 按照 SEC 要求将向其（包括其他主体，其财务报表或财务信息被要求包括在报送文件中）报备或提交财务报表，或者已向其报备或提交财务报表（包括自愿报送者）（包括要求将在或已在报备中包括其财务报表或财务信息的其他主体）；
b. 根据 1934 年的证券交易法（"法律"）及其修订，或者根据该法律制定的规则或规范，向除 SEC 之外的监管机构报备或提交财务报表；
c. 在准备转让不受到合同限制的证券的销售或发行时，需要向外国或国内监管机构报备或提交财务报表；
d. 已在交易所或场外市场发行交易、挂牌或标价的证券、或作为此类证券的中介债券债务人；
e. 有一项或多项转让未受到合同限制的证券，且根据法律、合同或监管要求需要编制 U. S. GAAP 财务报表（包括附注），并定期（例如，中期或年度）公开披露。主体应同时满足上述条件才满足此标准。

主体可能仅因其财务报表或财务信息包括在另一主体提交给 SEC 的文件中而满足公众经营主体的定义。在这种情形下，主体只是基于向 SEC 报备或提交财务报表目的的公众经营主体。

为了回应利益相关者对仅因其财务报表或财务信息包括在另一主体提交给 SEC 的文件中而满足公众经营主体定义的主体的 ASC 606 的生效日期，FASB 在《ASU 2017-13——关于对在 2017 年 7 月 20 日 EITF 会议工作人员声明中相关 SEC 段落的修改及废除之前工作人员声明和观察建议》中包含了下述 SEC 指引。

> **ASC 606-10-S65-1（摘录）**
>
> SEC 工作人员收到利益相关者关于公众经营主体（这些公众经营主体除因其财务报表或财务信息包括在另一主体提交给 SEC 的文件中外，不满足公众经营主体的定义）执行 ASC 主题 606 生效日期的询问。
>
> ASC 主题 606 中的过渡条款要求公众经营主体及某些其他特定主体自 2017 年 12 月 15 日后开始的年度报告期间采用 ASC 主题 606，包括该报告期间内的中期。要求所有其他主体自 2018 年 12 月 15 日后开始的年度报告期间采用 ASC 主题 606，及自 2019 年 12 月 15 日后开始的年度报告期间内的中期采用 ASC 主题 606。
>
> 为了回应利益相关方的上述询问，SEC 工作人员不反对公众经营主体（这些公众经营主体除因其财务报表或财务信息包括在另一主体提交给 SEC 的文件中外，不满足公众经营主体的定义）自 2018 年 12 月 15 日后开始的年度报告期间采用 ASC 主题 606，及自 2019 年 12 月 15 日后开始的年度报告期间内的中期采用 ASC 主题 606。
>
> 公众经营主体（这些公众经营主体除因其财务报表或财务信息包括在另一主体提交给 SEC 的文件中外，不满足公众经营主体的定义）仍可以选择根据上述公众经营主体的生效日期采用 ASC 主题 606。

上述指引不适用于因任何其他原因成为公众经营主体的主体。

> **致同见解：持有上市子公司的私营母公司的执行日**
>
> 一些利息相关方还询问在公众公司 ASC 606 生效日和私营公司 ASC 606 生效日期间，作为私营公司的母公司主体如何在其合并财务报表中对上市子公司进行会计处理。例如，作为私营公司的母公司主体计划在 2019 年 1 月 1 日采用 ASC 606。上市子公司计划在 2018 年 1 月 1 日采用 ASC 606。公众子公司是否会使私营母公司在其合并财务报表中于 2018 年 1 月 1 日提前采用 ASC 606？
>
> ASU 2013-12——公众经营主体定义的 BC 34 中，FASB 决定控制和合并美国公众公司的私营公司不应被认为是公众经营主体。换言之，不能简单地因为私营母公司控制上市子公司就要求其采用公众公司的生效日。
>
> 在审议 ASU 2013-12 时，委员会没有涉及私营母公司是否需要在其 2018 年合并财务报表中"还原"ASC 606 的会计处理。但是，我们认为在上述示例中，将上市子公司直接合并入私营公司的合并财务报表（即，使用根据 ASC 606 报告的子公司数据）或"还原"采用 ASC 606 的会计处理并根据 ASC 605 报告子公司数据均是可接受的。

14.2 衔接规定

允许主体采用下列两种方法之一应用 ASC 606 的指引：
- 完全追溯调整法（见第 14.2.1 部分）；
- 修正的追溯调整法（见 14.2.2 部分）。

> **ASC 606-10-65-1（d）**
>
> 主体应采用下列两种方法之一应用与本段相关的内容：
> 1. 按照第 250-10-45-5 至 45-10 段的会计政策变更指引追溯调整所列报的每一个前期报告期间，并可采用第（f）段所述的便于实务操作的方法。
> 2. 根据第（h）至（i）段追溯调整，并在首次采用日确认首次采用与本段相关的内容的累计影响。

两种衔接方法的一个共同点是主体必须识别每份客户合同在首次采用日是否已完成。为此，ASC 606-10-65-1（c）定义"已完成合同"为在修正追溯调整法下首次采用日或在完全追溯调整法下最早的重述前期之前已按照原准则确认全部（或实质上全部）收入的合同。

> 已完成合同是在首次采用日之前已按照有效的收入指引确认全部（或实质上全部）收入的合同。

FASB 决定[①]在描述"已完成合同"时使用"实质上全部"的措辞，因为其不打算在所有在原准则下确认了低于 100% 合同收入（例如，由于退货准备）的情形中排除主体应用下述讨论的便于实务操作的方法。主体在某些情况下将需要应用判断来确定合同是否已经完成。

> **在过渡日评价合同是否已经完成**
>
> 主体在 2016 年 1 月 1 日授予客户 3 年的软件许可，每年费用 100000 美元。根据原准则，主体在 2016 年 1 月 1 日和随后两年的 1 月 1 日分别确认 100000 美元的收入。
>
> 与此相反，根据 ASC 606，主体认为该许可是授予功能性知识产权，因此在 2016 年 1 月 1 日确认了 300000 美元的收入。

[①] BC 52，ASU 2016-12。

> 主体首次采用日是 2017 年 1 月 1 日。在该日，主体只确认了来自该合同的 200000 美元的收入。因为根据原准则主体尚未确认全部（或实质上全部）的收入，基于过渡目的该合同不被认为是已完成合同。

14.2.1 完全的追溯调整法

在应用完全的追溯调整法时，主体按照 ASC 250——会计变更和差错更正重述所列报的所有前期报告期间。这使所有列报期间的比较报表按照如同 ASC 606 自最早列报期间期初即已生效进行列报。

主体必须根据 ASC 250-10-50-1 至 50-2 段提供会计政策变更要求的披露，唯一的例外是：主体不需要披露该变更对当期的影响。例如，在 2018 年 1 月 1 日采用 ASC 606 的主体将披露对 2017 年和 2016 年的影响，但不需要披露在原准则下 2018 年的结果。

如果主体披露中期财务报表，其必须在中期期间和年度期间对该变更进行所要求的披露。

ASC 606-10-65-1（e）

如果主体选择根据（d）(1) 追溯采用与本段相关的内容，主体应在采用期间根据第 250-10-50-1 至 50-2 段要求进行披露，除下述情况外。主体无须披露变更对当期的影响，该影响的披露在第 250-10-50-1（b）(2) 段进行了规定。然而，主体应披露该变更对追溯调整的每一个前期报告期间的影响。

ASC 250-10-50-1

主体应在会计政策作出变更的财务期间披露下述全部内容：
a. 会计政策变更的性质和原因，包括说明新采用的会计政策更恰当的原因；
b. 应用变更的方法，包括下述全部内容：
 1. 追溯调整的前期信息的描述，如有。
 2. 变更对持续经营收益、净收益（或对适用的净资产或业绩指标变化予以恰当反映的其他指标），其他受影响的财务报表项目和当期及追溯调整的任何前期中受影响的每股金额的影响。除对持续经营收益和净收益（或对适用的净资产或业绩指标变更予以恰当反映的其他指标）的影响外，对财务报表中小计和合计的影响不要求列报。
 3. 变更对最早列报期间的财务状况表的期初留存收益、其他权益组成部分或净资产的累积影响。
 4. 如果追溯应用对全部前期不切实可行，披露原因并描述用于报告变更的可选方法（见第 250-10-45-5 至 45-7 段）。

c. 如果确认了会计政策变更的间接影响，应披露下述两项：
  1. 对会计政策变更间接影响的描述，包括在当期确认的金额和相关的每股金额，如适用。
  2. 除非不切实可行，归属于每一个列报的前期报告期间的全部会计变更间接影响确认的金额和相关的每股金额（如适用）。遵循此披露要求是切实可行的，除非主体在付出合理努力之后无法遵循此披露要求。

后续期间的财务报表无须重复本段要求的披露。如果会计政策变更对变更当期无重大影响，但可以合理确定对后续期间有重大影响的，无论何时列报变更期间的财务报表，应提供第（a）项要求的披露。

ASC 250-10-50-2

发布中期财务报表的主体应在变更的中期期间和变更的年度期间的财务报表中提供所要求的披露。

完全追溯调整法下可采用的便于实务操作的方法

在向 ASC 606 过渡时采用完全追溯调整法的主体可以使用下列一种或多种便于实务操作的方法：
- 无须重述在同一年度报告期间内开始和结束的合同；
- 对于具有可变对价的已完成合同使用合同完成日的交易价格；
- 对于列报的所有首次采用日前的报告期间，无须披露分摊至剩余履约义务的交易价格金额及说明主体预计这些金额何时确认为收入；
- 反映在所列报最早期间的期初之前发生的所有合同变更的汇总影响。为应用此便于实务操作的方法，主体应识别所有已履行和未履行的履约义务，确定交易价格及将交易价格分摊至已履行和未履行的履约义务。

对于主体所采用的任何便于实务操作的方法，主体必须将其一致地应用于所列报的所有报告期间内的所有合同。此外，选择采用任何可采用的便于实务操作的方法的主体必须披露所采用的便于实务操作的方法，以及在合理可能的范围内，就应用的每一项便于实务操作的方法的估计影响所做的定性分析。

ASC 606-10-65-1（f）

在根据（d）(1) 追溯应用与本段相关的内容时，主体可采用下列一种或多种便于实务操作的方法：
1. 主体无须重述在同一年度报告期间开始和结束的合同。
2. 对于具有可变对价的已完成合同，主体可使用合同完成日的交易价格而无须对可比报告期间内的可变对价金额进行估计。

3. 对于列报的所有首次采用日前的报告期间，主体无须披露分摊至剩余履约义务的交易价格金额及说明主体预计这些金额何时确认为收入（见第 606-10-50-13 段）；
4. 对于在根据与本段相关的内容所列报最早期间的期初之前已变更的合同，主体无须根据第 606-10-25-12 至 25-13 段中有关合同变更的规定追溯重述。取而代之的是，主体应在执行下列步骤时反映在根据与本段相关的内容所列报最早期间的期初之前发生的所有合同修订的汇总影响：
   i. 识别已履行和未履行的履约义务；
   ii. 确定交易价格；
   iii. 将交易价格分摊至已履行和未履行的履约义务。

ASC 606-10-65-1（g）

对于主体所采用的（f）所属的任何便于实务操作的方法，主体应将其一致地应用于所列报的所有报告期间内的全部合同。此外，主体应当披露下列所有信息：
1. 所采用的便于实务操作的方法；
2. 在合理可能的范围内，就应用的每一项便于实务操作的方法的估计影响所作的定性分析。

14.2.2 修正的追溯调整法

在修正的追溯调整法下，主体按照原准则列报以前期间，同时将累计影响调整至首次采用期间的期初留存收益。如果采用此衔接方法，主体应将 ASC 606 应用于所有合同或者根据原准则在采用日未完成的合同。

应用修正的追溯调整法的主体可以应用在第 14.2.1 部分中讨论的完全追溯调整法下可用于合同变更的实务简便方法。即，主体在执行下列步骤时反映在所列报最早期间的期初之前发生的所有合同变更的汇总影响：

- 识别已履行和尚未履行的履约义务；
- 确定交易价格；
- 在已履行的和尚未履行的履约义务之间分摊交易价格。

如果主体选择对合同变更应用实务简便方法，应将其一致地应用于所列报的所有报告期间内的全部合同。此外，主体还应披露所采用的实务简便方法以及在合理可能的范围内对采用该方法的影响所作的定性分析。

如果主体选择应用修正的追溯调整法，其不应重述可比期间信息；但是，主体应在包含首次采用日的报告期间披露会计政策变更的性质和原因并提供下列两项披露：

- 应用新收入准则对当期财务报表相关项目的影响金额。例如，如果在 2018 年 1 月 1 日采用新收入准则，以日历年作为财务年度的主体应披露新指引对

2018 年财务报表每个单列项目的影响。
- 对所识别的重大变动的解释。

> **ASC 606-10-65-1（h）**
>
> 如果主体选择根据（d）(2) 追溯应用与本段相关的内容，主体应将首次采用与本段相关的内容的累积影响确认为对包含首次采用日的年度报告期间的期初留存收益（或财务状况表中权益或净资产的其他相关组成部分）余额的调整。在这种衔接方法下，主体可选择将对在首次采用日的所有合同或者仅对在首次采用日（例如，对于年度截止日为 12 月 31 日的主体为 2018 年 1 月 1 日）尚未完成的合同追溯应用本指引。主体应当披露其是对在首次采用日的所有合同或者仅对在首次采用日尚未完成的合同追溯应用本指引。在这种衔接方法下，主体可以应用（f）(4) 中适用于合同变更的实务简便方法。如果主体应用了（f）(4) 中适用于合同变更的实务简便方法，主体应遵循（g）中的指引。
>
> **ASC 606-10-65-1（i）**
>
> 对于包含首次采用日的报告期间，如果主体按照（d）(2) 追溯应用与本段相关的内容，则应当披露会计政策变更的性质和原因，并提供下列两项披露：
> 1. 与采用在本次变更前生效的指引相比，应用与本段相关的内容对当期财务报表相关项目的影响金额；
> 2. 对（i）(1) 所识别的重大变动的原因的解释。

> **致同见解：不同衔接方法间的差异**
>
> 完全追溯调整法和修正的追溯调整法的主要差异之一是完全追溯调整法要求披露任何变更对所列报的每一个前期报告期间的影响。在修正的追溯调整法下，主体无须披露对每一个期间的影响，但必须披露对当期财务报表相关项目的影响，并对重大变化进行解释。
>
> 在修正的追溯调整法下，基于会计目的主体可以选择对在首次采用日的所有合同或者仅对在首次采用日尚未完成的合同应用新的指引。
>
> 但是，完全追溯调整法适用于在财务报表中列报的在重述的前期存在的所有合同，除在同一年度报告期间开始和结束的合同外。例如，如果重述期间为 2016 年和 2017 年，一项合同在 2016 年开始但在 2017 年首次采用日前结束，在完全追溯调整法下，ASC 606 必须应用于该合同。然而，如果该合同在 2016 年开始并结束，主体不必对其应用 ASC 606。

15

U. S. GAAP 与 IFRS 比较

虽然 ASC 606 和 ASC 340-40 与 IFRS 15 中核心收入确认的原则（包括综合的五步法模型）实现了大部分趋同，但仍存在一些差异。

一些差异的存在是由于 U. S. GAAP 和 IFRS 之间的总体差异（例如，U. S. GAAP 不允许转回减值损失，而 IFRS 允许转回减值损失；U. S. GAAP 区分公众经营主体和非公众经营主体分别进行了规定，而 IFRS 未针对非公众经营主体进行规定。）

其他差异由于一方或双方理事会所作的修订而存在。当 TRG 向 FASB 和 IASB 提出问题时，FASB 通常通过制定准则解决提出的问题，而 IASB 则较少地进行准则修订。因此，相较于 IFRS 15，ASC 606 和 ASC 340-40 包含额外的示例和澄清性指引。

下表汇总了可能引起不同会计处理的主要方面。

项目	ASC 606 和 ASC 340-40	IFRS 15	交叉索引
步骤 1 中用于可收回性评估的"很可能"的定义不同	很可能意味着未来事件有可能发生	很可能意味着未来事件多半会发生	第 3.1.5 部分
对"收付实现制"的额外要求	当一项客户合同不满足步骤 1 的标准，且主体自客户处收到不予返还的对价时，主体在下列情况下将所取得的对价确认为收入：（1）主体已转移了与所取得对价相关的商品或服务的控制权；（2）主体已停止向客户转让商品或服务；以及（3）根据合同主体不负有转让额外商品或服务的义务	IASB 未将第三种情况加入其对主体何时可能将自客户处收取的不予返还的对价确认为收入的清单	第 3.2 部分
为运输和装卸活动的政策选择	ASC 606 允许主体作为一项会计政策选择将客户取得商品控制权后发生的运输和装卸活动作为履行转移商品的承诺活动进行会计处理，而不是作为额外的所承诺的服务进行会计处理	IFRS 未向主体提供相同的会计政策选择	第 4.1.2 部分
非现金对价的计量日	ASC 606 澄清应在合同开始时对非现金对价进行计量	IFRS 15 未明确计量日	第 5.3 部分

续表

项目	ASC 606 和 ASC 340-40	IFRS 15	交叉索引
非现金对价的后续计量	如果非现金对价的公允价值因对价形式之外的原因产生变动，主体应将对可变对价及对可变对价的限制的指引仅应用于因对价形式之外的原因而产生的变动。例如，如果主体因其履约满足特定的质量评级而取得额外的100股股票，主体将可变对价的指引仅应用于与履约奖励相关的股票数量增加的变动	IFRS 15 中未包含此澄清	第 5.3.1 部分
销售税及其他类似税费的政策选择	ASC 606 提供一项会计政策选择将销售税和其他类似税费排除在交易价格之外	IFRS 15 未提供类似的会计政策选择	第 5.6 部分
对疫苗储备"开出账单但代管商品"的指引	SEC 发布了其 2005 关于向联邦政府销售疫苗和生物恐怖对抗措施以应对儿科疫苗储备或战略国家储备的会计处理委员会指引。该更新声明，制造在本指引范围内的疫苗进入储备时确认相关收入，因为在这一时点控制转移给了客户，满足 ASC 606 中"开出账单但代管商品"的条件	IASB 截至目前未发布类似指引	第 7.5 部分
收取款项的可执行权利	当客户取消合同时，如果书面合同未涉及是否存在收取款项的可执行权利，假设收取款项的可执行权利不存在是合理的①	如果某些管辖区域内众所周知的法律可能优先于未明确的合同条款，对于根据 IFRS 15 进行报告的主体此结论可能是不恰当的	第 7.1.1 部分
许可的续约	与功能性 IP 许可的续约或延期相关的收入应在续约期开始时确认	根据事实和情况，与许可续约或延期相关的收入可能在合同各方同意续约或延期时确认，也可能在续约期开始时确认	第 8.4.1 部分
剩余履约义务的披露	当主体确认收入不需要估计可变对价时（例如，当为取得许可，对价是以销售或使用量为基础的特许权使用费，或者可变对价整体分摊至一项未履行的履约义务或一项转移构成一系列商品或服务中一项可明确区分的商品或服务的未履行的承诺），ASC 606 提供了对剩余履约义务进行披露的可选择的豁免	IFRS 15 未包含相同的披露豁免	第 13.1.3 部分

---

① 《私营公司委员会备忘录第 3 号——合同会计处理和短期制造的定义（收取款项的权利）》。

续表

项目	ASC 606 和 ASC 340-40	IFRS 15	交叉索引
中期披露要求	修订 ASC 270 要求主体进行下述披露： • 收入的分解信息 • 客户合同产生的应收账款、合同资产及合同负债的期初及期末余额 • 期初合同负债余额中本期确认为收入的金额 • 就以前期间履行（或部分履行）的履约义务本报告期确认收入的金额 • 本报告期末主体剩余履约义务的信息 本指引适用于公众经营主体、已在交易所或场外市场发行交易、挂牌或标价的证券、或作为此类证券的中介债券债务人的非营利主体或需要向 SEC 报备或提交财务报表的员工福利计划	修订《IAS 34——中期财务报告》要求主体披露收入分解的信息	第 13.1.7 部分
生效日期	对于公众经营主体，本指引自 2017 年 12 月 15 日或以后日期开始的年度报告期间，包括此期间内的中期开始生效。对于所有其他主体，生效日期为 2018 年 12 月 15 日后开始的年度报告期间及 2019 年 12 月 15 日后开始的年度报告期间内的中期	本指引自 2018 年 1 月 1 日或以后日期开始的年度报告期间生效	第 14.1 部分
提前采用	公众经营主体可在 2016 年 12 月 15 日后开始的年度报告期间采用新准则，包括该报告期间内的中期。所有其他主体可以选择自 2016 年 12 月 15 日后开始的年度报告期间采用新准则，并在采用后 1 年内的中期采用新准则	主体可以提前采用新准则	第 14.1 部分
过渡衔接时合同修订的实务简便操作方法	ASC 606 提供了一项实务简便操作方法，允许主体在过渡衔接时基于被修订合同中所有已履行和未履行的履约义务确定和分摊交易价格。ASC 606 要求主体在所列报的最早期初应用该实务简便操作方法	IFRS 提供了相同的实务简便操作方法，但是允许选择基于修正的追溯调整法应用新准则的主体在所列报的最早期初或 IFRS 15 的首次执行日应用此实务简便操作方法	第 14.2.1 部分和第 14.2.2 部分
已完成合同的定义	ASC 606 将已完成合同定义为在首次执行日以前已按照原准则确认全部（或几乎全部）收入的合同	IFRS 15 将已完成合同定义为根据现行 IFRS 主体已转移全部商品或服务的合同	第 14.2 部分
已完成合同的实务简便操作方法	ASC 606 未就主体选择完全追溯调整法提供相同的实务简便操作方法	IFRS 15 提供了一项实务简便操作方法，允许主体选择仅就所列报最早期初未完成的合同采用全面追溯调整法追溯应用 IFRS 15	不适用

续表

项目	ASC 606 和 ASC 340-40	IFRS 15	交叉索引
减值损失的转回	不允许主体转回根据 ASC 340-40 确认的资产的减值损失	与《IAS 36——资产减值》一致,当准则要求时,主体必须转回减值损失	不适用
对非公众经营主体的指引	出于披露要求的目的及新准则的生效日期,U.S. GAAP 区分公众经营主体和所有其他主体进行了规定	IFRS 并未区分公众经营主体和非公众经营主体。中小企业 IFRS 适用于无公共责任的主体	不适用

附录1 《国际财务报告准则第15号》与《主题606》之间的比较[①]

1 2014年5月发布的《国际财务报告准则第15号》和美国财务会计准则委员会（FASB）的《主题606》，标志着国际会计准则理事会（IASB）与FASB通过制定一项可一致地应用于各类交易、行业和资本市场的国际财务报告准则与美国公认会计原则共同的收入准则，来改善财务报告的联合项目已经完成。在《国际财务报告准则第15号》和《主题606》中，IASB和FASB实现了其就客户合同产生的收入的会计处理的所有要求均达成相同结论的目标。但是，在2014年5月发布的准则中仍存在若干细微的差异，具体如下：

（1）可收回性门槛——IASB和FASB将明确的可收回性门槛作为在主体能够确认收入之前合同必须满足的标准之一。对于满足该标准的合同，主体必须能够断定其很可能收回因向客户转让商品或服务而有权获得的对价。在设定该门槛时，IASB和FASB承认，"很可能"这一术语在国际财务报告准则与美国公认会计原则中具有不同的含义。但是，IASB和FASB决定将该门槛设定在与此前收入确认实务及国际财务报告准则与美国公认会计原则的规定一致的水平。（见结论基础第42段至第46段）

（2）中期披露要求——IASB和FASB留意到其相应的中期报告要求（《国际会计准则第34号——中期财务报告》和《主题270——中期报告》）将适用于客户合同产生的收入。但是，IASB决定同时修订《国际会计准则第34号》以特别要求在中期财务报告中披露客户合同产生的收入的分解信息。类似地，FASB决定修订《主题270》，以要求公共主体在中期财务报告中披露分解的收入信息，但同时作出修订以要求在中期披露关于合同余额和剩余履约义务的信息。（见结论基础第358段至第361段）

（3）提前采用和生效日期——《国际财务报告准则第15号》附录三生效日期和过渡性规定第1段允许主体提前采用有关要求；而《主题606》则禁止公共主体在生效日期之前提前采用有关要求。[②] 此外，《国际财务报告准则第15号》的生效日期为自2017年1月1日或以后日期开始的年度报告期间；而《主题606》针对公共主体

[①] 本附录反映了《国际财务报告准则第15号》与《主题606》于2014年5月发布时的差异，并且已就2016年4月发布的《对〈国际财务报告准则第15号〉的澄清》作了更新。

[②] FASB后来于2015年8月对《主题606》作出修订，以允许所有主体对自2016年12月15日后开始的年度期间提前采用该准则。见结论基础第453H段。

的生效日期则是自2016年12月15日后开始的年度报告期间。① （见结论基础第452段至第453段）

（4）减值损失的转回——《国际财务报告准则第15号》第104段要求主体转回减值损失，这与针对属于《国际会计准则第36号——资产减值》范围的资产的减值要求相一致。与此相反，为与美国公认会计原则的其他领域保持一致，对于按照有关取得合同或履行合同成本的指引确认的资产，《主题606》不允许主体转回该资产的减值损失。（见结论基础第309段至第311段）

（5）针对非公共主体的要求——《国际财务报告准则第15号》并未包含针对非公共主体的特定要求。不负有公众受托责任的主体可采用《中小型企业国际财务报告准则》。《主题606》适用于非公共主体，尽管其中包含针对非公共主体的涉及披露、过渡和生效日期的特定豁免规定。

1A 如结论基础第1A段所述，IASB于2016年4月发布了《对〈国际财务报告准则第15号〉的澄清》，其在某些方面不同于FASB发布的对《主题606》的修订，及根据FASB截至2016年3月止的决定预计其将发布的内容。两者的区别如下：

（1）可回收性标准——FASB决定修订《主题606》第606-10-25-1（e）段［相当于《国际财务报告准则第15号》第9（5）段］并增加相应的实施指南和示例，以澄清主体应当评估合同中针对拟向客户的转让的商品或服务所承诺对价的可回收性。IASB未对《国际财务报告准则第15号》作出类似修订。（见结论基础第46B段至46E段）

（2）未满足步骤1标准的客户合同的收入确认——FASB决定修订《主题606》第606-10-25-7段（相当于《国际财务报告准则第15号》第15段）以增加一项主体将所取得的对价确认为收入的情况，即：①主体已转移了与所取得对价相关的商品或服务的控制权；②主体已停止转让额外商品或服务，且主体并不负有转让额外商品或服务的义务；以及③向客户收取的对价不可返还。IASB未对《国际财务报告准则第15号》作出类似修订。（见结论基础第46F段至第46H段）

（3）已承诺商品或服务在基于相关合同进行考虑时并不重大——FASB决定修订《主题606》，以指出若已承诺的商品或服务在基于客户合同进行考虑时并不重大，则主体无需评估其是否为履约义务。IASB未对《国际财务报告准则第15号》作出类似修订。（见结论基础第116A段至第116E段）

（4）发货经办活动——FASB决定修订《主题606》，以允许主体作为一项会计政策选择将客户取得商品控制权后发生的发货和经办活动作为履约活动进行会计处理。IASB决定不对《国际财务报告准则第15号》作出类似修订。（见结论基础第116R段至第116U段）

（5）销售税的列报——FASB决定修订《主题606》，以提供一项会计政策选

---

① IASB于2015年9月发布了《〈国际财务报告准则第15号〉的生效日期》，将《国际财务报告准则第15号》的生效日期推迟1年。类似地，FASB于2015年8月修订了《主题606》，将《主题606》的生效日期推迟1年。见结论基础第453A段至第453H段。

择——允许主体在交易价格的计量中将政府部门针对特定产生收入的交易征收并与交易同时发生的向客户收取的所有税费（例如，销售税、使用税、增值税及某些消费税）排除在外。IASB决定不在《国际财务报告准则第15号》提供类似的会计政策选择。（见结论基础第188A段至第188D段）

（6）非现金对价——FASB决定修订《主题606》，以要求在合同开始时按公允价值计量非现金对价。FASB同时决定明确规定，对可变对价估计的限制仅适用于因对价形式之外的原因而产生的非现金对价公允价值的变动 IASB未对《国际财务报告准则第15号》作出类似修订。（见结论基础第254A段至第254H段）

（7）许可证。

①确定主体授予知识产权许可证的承诺性质——《国际财务报告准则第15号》及《主题606》均要求主体确定主体授予许可证的承诺的性质是使用主体知识产权的权利还是获取主体知识产权的权利。IASB未对《国际财务报告准则第15号》中确定许可证性质的标准作出修订，但明确对主题实施的活动是否将显著改变客户享有相关权利的只是产权的评估应当基于这些活动是否影响知识产权向客户提供利益的能力。FASB决定修订确定许可证性质的标准，要求主体根据知识产权是否具有重大单独功能将许可证涉及的相关知识产权分类为功能性和象征性知识产权。功能性知识产权许可证被视为一项使用权，而象征性知识产权许可证则被视为获取相关知识产权的权利。（见结论基础第414C段至第414N段）

②许可证的合同限制和履约义务的识别——FASB决定修订《主题606》，以澄清有关附录二第62段所述性质的合同的限制要求不会取代要求主体识别合同中所承诺的许可证数量的规定。IASB未对《国际财务报告准则第15号》作出类似修订。（见结论基础第414O段至第414R段）

③知识产权许可证的续约——FASB决定修订《主题606》并提供额外的示例，以明确规定主体通常在许可证续约期开始之前不能确认转让续约许可证所产生的收入。IASB未作出类似修订。（见结论基础第414S段至第414U段）

④何时考虑主体授予许可证的承诺的性质——FASB决定作出修订，已明确指出主体在将一般收入确认模型应用于包含许可证及其他商品或服务的单一履约义务时应当考虑授予许可证的承诺的性质。IASB未对《国际财务报告准则第15号》作出类似修订。（见结论基础第414V段至第414Y段）

（8）已完成的合同——FASB决定将已完成合同的定已修订为已按照原收入准则确认全部（或几乎全部）收入的合同。IASB未对《国际财务报告准则第15号》作出类似修订。（见结论基础第445C段至第445I段）此外，IASB新增了一项便于实务操作的方法，以允许按照附录三生效日期和过渡性规定第3（1）段应用《国际财务报告准则第15号》的主体不就在所列报最早期间的期初已完成的合同进行重述。FASB决定不提供该便于实务操作的方法。（见结论基础第445M段至第445N段）

（9）有关合同修订的便于实务操作的方法的应用日期——对于按照第606-10-65-1（d）（2）段〔相当于《国际财务报告准则第15号》、《国际财务报告准则第15号》

附录1 《国际财务报告准则第15号》与《主题606》之间的比较

附录三生效日期和过渡性规定第3（2）段］应用《主题606》的主体，FASB决定主体应当在首次采用日应用该便于实务操作的方法。但是IASB决定，按照附录三生效日期和过渡性规定第3（2）段应用《国际财务报告准则第15号》的主体可在下列两个时间之一采用该便于实务操作的方法：（1）所列报最早期间的期初；或（2）首次采用日。（见结论基础第445O段至第445R段）

2 《国际财务报告准则第15号》和《主题606》的结构编排分别与国际财务报告准则和美国公认会计原则的其他准则的风格保持一致。鉴于此，《国际财务报告准则第15号》和《主题606》的各个段落编号并不相同。由于《国际财务报告准则第15号》和《主题606》于2014年5月作为国际财务报告准则与美国公认会计原则的通用收入准则发布，所以大部分段落中的措词均保持一致。但是，某些段落中的措词因对《国际财务报告准则第15号》和《主题606》的修订不同而存在差异（见第1A段）。

资料来源：国际财务报告准则第15号：客户合同收入［M］．中国会计准则委员会，译．中国财政经济出版社，2017：201-204。本附录为该书"《国际财务报告准则第15号——客户合同收入》结论基础"的附录一。

附录2 缩略语及词汇对照

AICPA	美国注册会计师协会
ASC	FASB《会计准则汇编》
ASC 210	FASB《会计准则汇编210——资产负债表》
ASC 250	FASB《会计准则汇编250——会计变更和差错更正》
ASC 270	FASB《会计准则汇编270——中期报告》
ASC 280	FASB《会计准则汇编280——分部报告》
ASC 310	FASB《会计准则汇编310——应收款项》
ASC 330	FASB《会计准则汇编330——存货》
ASC 340	FASB《会计准则汇编340——其他资产与递延成本》
ASC 350	FASB《会计准则汇编350——无形资产：商誉及其他》
ASC 360	FASB《会计准则汇编360——不动产、厂场和设备》
ASC 405	FASB《会计准则汇编405——负债》
ASC 430	FASB《会计准则汇编430——递延收入》
ASC 460	FASB《会计准则汇编460——担保》
ASC 605	FASB《会计准则汇编605——收入确认》
ASC 606	FASB《会计准则汇编606——客户合同收入》
ASC 610	FASB《会计准则汇编610——其他收入》
ASC 808	FASB《会计准则汇编808——合作安排》
ASC 835	FASB《会计准则汇编835——利息》
ASC 860	FASB《会计准则汇编860——转让及服务》
ASC 958	FASB《会计准则汇编958——非营利主体》
ASC 985	FASB《会计准则汇编985——软件》
ASU	FASB《会计准则更新》
ASU 2013-12	FASB《会计准则更新2013-12——公众经营主体定义：对主词汇表的补充》
ASU 2014-08	FASB《会计准则更新2014-08——财务报表列示（主题205）及不动产、厂场和设备（主题360）：终止经营的报告和处置主体组成部分的披露》

ASU 2014-09	FASB《会计准则更新2014-09——客户合同收入（主题606）》
ASU 2016-08	FASB《会计准则更新2016-08——客户合同收入（主题606）：主要责任人和代理人的考虑（按总额还是净额报告收入）》
ASU 2016-10	FASB《会计准则更新2016-10——客户合同收入（主题606）：识别履约义务和许可》
ASU 2016-12	FASB《会计准则更新2016-12——客户合同收入（主题606）：小范围改进和实务简便方法》
ASU 2017-13	FASB《会计准则更新2017-13——收入确认（主题605）、客户合同收入（主题606）、租赁（主题842）：根据2017年7月20日EITF会议工作人员声明对SEC段落进行修改，取消之前SEC工作人员声明和观察建议（SEC更新）》
ASU 2018-18	FASB《会计准则更新2018-18——合作安排（主题808）：澄清主题808（合作安排）与主题606（客户合同收入）之前的关系》
BC	FASB会计准则更新结论基础
EITF	FASB紧急问题工作组
FASB	美国财务会计准则委员会
FOB	离岸价
IASB	国际会计准则理事会
IFRS	国际财务报告准则
IP	知识产权
MSA	主供应安排
NFP	非营利
OCA	SEC首席会计师办公室
PCC	私营公司委员会（美国）
SAB	SEC工作人员会计公告
SASP	单独售价
SEC	美国证券交易委员会
TRG	FASB和IASB收入确认联合过渡资源小组
U. S. GAAP	美国公认会计原则

后　记

感谢白璐、储燕涛、蒋伶倩、李静、李丽虹、刘丰收、穆晨旭、邱连强、申晓颖、万思宁、杨华、于春红、张蕊、庄峻晖参与本书的编译工作。

Grant Thornton 致同

联系致同

总部
北京市朝阳区建国门外大街 22 号
赛特大厦 1 层
邮编 100004
电话　+86 10 8566 5858
传真　+86 10 8566 5120

北京
北京市朝阳区建国门外大街 22 号
赛特广场 5 层
邮编 100004
电话　+86 10 8566 5588
传真　+86 10 8566 5120

长春
吉林省长春市南关区南湖大路
鸿城国际 B 座 10 楼 1005 室
邮编 130042
电话　+86 431 8869 3555
传真　+86 431 8920 3788

长沙
湖南省长沙市天心区万家丽南路二段 688 号
中南总部基地 9C 栋东单元 102 号
邮编 410000
电话　+86 731 8526 1579
传真　+86 731 8566 4988

成都
四川省成都市
青羊工业集中发展区（东区）
敬业路 229 号 H 区 7 幢 502 号
邮编 610091
电话　+86 28 6150 1466
传真　+86 28 6150 1468

重庆
重庆市南岸区南坪西路 28 号
天福克拉广场 A 栋 44 楼
邮编 400060
电话　+86 23 6298 2647
传真　+86 23 6298 2646

大连
辽宁省大连市中山区鲁迅路 35 号
盛世大厦 1408 室
邮编 116001
电话　+86 411 8273 9275/76
传真　+86 411 8273 9270

福州
福建省福州市台江区
祥坂路口阳光城时代广场 22 层
邮编 350002
电话　+86 591 8727 2662
传真　+86 591 8727 0678

广州
广东省广州市天河区珠江新城
珠江东路 32 号利通广场 10 层
邮编 510623
电话 +86 20 3896 3388
传真 +86 20 3896 3399

哈尔滨
黑龙江省哈尔滨市道里区
经纬五道街 16 号 7 层（右侧）
邮编 150018
电话 +86 451 8420 8418
传真 +86 451 8420 8498

海口
海南省海口市国贸大道
新达商务大厦 803 室
邮编 570125
电话 +86 898 6855 6208
传真 +86 898 6854 2303

杭州
浙江省杭州市江干区城星路 111 号
钱江国际时代广场 2 幢 3308 室
邮编 310016
电话 +86 571 8196 9519
传真 +86 571 8196 9594

香港
香港湾仔轩尼诗道 28 号 12 层
电话 +852 3987 1200
传真 +852 2895 6500

济南
山东省济南市历下区舜海路 219 号
华创观礼中心 4 号楼 11～12 层
邮编 250103
电话 +86 531 6897 8057
传真 +86 531 6897 8060

昆明
云南省昆明市人民西路 315 号
云投财富广场 B3 栋 23 层
邮编 650032
电话 +86 871 6838 3636
传真 +86 871 6837 6929

南京
江苏省南京市秦淮区中山东路 532－1 号
中山坊 A 幢 2 层
邮编 210019

南宁
南宁市良庆区凯旋路 18 号
广西合景国际金融广场 45 层
邮编 530200
电话 +86 771 5556 369
传真 +86 771 5536 576

宁波
浙江省宁波市星海南路 100 号
华商大厦 7 层
邮编 315041
电话 +86 574 8709 2029
传真 +86 574 8768 6747

青岛
山东省青岛市市南区福州南路 16 号
中港大厦 11 楼
邮编 266073
电话 +86 532 5861 5858
传真 +86 532 5861 5861

上海
上海市西藏中路 268 号
来福士广场 45 层
邮编 200001
电话 +86 21 2322 0200
传真 +86 21 6340 3644

深圳
广东省深圳市福田区金田南路
大中华国际交易广场
写字楼 14 层（中区）
邮编 518048
电话 +86 755 3699 0066
传真 +86 755 3299 5566

苏州
江苏省苏州市

太原
山西省太原市山西综改示范区
太原学府园区南中环街 426 号
山西国际金融中心 2 栋 B 座 16 层
1605～1608 室
邮编 030012
电话 +86 351 795 5588
传真 +86 351 795 5120

天津
天津市南开区长江道与南开三马路交口
融汇广场 2 –1 –2808 至 2812
邮编 300100
电话 +86 22 8755 5588

温州
浙江省温州市市府路 525 号
恒玖大厦 1504 室
邮编 325000
电话 +86 577 8898 6388
传真 +86 577 8898 3100

武汉
湖北省武汉市武昌区中北路 58 号
汉街总部国际 E 座 29 层
邮编 430071
电话 +86 27 8781 9677
传真 +86 27 8781 2377

厦门
福建省厦门市

西安
陕西省西安市高新区锦业一路 6 号
陕西永利国际金融中心 5 层
邮编 710000
电话 +86 29 6563 5588
传真 +86 29 6563 5120

郑州
河南省郑州市郑东新区商鼎路与东风南路口
升龙广场 3 号楼 A 座 804
邮编 450000
电话　+86 371 8981 0920
传真　+86 371 6165 5760

珠海
广东省珠海市香洲区兴业路 215 号
邮编 519001
电话　+86 756 2611 335
传真　+86 756 2611 719